Wegweiser Immobilienrecht

Maklerrecht, Wohnraum- und Gewerbemietrecht

Rechtsanwältin Dr. Mona Moraht

Rechtsanwältin Ricarda Breiholdt

DIHK Deutscher Industrie- und Handelskammertag

Herausgeber
©DIHK - Deutscher Industrie- und Handelskammertag e. V.
Postanschrift: 11052 Berlin
Besucheranschrift: Breite Straße 29 | 10178 Berlin-Mitte
Telefon 030-20308-0 | Telefax 030-20308-1000
Internet: www.dihk.de

Verlag
DIHK Verlag
bestellservice@verlag.dihk.de | Telefax 02225-8893595
Werner-von-Siemens-Straße 13 | 53340 Meckenheim
Internet: www.dihk-verlag.de

Redaktion
Rechtsanwältin Dr. Mona Moraht
Rechtsanwältin Ricarda Breiholdt

Stand
April 2012

Herstellung
büro für gestaltung, Armin Knoll | Berlin

Titelbild
Dr. Mona Moraht | Berlin

Druck
AZ Druck und Datentechnik GmbH | Berlin

Inhalt

Vorwort

Das Maklerrecht gilt als Rechtsgebiet, dessen Konturen weniger aus dem Gesetzestext, als durch die von der Rechtsprechung entwickelten Rechtsgrundsätze ersichtlich sind. Maklerrecht ist damit im Wesentlichen Richterrecht. Dies liegt vor allem daran, dass der Gesetzgeber sich darauf beschränkt hat, zum Maklervertragsrecht lediglich drei allgemeingültige Bestimmungen – die §§ 652 bis 654 BGB – zu verankern. Insbesondere Allgemeine Geschäftsbedingungen (AGB) und formularmäßige Klauseln, wurden im Maklervertragsrecht im Laufe der Zeit verstärkt der richterlichen Inhaltskontrolle unterworfen. So schloss der Bundesgerichtshof (BGH) aus der oftmals mangelnden Konformität von Gesetzesrecht und Inhalt von AGB oder vorformulierten Klauseln auf eine unbillige und deshalb zu verwerfende Regelung. Diese zunächst noch zurückhaltend formulierten Kriterien bei der Inhaltskontrolle von AGB und vorformulierten Klauseln hat der BGH dahingehend ausgebaut, dass im Maklervertragsrecht nahezu jede Abweichung vom vorgeschriebenen Gesetzesrecht als unbillig zu betrachten und deshalb zu verwerfen sei. Damit sind der Gestaltung von Allgemeinen Geschäftsbedingungen in Maklerverträgen enge Grenzen gesetzt. Trotz der rigiden Inhaltskontrolle ist zu beobachten, dass weiterhin AGB und vorformulierte Klauseln verwendet werden, auch solche, die der BGH längst verworfen hat. Der vorliegende Ratgeber soll insofern dazu dienen, dem Immobilienunternehmer übersichtlich und klar aufzuzeigen, welche Klauseln er bei Abschluss eines Maklervertrages im Wege von AGB vereinbaren kann und welche Formulierungen individuell vereinbart werden müssen, um vor der Rechtsprechung Stand zu halten. Er soll dem Praktiker für seinen Berufsalltag ein nützlicher, informativer sowie verständlicher Helfer und Begleiter sein.

Die §§ 535 ff. BGB sind ein Rechtsgebiet, welches sich in Regelungen zu dem Recht der Wohnraum- und der Geschäftsraummiete aufteilt. Beiden gemein sind die von den Vertragsparteien nach dem mündlich oder schriftlich geschlossenen Mietvertrag zu erbringenden Leistungen. Im Mietvertrag verpflichtet sich der Vermieter, dem Mieter die Mieträume zum Gebrauch zu überlassen. Der Mieter verpflichtet sich seinerseits, die vertraglich geschuldete Miete zu entrichten. Darüber hinaus kennt das Mietrecht zahlreiche Regelungen, welche der Gesetzgeber aufgrund der besonderen Erfordernisse eines Mietvertragsverhältnisses vorgesehen hat. So können die Mietparteien Vereinbarungen über die Verteilung von Instandhaltungs- und Schönheitsreparaturpflichten oder Mieterhöhungs-Möglichkeiten treffen, Modalitäten im Hinblick auf die Betriebskostentragung festlegen und Einigkeit über eine zu leistende Mietsicherheit finden. Auch die Laufzeit eines Vertragsverhältnisses kann regelungsbedürftig sein. In Betracht kommen befristete oder unbefristete Mietverhältnisse sowie unbefristete Mietverhältnisse mit einem für einen bestimmten Zeitraum vereinbarten Kündigungsausschluss. Diesbezüglich sieht das Gesetz im Wohnraummietrecht bestimmte Besonderheiten vor: Wohnraummietverhältnisse können vermieterseits nur mit einem gesetzlich anerkannten Grund beendet werden; auch eine gewünschte Befristung ist nur unter Beachtung der gesetzlichen Vorgaben zulässig. Bei der Gewerberaummiete bedarf es hingegen im Allgemeinen keines rechtfertigenden Grundes, um das Mietverhältnis zu beenden. Aufgrund der wirtschaftlichen Interessen von Vermieter- und Mieterpartei werden Geschäftsraummietverhältnisse in der überwiegenden Zahl der Fälle befristet abgeschlossen. Hier gilt es die Schriftform zu wahren, um eine vorzeitige Beendigung zu vermeiden. Das Bestreben der vorliegenden Broschüre ist es, den in der Immobilienwirtschaft tätigen Unternehmern das erforderliche Werkzeug an die Hand zu geben, um bei Vertragsgestaltung, -durchführung und –beendigung Fehler zu vermeiden.

Hinweis:
Alle Angaben in dieser Broschüre sind nach bestem Wissen unter Anwendung aller gebotenen Sorgfalt erstellt worden. Trotzdem kann eine Garantie nicht übernommen werden. Eine Haftung für Sach- oder Vermögensschäden ist für den Fall einfacher Fahrlässigkeit ausgeschlossen.

Berlin/Hamburg im April 2012

Rechtsanwältin
Dr. Mona Moraht
Deutscher Industrie- und
Handelkammertag (DIHK) e.V.
Leiterin des Referats Gewerberecht
www.dihk.de

Rechtsanwältin
Ricarda Breiholdt, Hamburg
Fachanwältin für Miet- und WE-Recht
Breiholdt & Voscherau Immobilienanwälte
www.breiholdt-voscherau.de

Teil A. Der Immobilienmakler (Moraht)

I. Berufsbild und Rechtsgrundlagen des Immobilienmaklers

1. Das Berufsbild des Immobilienmaklers in Deutschland

Die Tätigkeit des Immobilienmaklers beschränkt sich heute oftmals nicht mehr nur auf reine Nachweis- und Vermittlungsleistungen, vielmehr werden häufig auch darüber hinausgehende Beratungs- und Baubetreuungsleistungen rund um die Immobilie angeboten. Das Berufsbild umfasst demnach eine professionelle Betätigung in allen Sparten des Immobiliengeschäfts. Dies beinhaltet den Nachweis und die Vermittlung von Häusern, Grundstücken, Eigentumswohnungen, Hotels, Gaststätten, Ferienimmobilien, Unternehmen und Beteiligungen sowie die Vermietung und Verpachtung von gewerblichen Objekten und Wohnungen. Teilweise werden von Maklern auch Mietshäuser, Wohnungseigentum, Geschäftshäuser und Gewerbeobjekte verwaltet, Finanzierungen von Haus- und Grundstückskäufen vermittelt, Bauträgergeschäfte vorgenommen und Baubetreuungsaufgaben durchgeführt.

Von einem Immobilienmakler werden sehr gute Marktkenntnisse erwartet, um marktgerechte Preise zu ermitteln. Transparente und vollständige Exposés sind über das jeweilige Objekt zu erstellen. Dafür ist die Beschaffung der notwendigen Unterlagen erforderlich. Zu diesen gehören z.B. Grundbuchauszüge, Katasterpapiere, Steuer- und Versicherungsunterlagen, Übersichten über Miet- und Pachteinnahmen, Zins- und Tilgungsleistungen, Kosten und Abgaben.

Die Dienstleistungen werden von dem Makler oftmals außerhalb des Büros erbracht. Der Außendienst des klassischen Maklergeschäfts kann mit Angestellten oder mit freien Mitarbeitern (Handelsvertretern) gestaltet werden. Die Betriebsorganisation des Maklers muss so beschaffen sein, dass sie die außer Haus ablaufenden Leistungsprozesse optimal unterstützt. Eine dem technischen Stand entsprechende Ausstattung des Büros ist dabei unerlässlich. Ohne sie ist eine professionelle Vermarktung von Immobilien nicht möglich. Der gemeinsame Nenner erfolgreicher Makler besteht aus folgenden Punkten: Organisation, Service, Kommunikation und professionelles Marketing. Genauso wenig wie es schlechte Immobilien gibt, gibt es das ideale Objekt.

2. Wichtige Gesetzesbestimmungen

Immobilienmakler sind bei Ausübung ihrer Tätigkeit im Wesentlichen an Vorschriften folgender Gesetze gebunden:

a) Bürgerliches Gesetzbuch (BGB)

- §§ 305-311 BGB - Allgemeine Geschäftsbedingungen
- §§ 311b BGB - Verträge über Grundstücke, das Vermögen und den Nachlass
- §§ 652-655 BGB - Maklervertrag

(Kapitel III.)

b) Gesetz zur Regelung der Wohnraumvermittlung (WoVermG)

Vgl. dazu Kapitel IV.

c) Handelsgesetzbuch (HGB)

- § 354 HGB - Provision, Lagergeld, Zinsen

Die handelsrechtlichen Vorschriften können dann Anwendung finden, wenn der Makler als Kaufmann im Geschäftsverkehr mit anderen Kaufleuten in Berührung kommt.

d) Gewerbeordnung (GewO)

- § 14 GewO - Anzeigepflicht
- § 15 GewO - Empfangsbescheinigung, Betrieb ohne Zulassung
- § 34c GewO - Erlaubnispflicht für Makler, Bauträger, Baubetreuer
- § 35 GewO - Gewerbeuntersagung wegen Unzuverlässigkeit
- § 144 GewO - Verletzung von Vorschriften über erlaubnisbedürftige stehende Geschäfte
- § 146 GewO - Verletzung sonstiger Vorschriften über die Ausübung eines Gewerbes
- § 148 GewO - Strafbare Verletzung gewerberechtlicher Vorschriften

e) Dienstleistungs-Informationspflichten-Verordnung (DL-InfoV)

Makler müssen als Dienstleister die Informationspflichten der Dienstleistungs-Informationspflichten-Verordnung (DL-InfoV) beachten (§§ 6c, 146 Abs. 2 Nr.1 GewO). Die DL-InfoV unterscheidet zwischen Informationen, die der Dienstleistungserbringer stets von sich aus - also ungefragt - zur Verfügung zu stellen hat (§ 2 DL-InfoV) und Informationen, die er nur auf Anfrage zu erbringen hat (§ 3 DL-InfoV). Zusätzlich werden Regelungen hinsichtlich der erforderlichen Preisangaben getroffen (§ 4 DL-InfoV) und ein Verbot diskriminierender Bestimmungen in allgemeinen Geschäftsbedingungen normiert (§ 5 DL-InfoV).

Der Dienstleistungserbringer muss die nach § 2 bis 4 DL-InfoV notwendigen Informationen **vor Abschluss eines schriftlichen Vertrages** oder - sofern kein schriftlicher Vertrag geschlossen wird - **vor Erbringung der Dienstleistung** in klarer und verständlicher Form zur Verfügung stellen.

■ **Art und Weise der Informationsübermittlung**
Hinsichtlich der Informationen, die nach § 2 DL-InfoV stets zur Verfügung zu stellen sind, hat der Dienstleistungserbringer die Wahl zwischen vier Möglichkeiten, in welcher Form und auf welche Weise er seinen Informationspflichten nachkommen möchte (§ 2 Abs. 2 DL-InfoV). Er kann dem Dienstleistungsempfänger die Information von sich aus mitteilen, er kann sie am Ort der Leistungserbringung oder des Vertragsschlusses so vorhalten, dass sie dem Dienstleistungsempfänger leicht zugänglich sind, er kann sie dem Dienstleistungsempfänger über eine von ihm angegebene Internetadresse elektronisch leicht zugänglich machen oder die Informationen in allen von ihm dem Dienstleistungsempfänger zur Verfügung gestellten ausführlichen Informationsunterlagen über die angebotene Dienstleistung aufnehmen.

■ **Stets zur Verfügung zu stellende Informationen nach § 2 DL-InfoV**
Die DL-InfoV führt 11 Informationspflichten ein, die der Dienstleistungserbringer stets zu erfüllen hat. Dabei handelt es sich um Informationspflichten, die zum großen Teil für bestimmte Adressatenkreise bereits heute aufgrund anderer Rechtsvorschriften, wie z. B. des Telemediengesetzes (TMG) oder der BGB-Infopflichten-Verordnung (BGB-InfoV), gelten:

- **Name, Firma und Rechtsform (§ 2 Abs. 2 Nr. 1 DL-InfoV)**
  Der Dienstleistungserbringer muss seinen Familien- und Vornamen, bei rechtsfähigen Personengesellschaften [z. B. offene Handelsgesellschaft (OHG), Kommanditgesellschaft (KG)] und juristischen Personen [z. B. GmbH, AG oder Unternehmergesellschaft haftungsbeschränkt (UG)] die Firma einschließlich ihrer Rechtsform angeben. Es ist davon auszugehen, dass bei Gesellschaften des bürgerlichen Rechts (GbR), die zumindest im Zivilrecht als teilrechtsfähig anerkannt werden, aber nicht unter einer Firma im Sinne des Handelsgesetzbuchs (HGB) auftreten können, die Familien- und Vornamen aller geschäftsführungsbefugten Gesellschafter und die Rechtsform an-

zugeben ist. Beim eingetragenen Kaufmann/Kauffrau (e. K./e. Kffr.) wird die Angabe der Firma empfohlen, auch wenn sich dies dem Gesetzeswortlaut nicht unmittelbar entnehmen lässt.

- **Angaben zur Kontaktaufnahme (§ 2 Abs. 1 Nr. 2 DL-InfoV)**
  Der Dienstleistungserbringer muss die Anschrift seiner Niederlassung oder - sofern eine solche nicht existiert - eine ladungsfähige Anschrift benennen. Ferner muss er weitere Angaben machen, die dem Dienstleistungsempfänger eine schnelle und unmittelbare Kontaktaufnahme ermöglichen, insbesondere müssen eine Telefonnummer und E-Mail-Adresse oder Faxnummer angegeben werden.
- **Angabe von Registereintragungen (§ 2 Abs. 1 Nr. 3 DL-InfoV)**
  Ist der Dienstleistungserbringer in einem öffentlichen Register eingetragen, so muss das jeweilige Register (Handels-, Vereins-, Partnerschafts- oder Genossenschaftsregister) unter Angabe des Registergerichts und der Registernummer mitgeteilt werden.
- **Angaben zur zuständigen Aufsichtsbehörde (§ 2 Abs. 1 Nr. 4 DL-InfoV)**
  Werden Dienstleistungen erbracht, die einer behördlichen Zulassungspflicht (z. B. Immobilienmakler, Bauträger, Versteigerer) unterliegen, so muss die zuständige Aufsichtsbehörde oder der einheitliche Ansprechpartner einschließlich Name und Anschrift benannt werden.

Hinweis:

Bei einer Sitzverlegung kann sich die zuständige Aufsichtsbehörde ändern. Sie muss daher nicht zwangsläufig mit der Behörde identisch sein, welche die Erlaubnis erteilt hat.

- **Angabe der Umsatzsteuer-Identifikationsnummer (§ 2 Abs. 1 Nr. 5 DL-InfoV)**
  Falls der Dienstleistungserbringer über eine Umsatzsteuer-Identifikationsnummer verfügt, muss er diese angeben. Eine Umsatzsteuer-Identifikationsnummer muss beim Bundesamt für Finanzen für die Teilnahme am innergemeinschaftlichen Handel beantragt werden.
- **Angaben zu Allgemeinen Geschäftsbedingungen (§ 2 Abs. 1 Nr. 7 DL-InfoV)**
  Verwendet der Dienstleistungserbringer Allgemeine Geschäftsbedingungen (AGB), d. h. für eine Vielzahl von Verträgen vorformulierte Vertragsbedingungen, die dem Vertragspartner bei Vertragsschluss einseitig gestellt werden (vgl. § 305 BGB), muss er diese dem Dienstleistungsempfänger zur Verfügung stellen. Dies gilt im Übrigen auch gegenüber Unternehmern, juristischen Personen des öffentlichen Rechts oder öffentlichen Sondervermögen, auch wenn die AGBs gegenüber diesem Adressatenkreis nach den zivilrechtlichen Bestimmungen selbst dann Vertragsbestandteil werden können, wenn nicht auf sie hingewiesen wurde und keine Möglichkeit der Kenntnisnahme bestand (vgl. § 310 Abs. 1, 305 Abs. 2 BGB).

- **Anwendbares Recht und Gerichtsstand (§ 2 Abs. 1 Nr. 8 DL-InfoV)**
  Sofern der Dienstleistungsempfänger Vertragsklauseln über das auf den Vertrag anwendbare Recht oder über den Gerichtsstand verwendet, muss er dies dem Dienstleistungsempfänger mitteilen - jedenfalls soweit diese Klauseln nicht ohnehin bereits Bestandteil der AGB sind.
- **Angaben zu angebotenen Garantien (§ 2 Abs. 1 Nr. 9 DL-InfoV)**
  Bietet der Dienstleistungserbringer Garantien an, die über die gesetzlichen Gewährleistungsrechte hinausgehen, muss er diese gegenüber dem Dienstleistungsempfänger offenbaren.
- **Angaben zur Dienstleistung (§ 2 Abs. 1 Nr. 10 DL-InfoV)**
  Der Dienstleistungserbringer muss die wesentlichen Merkmale der Dienstleistung mitteilen, soweit sich diese nicht bereits aus dem Zusammenhang ergeben. Hier sollte angegeben werden, für welche Tätigkeit eine Maklercourtage im Falle eines Hauptvertragsschlusses geschuldet sein soll (Nachweis- oder Vermittlungstätigkeit).
- **Angaben zur Berufshaftpflichtversicherung (§ 2 Abs. 1 Nr. 11 DL-InfoV)**
  Falls eine solche besteht, muss der Dienstleistungserbringer Angaben zu seiner Berufshaftpflichtversicherung machen, insbesondere Namen und Anschrift des Versicherers und den räumlichen Geltungsbereich der Versicherung. Unter „Berufshaftpflichtversicherung" ist die gesetzlich vorgeschriebene Vermögensschadenhaftpflichtversicherung zu verstehen. Um auf der sicheren Seite zu sein (auch für das Renommé) kann die <u>Betriebs</u>haftpflicht zusätzlich angegeben werden. Die <u>Vertrauens</u>schadenhaftpflichtversicherung spielt in vorliegendem Zusammenhang keine Rolle. Die Versicherungsscheinnummer muss nicht unbedingt angegeben werden.

■ **Auf Anfrage zur Verfügung zu stellende Informationen nach § 3 DL-InfoV**
Folgende Informationen muss der Makler nur auf Anfrage zur Verfügung stellen. Allerdings gehen Rechtsvorschriften, welche die Mitteilung dieser Informationen in bestimmten Fällen zwingend vorschreiben [z. B. § 5 Abs. 1 Nr. 5.c Telemediengesetz (TMG)], dieser Regelung vor.

- **Angaben zu berufsrechtlichen Regelungen (§ 3 Abs. 1 Nr. 1 DL-InfoV)**
  Werden Dienstleistungen in Ausübung eines reglementierten Berufs (z.B. Versicherungsvermittler; nicht aber Immobilienmakler!) erbracht, so muss der Dienstleistungserbringer auf Anfrage auf die für ihn geltenden berufsrechtlichen Regelungen verweisen und darüber informieren, wie diese zugänglich sind.
- **Ausgeübte multidisziplinäre Tätigkeiten (§ 3 Abs. 1 Nr. 2 DL-InfoV)**
  Auf Anfrage muss der Dienstleistungserbringer auch Auskunft geben über gemeinsam ausgeübte multidisziplinäre Tätigkeiten und den mit anderen Personen bestehenden beruflichen Gemeinschaften, die in direkter Verbindung zur Dienstleistung

stehen, und zusätzlich über Maßnahmen, die zur Vermeidung von Interessenkonflikten getroffen worden sind - soweit dies erforderlich ist, weil die Unabhängigkeit oder die Unparteilichkeit des Dienstleistungserbringers gefährdet sein könnte.

- **Angaben zu geltenden Verhaltenskodizes (§ 3 Abs. 2 Nr. 3 DL-InfoV)**
  Der Dienstleistungserbringer muss auf Anfrage die Verhaltenskodizes mitteilen, denen er sich unterworfen hat (z.B. den Standesregeln der Maklerverbände), die Internetadresse, unter der diese elektronisch abgerufen werden können und die Sprachen, in denen diese vorliegen.
- **Außergerichtliche Schlichtungsverfahren (§ 3 Abs. 2 Nr. 4 DL-InfoV)**
  Unterliegt der Dienstleistungserbringer einem bestimmten Verhaltenskodex oder gehört er einer Vereinigung an, der oder die ein außergerichtliches Schlichtungsverfahren vorsieht, muss er auf Anfrage Angaben zu diesem, insbesondere zum Zugang zum Verfahren und zu näheren Informationen über seine Voraussetzungen machen.

Hinweis:

Stellt der Dienstleistungserbringer dem Dienstleistungsempfänger ausführliche Informationsunterlagen, z. B. Broschüren, Kataloge etc., zur Verfügung, muss er sicherstellen, dass alle diese Informationsunterlagen die Angaben zu multidisziplinären Tätigkeiten (§ 3 Abs. 1 Nr. 2 DL-InfoV), evtl. geltende Verhaltenskodizes (§ 3 Abs. 1 Nr. 3 DL-InfoV) und evtl. möglichen außergerichtlichen Schlichtungsverfahren (§ 3 Abs. 1 Nr. 4 DL-InfoV) enthalten (vgl. § 3 Abs. 2 DL-InfoV).

f) Telemediengesetz (TMG)

Nach § 5 TMG haben Diensteanbieter für geschäftsmäßige, in der Regel gegen Entgelt angebotene Telemedien folgende Informationen leicht erkennbar, unmittelbar erreichbar und ständig verfügbar zu halten:

- den Namen und die Anschrift, unter der sie niedergelassen sind, bei juristischen Personen zusätzlich die Rechtsform, den Vertretungsberechtigten und, sofern Angaben über das Kapital der Gesellschaft gemacht werden, das Stamm- oder Grundkapital sowie, wenn nicht alle in Geld zu leistenden Einlagen eingezahlt sind, der Gesamtbetrag der ausstehenden Einlagen,
- Angaben, die eine schnelle elektronische Kontaktaufnahme und unmittelbare Kommunikation mit ihnen ermöglichen (z.B. inländische Telefon- und Faxnummer), einschließlich der Adresse der elektronischen Post (E-Mail-Adresse),
- soweit der Dienst im Rahmen einer Tätigkeit angeboten oder erbracht wird, die der behördlichen Zulassung bedarf, Angaben zur zuständigen Aufsichtsbehörde (hier nach § 34c GewO),

- das Handelsregister, Vereinsregister, Partnerschaftsregister oder Genossenschaftsregister, in das sie eingetragen sind, und die entsprechende Registernummer,
- Umsatzsteueridentifikationsnummer (USt-IdNr.), soweit vorhanden,
- bei Aktiengesellschaften, Kommanditgesellschaften auf Aktien und Gesellschaften mit beschränkter Haftung, die sich in Abwicklung oder Liquidation befinden, die Angabe hierüber,
- Weitergehende Informationspflichten nach anderen Rechtsvorschriften bleiben unberührt (z.B. DL-Info-V).

Beispiel für ein Internet-Impressum:

Mustermann Immobilien GmbH
Hauptstraße 1
10117 Musterstadt
Tel.: 030/12345678-0, Fax: 030/12345678-9
E-Mail: info@mustermann-immobilien.de
Vertretungsberechtigter: Geschäftsführer Max Mustermann
Aufsichtsbehörde nach § 34c GewO:
Wirtschaftsamt Musterstadt
Hauptstraße 25
10117 Musterstadt
(ggf. Internetadresse der Aufsichtsbehörde)

Handelsregister: Amtsgericht Musterstadt
Handelsregisternummer: HR A 12345
USt-Ident-Nummer DE 123456789 (soweit vorhanden)

Berufshaftpflichtversicherung: xy

g) Makler- und Bauträgerverordnung (MaBV)

Die MaBV enthält besondere Berufsausübungsregelungen zum Schutze der Auftraggeber vor unseriösen und nachlässigen Gewerbetreibenden. Die MaBV gilt für alle Personen, die einer Erlaubnis nach § 34c GewO bedürfen. Neben besonderen Buchführungs-, Aufzeichnungs-, Informations- und Anzeigepflichten haben Makler, Bauträger und Baubetreuer, die zur Ausführung ihrer Aufträge Vermögenswerte der Auftraggeber erhalten oder zu deren Verwendung sie ermächtigt werden, dem Auftraggeber in Höhe dieser Vermögenswerte Sicherheit zu leisten oder zu diesem Zweck eine Versicherung abzuschließen. In diesen Fällen sind auch eine genaue Verwendung der Vermögenswerte und eine getrennte Vermögensverwaltung vorgeschrieben. Von diesen detaillierten Regelungen sind die betroffenen Gewerbetreibenden nur dann befreit, wenn sie dem Auftraggeber Sicherheit für alle etwaigen Ansprüche auf Rückgewähr oder Auszahlung der Vermögenswerte in Form einer Bürgschaft geleistet haben.

Wenn ein besonderer Anlass gegeben ist, kann die zuständige Behörde eine außerordentliche Prüfung auch für die seit dem 01. Juli 2005 von der allgemeinen Pflichtprüfung befreiten Immobilienmakler und Vermittler von Darlehen (§ 34c Abs. 1 Nr. 1a GewO) anordnen. Die Prüfung kann allein von Wirtschaftsprüfern, vereidigten Buchprüfern, Wirtschaftsprüfungsgesellschaften und bestimmten Prüfungsverbänden vorgenommen werden. Immobilienmakler und Darlehensvermittler nach § 34c Abs. 1 Nr. 1a GewO haben, soweit in diesen Fällen ein besonderer Anlass für eine außerordentliche Prüfung gegeben ist, darüber hinaus die Möglichkeit, daneben auch andere Personen mit der Prüfung zu beauftragen. Diese müssen öffentlich bestellt oder zugelassen und aufgrund ihrer Vorbildung und Erfahrung in der Lage sein, eine ordnungsgemäße Prüfung in dem jeweiligen Gewerbebetrieb durchzuführen. In erster Linie kommen hier Angehörige der steuerberatenden Berufe und Rechtsanwälte in Betracht.

h) Wettbewerbsrechtliche Vorschriften

Die Werbung des Maklers ist an den Vorschriften des **Gesetzes gegen unlauteren Wettbewerb** (UWG) zu messen. Konkurrenten, Wirtschafts- und Verbraucherverbände können daher gegen jeden Makler vorgehen, unlautere und irreführende Werbung zu unterlassen (§§ 8, 9 UWG). Auch wenn wettbewerbswidriges Verhalten vorliegt, berührt dies nicht die Wirksamkeit des abgeschlossenen Maklervertrages. Maßgebliche Bedeutung hat das Verbot irreführender Werbung nach § 5 UWG.

Entscheidend ist wie der Verkehr die Werbung versteht. So kann eine Aussage durchaus richtig sein, dennoch unzulässig, weil sie von den angesprochenen Verkehrskreisen in einem Sinne verstanden wird, der den tatsächlichen Verhältnissen nicht entspricht. Wesentliche Bedeutung für die Immobilienwerbung hat auch die **Preisangabenverordnung** (PrAngV). Verstöße gegen die PrAngV sind zugleich auch Verstöße gegen §§ 3, 5 UWG.

§ 1 PrAngV verpflichtet denjenigen, der Letztverbrauchern gewerbs- oder geschäftsmäßig oder regelmäßig in sonstiger Weise Waren oder Leistungen anbietet oder als Anbieter von Waren oder Leistungen gegenüber Letztverbrauchern unter Angaben von

Preisen wirbt, die Preise anzugeben, die einschließlich der Umsatzsteuer und sonstiger Preisbestandteile unabhängig von einer Rabattgewährung zu zahlen sind (Endpreise).

Beispiele für irreführende Werbung:

- *Verschweigen der Maklereigenschaft; allein der Zusatz „RDM" oder „IVD" ohne weitere Hinweise reicht nicht aus, um die Maklereigenschaft deutlich zu machen, auch nicht Abkürzungen wie „Immo", „Mkl" etc.;*
- *Werbung mit dem Begriff „Steuervorteil"; insoweit entsteht der falsche Eindruck, ein Vorteil ergebe sich unabhängig von den jeweiligen persönlichen steuerrechtlichen Verhältnissen des Interessenten;*
- *Werbeaussagen wie „äußerst günstige Finanzierung möglich" (statt richtig: „Finanzierungs-/Kreditvermittlung");*
- *Werbung mit „proj." zur Kenntlichmachung einer noch nicht fertig gestellten Immobilie;*
- *Werbung mit Wohn-/Nutzfläche in einer Quadratmeterzahl, wenn nicht die Wohnfläche die Nutzfläche um mindestens das 2 1/2 - bis 3-fache übersteigt;*
- *Werbung mit Neubau, obwohl die Immobilie bereits seit Jahren erbaut ist.*

Wettbewerbsverstöße werden in der Regel zunächst mit der Aufforderung zur Unterlassung des tatsächlichen oder angeblichen Wettbewerbsverstoßes verfolgt. Diesen Vorgang nennt man abmahnen. Reagiert der Abgemahnte trotz wettbewerbswidriger Werbung nicht, besteht die Möglichkeit, den Wettbewerbsverstoß bei Gericht anhängig zu machen entweder im Wege der einstweiligen Verfügung oder durch Unterlassungsklage. Mit einer Abmahnung geht eine strafbewehrte Unterlassungserklärung einher, die dazu dienen soll, dass der Verletzte künftig Wettbewerbsverstöße unterlässt. Dazu kann er nur angehalten werden, wenn er eine angemessene Vertragsstrafe übernimmt bzw. ein angemessenes Vertragsstrafeversprechen abgibt. Wenn gegen die Unterlassungserklärung verstoßen wird, so kann auf Antrag des Verletzten vom Gericht ein Ordnungsgeld festgesetzt, ersatzweise Ordnungshaft angeordnet werden.

3. Regelungen für Mitglieder von Immobilienverbänden

Für Mitglieder von Immobilienverbänden können ggf. zusätzlich gelten:

- Standesregeln für Makler und Hausverwalter
- Geschäftsgebräuche für Gemeinschaftsgeschäfte unter Maklern (GfG)
- Wettbewerbsregeln

4. Gewerbeerlaubnis

Selbstständige Immobilienmakler benötigen, ebenso wie Bauträger und Baubetreuer, zur Geschäftsausübung eine Gewerbeerlaubnis nach § 34 c GewO, die sog. Makler- und Bauträgererlaubnis. Für die Erlaubniserteilung ist nachzuweisen, dass der Antragsteller - bei juristischen Personen auch Vorstand oder Geschäftsführer - persönlich zuverlässig ist und in geordneten Vermögensverhältnissen lebt. Zugangsvoraussetzungen in Form einer bestimmten Ausbildung oder fachlichen Qualifikation werden aber nicht verlangt.

Die Erlaubnis kann sowohl von natürlichen als auch von juristischen Personen (z. B. einer GmbH) beantragt werden. Bei Personengesellschaften ohne eigene Rechtspersönlichkeit (z. B. OHG, KG, BGB-Gesellschaft) ist eine Erlaubnis für jeden geschäftsführenden Gesellschafter erforderlich. Dies gilt auch für Kommanditisten einer KG, wenn sie Geschäftsführungsbefugnis besitzen und damit als Gewerbetreibende anzusehen sind. Wenn die Tätigkeit in der Rechtsform einer GmbH ausgeübt werden soll, benötigt immer die GmbH die Erlaubnis. Dann reicht es nicht, wenn dem GmbH-Geschäftsführer oder dem GmbH-Gesellschafter eine Erlaubnis erteilt wurde.

Die Erlaubnis für die GmbH in Gründung (i.G.) ist von dem bzw. den Gründungsgesellschaftern zu beantragen, da die Erlaubnis Voraussetzung für die Eintragung der GmbH im Handelsregister ist. Für spätere Änderungen bzw. Ergänzungen ist dann der GmbH-Geschäftsführer verantwortlich. Ein Wechsel in der Geschäftsführung der GmbH ist der zuständigen Behörde unverzüglich anzuzeigen (§ 9 MaBV). Im Gegensatz zu Personengesellschaften haben personelle Änderungen in der GmbH-Geschäftsführung oder ein Gesellschafterwechsel keine Auswirkungen auf den Bestand der Erlaubnis.

Zuständig ist die durch Landesverordnung bestimmte Behörde am Betriebssitz des Gewerbetreibenden. Ist eine Betriebsstätte (noch) nicht vorhanden, ist der Wohnsitz maßgeblich. Für eine Zweigniederlassung ist kein eigener Antrag nötig. Die Erlaubnis wird auf Lebenszeit erteilt. Zeitbestimmung oder Widerrufsvorbehalt sind unzulässig. Die Verwaltungsgebühr ist je nach Bundesland unterschiedlich und richtet sich auch nach den beantragten Betriebsarten. Die Erlaubnis ist nur für eine gewerbliche, also für eine selbstständige nachhaltige und mit Gewinnabsicht unternommene Tätigkeit erforderlich. Private Vermögensverwaltung ist erlaubnisfrei. Der Erlaubnispflicht nach § 34c GewO unterliegen alle auf Immobilien, Darlehen oder Kapitalanlagen bezogenen Geschäfte. Die Immobilienvermittlung betrifft alle Arten von Verträgen: (Unter-) Miete, Kauf, Pacht, Leasing oder unentgeltliche Leihe. Sie bezieht sich aber nicht auf

Hypotheken, Grundschulden, Grunddienstbarkeiten etc., weil es sich hierbei nur um Rechte an Grundstücken handelt.

Eine Erlaubnis darf nur dann erteilt werden, wenn der Antragsteller - bei einer GmbH auch der Geschäftsführer - oder eine mit der Leitung des Betriebes oder einer Zweigniederlassung beauftragte Person die für den Gewerbebetrieb erforderliche Zuverlässigkeit besitzt. Dies wird regelmäßig dann verneint, wenn der Antragsteller oder Betriebsleiter in den letzten fünf Jahren wegen eines Verbrechens oder wegen Diebstahls, Unterschlagung, Erpressung, Betrugs, Untreue, Urkundenfälschung, Hehlerei, Wuchers oder wegen einer Konkurs- bzw. Insolvenzstraftat rechtskräftig verurteilt wurde.

Auch muss der Antragsteller in geordneten Vermögensverhältnissen leben. Deshalb darf über sein Vermögen weder ein Insolvenzverfahren eröffnet oder mangels Masse abgewiesen worden sein, noch dürfen Eintragungen über Haftanordnungen bzw. eidesstattliche Versicherungen in den Schuldnerlisten der Amtsgerichte bestehen.

Wenn derartige Versagungsgründe nicht vorliegen, hat der Antragsteller einen Rechtsanspruch auf Erteilung der Erlaubnis, die allerdings auch nachträglich inhaltlich beschränkt oder mit Auflagen verbunden werden kann.

Die Erlaubnis nach § 34c GewO gilt für den gesamten Geltungsbereich der Gewerbeordnung, d.h. für die Bundesrepublik Deutschland.

Erst dann, wenn die Erlaubnis erteilt ist, erfüllen Makler, Bauträger und Baubetreuer die beruflichen Zugangsvoraussetzungen und können erst dann den Beginn der Tätigkeit bei dem für den Betriebssitz zuständigen Ordnungsamt – ggf. auch bei der jeweils zuständigen Industrie- und Handelskammer (so z.B. in Hamburg und Rheinland Pfalz) – nach § 14 GewO anzeigen. Dort sind auch eventuelle Betriebsverlegungen oder Inhaberwechsel anzumelden.

Die Vorsätzliche oder fahrlässige Berufsausübung ohne Erlaubnis (nach § 34c GewO) kann als Ordnungswidrigkeit mit einer Geldbuße bis 5000 Euro geahndet (§ 144 Abs. 1 Nr. 1; Abs. 4 GewO) werden.

Die Verletzung der Anzeigepflicht (§ 14 GewO) kann als Ordnungswidrigkeit mit einer Geldbuße bis 1000 Euro geahndet werden (§ 146 Abs. 2 Nr. 1 GewO; Abs. 3 GewO). Beharrliche Verstöße gegen die Gewerbevorschriften können nach § 148 Nr. 1 GewO strafbar sein.

5. Niederlassungs- und Dienstleistungsfreiheit

Art. 49 Vertrag über die Arbeitsweise der Europäischen Union (AEUV) garantiert die Freiheit der Selbstständigen, sich in einem anderen Mitgliedstaat **niederzulassen**, d.h. eine gewerbliche Niederlassung zu begründen, und dort den Beruf unter denselben Bedingungen wie Inländer auszuüben. Sofern es sich dabei um ein erlaubnispflichtiges Gewerbe handelt, ist die Erlaubnis einzuholen und der Betriebsbeginn nach § 14 GewO anzuzeigen. Der Nachweis der Zuverlässigkeit und geordneter Vermögensverhältnisse (Insolvenzfreiheit) kann durch Bescheinigungen der Heimatländer erbracht werden (vgl. Allgemeine Verwaltungsvorschrift für die Anwendung des Gewerberechts auf Ausländer - AuslgewVwV).

Art. 56 AEUV erhält die Freiheit, **Dienstleistungen** in einem anderen Mitgliedsstaat anzubieten, **ohne dort niedergelassen** zu sein. Eine Dienstleistung liegt vor, wenn ein Ausländer unter Beibehaltung seines Geschäftssitzes im Ausland Dienstleistungen im Inland erbringt, z.B. eine Maklertätigkeit ausübt. Derartige Tätigkeiten müssen allerdings eine bestimmte Intensität aufweisen, um gewerberechtlich von Bedeutung zu sein.

Konsequenzen einer grenzüberschreitenden Maklertätigkeit eines EU-Staatsangehörigen in Bezug auf § 34c GewO (vgl. GewA 2001, 327 (331):

- *Bei nur gelegentlicher Tätigkeit des Maklers eines anderen Mitgliedstaates findet § 34c GewO keine Anwendung.*
- *Unterhält der Makler ein Büro (Zweigniederlassung) in Deutschland, so findet § 34 c GewO Anwendung.*
- *Bei dauerhafter Tätigkeit des Maklers in Deutschland, ohne dass dieser eine Zweigstelle unterhält, sollte § 34c GewO dann Anwendung finden, wenn eine deutsche Immobilie angeboten wird. Soweit eine ausländische Immobilie angeboten wird, findet § 34c GewO keine Anwendung.*

II. Grundstückskaufvertrag und steuerrechtliche Besonderheiten

1. Der Grundstückskaufvertrag

a) Vertragliche Formvorschriften

Meist kann ein Vertrag ohne besondere Form geschlossen werden. Dagegen bedarf der Grundstückskaufvertrag jedoch wegen seiner besonderen Bedeutung der notariellen Beurkundung nach § 311b BGB. Hiermit soll eine unabhängige, sachgerechte Beratung, Belehrung und ggf. Warnung sowie ein jederzeit vorlegbarer Beweis gewährleistet werden. Bei der Beurkundung werden die getroffenen Vereinbarungen protokolliert, vorgelesen und vom Notar und den unmittelbar Beteiligten unterzeichnet. Zu diesem Termin müssen Verkäufer und Käufer nicht selbst oder gleichzeitig erscheinen. Durch Vorlage einer notariell beglaubigten Vollmacht können sie sich vertreten lassen. Private, nicht beurkundete Nebenabsprachen, schriftlich oder mündlich, bleiben rechtlich ohne Bedeutung. Auch Scheingeschäfte, die z.B. durch Beurkundung eines höheren oder niedrigeren Preises zum Zwecke der Abschreckung Vorkaufsberechtigter oder der Minderung der Grunderwerbssteuer vorgenommen werden, sind nichtig.

b) Inhalt des Grundstückskaufvertrages

Regelmäßiger Inhalt eines Immobilienkaufvertrages sind katastermäßige Angaben zum Kaufgegenstand wie Flurstücknummer, Lage, Größe und Nutzungsart. Fest vereinbart werden die Höhe des Kaufpreises, die Zahlungsweise sowie der Tag der Besitzübergabe. Dieser bedeutet für den Käufer faktisch den Übergang der Nutzung, aber auch der Lasten und Gefahren aus dem Immobilienbesitz und in steuerrechtlicher Hinsicht den Anschaffungszeitpunkt.
Ein weiterer Vertragspunkt ist die Mängelhaftung, die den Verkäufer verpflichtet, für Sach- und Rechtsmängel ab Besitzübergabe einzustehen, sofern kein Haftungsausschluss vereinbart ist. Schließlich werden noch die Erwerbsnebenkosten vertraglich aufgeteilt. Dazu gehören die Kosten des Notars, des Gerichts und der Finanzierung sowie die Kosten für Vermessung und Löschung alter Lasten. Die Kosten trägt in der Regel der Käufer.
Kernstück jedes Grundstückskaufvertrages ist die Absicherung der Vertragspartner bei der Eigentumsübertragung und Kaufpreiszahlung. Wirksame Sicherungsmittel zu Gunsten des Käufers sind der Grundbucheintrag einer Auflassungsvormerkung, der Ausschluss der Ausübung eines Vorkaufsrechts durch Einholung einer Verzichtserklärung, die Löschung alter, ungewollter Belastungen sowie die Feststellung der Übereinstimmung baurechtlich vorliegender Genehmigungen zum Vertrag. Zur Sicherung des

Verkäufers kann die Hinterlegung des Kaufpreises auf ein sicheres Notaranderkonto vereinbart werden.

c) Übertragung des Eigentums

Die Übertragung des Eigentums an einer Immobilie erfolgt durch die Einigung des Verkäufers und des Käufers über den Übergang des Eigentums und durch die Eintragung des Rechtsübergangs im Grundbuch (§§ 873 Abs. 1, 925 BGB). Wegen der besonderen Bedeutung der Eigentumsübertragung von Grundstücken muss die erforderliche Einigung, die sog. Auflassung, bei gleichzeitiger Anwesenheit beider Teile vor einer zuständigen Stelle, in der Regel vor einem Notar, erklärt werden, die Stellvertretung ist allerdings zulässig. Regelmäßig geht bei entsprechender Einigung mit der Eigentumsübertragung des Grundstücks auch das Zubehör, soweit es im Eigentum des Verkäufers steht, auf den Grundstückserwerber über (§ 926 BGB).

d) Das Grundbuch

Grundsätzlich müssen alle Grundstücke im Grundbuch eingetragen werden. Das Grundbuch wird beim Amtsgericht, Abteilung Grundbuchamt, geführt. Für jedes Grundbuch wird eine Grundakte geführt, aus der sich die das Grundstück betreffenden Verfahrensunterlagen, Verträge etc. ergeben.

e) Anfallende Kosten bei Erwerb eines Grundstücks

Bei Erwerb eines Grundstücks fallen zunächst Notargebühren und Gerichtskosten an. Art und Höhe der Notargebühren bestimmen sich bundeseinheitlich nach dem Gesetz über die Kosten in Angelegenheiten der freiwilligen Gerichtsbarkeit (Kostenordnung). Vereinbarungen über die Gebühren der Notare sind unzulässig. Es wird nicht der Aufwand vergütet, sondern die Höhe der Gebühren bestimmt sich nach dem sog. Geschäftswert, das ist in der Regel der gemeine Wert des die Beurkundung betreffenden Gegenstands, bei Grundstücken also der Verkehrswert und nicht der Einheitswert.

Unter die Notargebühren fallen im Einzelnen:

- *Beurkundungen von Verträgen (Kauf-, Tausch-, Schenkungs-, Gesellschaftsverträge u.ä.)*
- *Beurkundungen einseitiger Erklärungen (z.B. Grundschuldbestellungsurkunden mit Zwangsvollstreckungsunterwerfung, Abtretungserklärungen)*

- *Beurkundungen von Eintragungsanträgen und -bewilligungen zum Grundbuch, Auflassungen, Vollmachten, Genehmigungen u.ä.)*
- *Unterschriftsbeglaubigungen*

Darüber hinaus werden Schreibgebühren und sonstige Auslagen (Porti, Fahrtkosten u.ä.) erhoben.

Die Gerichtskosten für die Eintragung des Eigentumsübergangs in das Grundbuch ergeben sich ebenfalls bundeseinheitlich aus der Kostenordnung.

Zudem fallen bei Erwerb eines Grundstücks Umsatzsteuer oder Grunderwerbssteuer an; vgl. § 4 Nr. 9a UStG (siehe dazu Kapitel II. 2. c).

Der Erwerb eines Grundstücks bedingt zudem, dass Grundsteuer zu zahlen ist. Die Grundsteuer wird von der Gemeinde auf Grundbesitz erhoben. Sie wird grundsätzlich direkt dem Eigentümer in Rechnung gestellt, der sie aber, sollte das Objekt oder die Wohnung vermietet sein, im Rahmen der Betriebskosten vom Mieter fordern kann, wenn dies vertraglich vereinbart wurde. Steuerschuldner ist und bleibt aber der Eigentümer. Einzelheiten zur Festsetzung und Entrichtung der Grundsteuer ergeben sich aus dem Grundsteuergesetz.

2. Steuerliche Besonderheiten für Makler und Grundstücksgeschäfte

a) Gewerbesteuer

Der Gewerbesteuer unterliegt jeder Gewerbetreibende im Inland [§ 2 Abs. 1 Gewerbesteuergesetz (GewStG)], d.h. jeder, der eine selbständige nachhaltige Betätigung ausübt, die mit der Absicht, Gewinn zu erzielen unternommen wird und sich als Beteiligung am allgemeinen wirtschaftlichen Verkehr darstellt [§ 15 Abs. 2 Einkommensteuergesetz - (EStG)]. Eine bloße Verwaltung eigenen Vermögens unterliegt als sog. Vermögensverwaltung nicht der Gewerbesteuer. Gewerbesteuer, für die den Kommunen das Hebesatzrecht obliegt, wird als Steuer vom Gewerbeertrag erhoben. Einer immer wieder diskutierten Abschaffung der Gewerbesteuer auch im Rahmen der Steuerharmonisierung in der EU war bisher kein Erfolg beschieden.

b) Einkommensteuer

Neben der Gewerbesteuer muss der gewerbetreibende Makler Einkommensteuer nach dem Einkommensteuergesetz (EStG) entrichten. Der Einkommensteuer unterliegen nach § 2 Abs. 1 Nr. 2 EStG Einkünfte aus dem Gewerbebetrieb (vgl. auch § 2 Abs. 1 Nr. 6 EStG - Einkünfte aus Vermietung und Verpachtung). Unter Einkünften versteht das EStG in diesem Zusammenhang den Überschuss der Einnahmen über die Betriebsausgaben (vgl. §§ 2 Abs. 3 bis 7 EStG).

c) Umsatzsteuer und Grunderwerbssteuer

Die Umsatz- und die Grunderwerbssteuer gehören zu den Verkehrssteuern, die in der Immobilienwirtschaft von Bedeutung sind.

Die Umsatzsteuer, auch Mehrwertsteuer, ist eine allgemeine Verbrauchssteuer. Durch den Vorsteuerabzug auf den jeweiligen Wirtschaftsstufen wird eine Kumulation der Umsatzsteuer vermieden und letztlich nur der Endverbraucher mit der gesamten Steuer belastet. Von einzelnen Ausnahmefällen abgesehen, bildet in der Regel der private Bereich das letzte Glied in der Kette. Insbesondere zählen in der Immobilienwirtschaft zu den steuerpflichtigen Umsätzen Entgelte für Verwaltungs- und Baubetreuungsleistungen, Leistungen der Hauswarte sowie die Vermietung von Plätzen für das Abstellen von Fahrzeugen, sofern letztere keine Nebenleistung zur steuerfreien Hauptleistung, der Vermietung einer Wohnung, darstellen. Diese Umsätze unterliegen der Besteuerung mit dem Regelsatz von derzeit 19% (§ 12 Abs. 1 UStG). Werden jedoch umsatzsteuerpflichtige Leistungen ausgeführt, können aus den hierfür empfangenen Eingangsleistungen Vorsteuern abgezogen werden (vgl. § 15 UStG). Eine Ausnahme gilt für sog. Kleinunternehmer, für die eine Umsatzgrenze in Höhe von 17.500 Euro gilt. Kleinunternehmer weisen in ihren Rechnungen keine Umsatzsteuer aus. Gleichzeitig sind sie auch nicht zum Vorsteuerabzug berechtigt (§ 19 UStG).

Der Grunderwerbssteuer unterliegen die in § 1 Grunderwerbssteuergesetz (GrEStG) genannten Rechtsvorgänge, soweit sie sich auf inländische Grundstücke beziehen. Hierzu gehören vor allem sämtliche Kaufverträge oder andere Rechtsgeschäfte, die den Anspruch auf Übereignung eines Grundstücks begründen. Der Steuersatz liegt derzeit – je nach Bundesland - zwischen 3,5 % bis 5 % (vgl. dazu § 11 GrEStG).

Die Grunderwerbssteuer bemisst sich nach dem Wert der Gegenleistung, in der Regel der Kaufpreis einschließlich der vom Käufer übernommenen sonstigen Leistungen, ausnahmsweise, wenn z.B. eine Gegenleistung nicht vorhanden ist, nach dem Wert des Grundstücks (§ 8 GrEStG).

Hinweis:

Neben der Grunderwerbssteuer fällt für den Käufer keine Umsatzsteuer an (vgl. § 4 Nr. 9a UStG).

Auch Umsätze, die einer Befreiung von der Grunderwerbssteuer unterliegen (z.B. Übertragung zwischen Ehegatten oder zwischen Eltern und Kind sowie Schenkungen und Übergänge im Rahmen von Erbschaften) sind umsatzsteuerfrei.

Bei Übertragungen zwischen Unternehmen gibt es eine Optionsmöglichkeit, soweit der Erwerb für das Unternehmen des Käufers erfolgt. In dem Fall wird der Leistungsempfänger (Käufer) zum Steuerschuldner nach § 13b Abs. 2 Nr. 3 UStG.

III. Der Maklervertrag

1. Rechtsnatur und Abgrenzung zu anderen Vertragstypen

Das Maklerrecht hat im Bürgerlichen Gesetzbuch (BGB) nur eine sehr stiefmütterliche Behandlung erfahren. Sieht man von der Spezialregelung über die Heiratsvermittlung nach § 656 BGB einmal ab, so enthält das BGB nur drei Bestimmungen über den sog. Zivilmakler und zwar die §§ 652 – 654 BGB. Das Maklerrecht gilt insofern als Rechtsgebiet, dessen Konturen sich erst durch die hierzu im Wege der Rechtsfortbildung entwickelten Rechtsgrundsätze verlässlich erschließen lassen. Das Maklerrecht ist mithin in seinen wesentlichen Zügen Richterrecht.

Dem Maklervertrag verwandt sind der Dienstvertrag (§§ 611 ff. BGB); der Werkvertrag (§§ 631 ff. BGB) und der Geschäftsbesorgungsvertrag (§ 675 ff. BGB). Im Gegensatz zum Maklervertrag begründet bei diesen Vertragstypen allein der Vertragsschluss die Leistungspflicht des Unternehmers und die Vergütungspflicht des Bestellers. Demgegenüber begründet der Maklervertrag nach den gesetzlichen Tatbestandsmerkmalen noch keine Tätigkeitspflicht. Die Vergütung hängt hier allein davon ab, ob der vom Auftraggeber angestrebte Erfolg mit Hilfe des Maklers eingetreten ist. In der Regel also der Abschluss des Miet- bzw. notariellen Kaufvertrages. Daher wird der Maklervertrag auch häufig als Vertrag eigener Art angesehen. Besonderheiten gelten dagegen für den sog. „Makler-Alleinauftrag". Hier wird der Makler zum Tätigwerden verpflichtet. Daher wird der Makler-Alleinauftrag auch häufig als Makler-Dienstvertrag bezeichnet, obwohl der Makler auch hier nicht für seine Dienste, sondern für den Erfolg bezahlt wird. Ausnahmsweise kann ein Immobilienmaklervertrag auch als Haustür- oder Fernabsatzgeschäft zu qualifizieren sein [vgl. unten unter Kapitel III.3.b)].

2. Begründung des Maklervertrages

a) Form des Maklervertrages

Der Maklervertrag unterliegt grundsätzlich keiner Form. Er kann also auch mündlich abgeschlossen werden, was sich aus Beweisgründen allerdings nicht empfiehlt. Im Einzelfall können bestimmte Abreden jedoch der Pflicht der notariellen Beurkundung unterliegen, wie z.B. das Vertragsstrafeversprechen und die Vereinbarung eines pauschalierten Schadenersatzes oder die Reservierungsvereinbarung [vgl. unten unter Kapitel III.11.e)].

b) Vertragsschluss

Das Zustandekommen eines Maklervertrages bestimmt sich nach den allgemeinen Regeln über den Vertragsschluss. Es sind also zwei übereinstimmende Willenserklärungen von mindestens zwei Personen erforderlich. Die Entwicklung der Rechtsprechung zu den Voraussetzungen des Zustandekommens von Maklerverträgen war bislang sehr wechselhaft und ist auch heute noch im Fluss.

Der Makler sollte seine Provisionserwartung klar zum Ausdruck bringen. Zweifel gehen zu seinen Lasten. Nach ständiger Rechtsprechung des BGH (z.B. vom 16.11. 2006, III ZR 57/06 m.w.N.) erkläre derjenige, der sich an einen Makler wendet, der mit „Angeboten" werbend im geschäftlichen Verkehr auftritt, damit noch nicht schlüssig seine Bereitschaft zur Zahlung einer Maklerprovision für den Fall, dass ein Vertrag über ein angebotenes Objekt zustande kommt. Der Interessent dürfe nämlich, soweit ihm Gegenteiliges nicht bekannt ist, davon ausgehen, dass der Makler das Objekt von dem Verkäufer an die Hand bekommen hat und deshalb mit der angetragenen Weitergabe von Informationen eine Leistung für den Anbieter erbringen will. Ohne Weiteres brauche der Kaufinteressent in einem solchen Fall nicht damit zu rechnen, dass der Makler auch von ihm eine Provision. Es müsse allerdings davon ausgegangen werden, dass ein Kaufinteressent, der in Kenntnis eines eindeutigen Provisionsverlangens die Dienste eines Maklers in Anspruch nimmt, damit grundsätzlich in schlüssiger Weise zu erkennen gebe, dass er den in dem Provisionsbegehren liegenden Antrag auf Abschluss eines Maklervertrages annehmen will.
Dem Begehren des Kunden nach einem weiteren Tätigwerden des Makler nach dessen unmissverständlichen Provisionsverlangen kommt nach Auffassung der Rechtsprechung dann nicht der Erklärungswert einer Annahme des Angebots auf Abschluss eines provisionspflichtigen Maklervertrages zu, wenn der Interessent gleichzeitig mit der Inanspruchnahme der Dienste die Provisionszahlung ausdrücklich ablehnt. Denn dadurch gebe er zweifelsfrei zu erkennen, dass er das Tätigwerden des Maklers gerade nicht im Rahmen eines Maklervertrages mit Provisionspflicht, sondern entweder im Rahmen eines unentgeltlichen Auftrages oder deshalb wünscht, weil er es für seine Willensbildung hinsichtlich des Abschlusses des Hauptvertrages mit dem Erstauftraggeber des Maklers, nämlich der anderen Seite des Hauptvertrages, benötigt (BGH vom 04.10.1995, IV ZR 163/94 und vom 20.06.1996, III ZR 219/95). In der bloßen Zahlung einer vermeintlichen Schuld könne jedenfalls ein kausales Anerkenntnis nicht gesehen werden (BGH vom 03.06.2008, XI ZR 239/07).

Praxishinweis:

Probleme bereitet die Feststellung, ob ein Maklervertrag zustande gekommen ist, immer dann, wenn die Vorstellungen der am Hauptgeschäft (Kauf- oder Mietvertrag) beteiligten Parteien hinsichtlich der Provisionszahlungspflicht in unterschiedliche Richtungen gehen, wenn also der Verkäufer/Vermieter meint, der Käufer/Mieter müsse die Provisionszahlungspflicht übernehmen und der Käufer/Mieter das Gegenteil annimmt. Die Rechtssprechung steht hier auf dem Standpunkt, dass es Aufgabe des Maklers sei, hier für klare Verhältnisse zu sorgen.

Es ist allgemein anerkannt, dass der Makler seine Provisionserwartung auch in Allgemeinen Geschäftsbedingungen, wie z.B. in einem Exposé, klarstellen kann. Allerdings muss der Hinweis auch bei flüchtigem Durchsehen von einem Durchschnittskunden wahrgenommen werden können. Tritt der erkennbar bereits von einer Seite - z.B. von der Verkäuferseite - eingeschaltete Makler mit einem (Käufer-)Interessenten in Kontakt, so muss er, wenn er im Erfolgsfalle von diesem eine Provision verlangen will, eindeutig zum Ausdruck bringen, dass er auch Makler der anderen Seite sein will. Deswegen sollte er den Kunden immer ausdrücklich und möglichst schriftlich auf die provisionspflichtige Tätigkeit hinweisen.

Der BGH hat festgestellt, dass ein schlüssiger Vertragsabschluss aber auch dann nicht angenommen werden kann, wenn der Kunde ohne Bezugnahme auf ein Inserat oder ein sonstiges Einzelangebot des Maklers Kontakt zu diesem aufnimmt, um sich Objekte aus dessen „Bestand" benennen zu lassen (BGH vom 22.09.2005, III ZR 393/04). Auch bei einer derartigen Fallgestaltung liegt in der Objektangabe letztlich ein vom Makler ausgehendes Angebot vor, so dass der Interessent, selbst wenn ihm bewusst ist, dass er insoweit Dienste des Maklers entgegennimmt, mangels hinreichender Anhaltspunkte für das Gegenteil damit rechnen darf, die Objekte seien dem Makler schon von dem Verkäufer an die Hand gegeben worden und mit diesem bestehe ein Maklervertrag. Anders liegt es nur bei einer weitergehenden Nachfrage von Maklerdienstleistungen seitens des Kunden (BGH, a.a.O.), insbesondere bei der Erteilung eines eigenen Suchauftrags. Hier kann der Makler zur Erledigung des Auftrags nicht auf eigenes Adressenmaterial zurückgreifen, sondern muss sich neue Objekte durch eigenständige Tätigkeit für seinen Kunden erschließen. Nach der Auftragslage muss er mithin „nach außen hin suchend tätig" werden.

Liegt ein eigener Suchauftrag vor, kommt die Unklarheitenregel nicht zur Anwendung. Wendet der Maklerkunde bei einer derartigen Fallgestaltung ein, er habe den Makler darauf verwiesen, sich die Provision bei der Gegenseite zu holen, trägt er für die damit geltend gemachte Unentgeltlichkeit des Maklervertrags die Beweislast (BGH vom 24.09.2009, III ZR 96/09).

3. Beendigung des Maklervertrages

a) Kündigung

Da der Maklervertrag, sieht man einmal vom sog. Alleinauftrag ab [vgl. Kapitel III.11.e)], keine Tätigkeitspflicht des Maklers begründet, kann er jederzeit ohne Einhaltung einer Frist gekündigt werden. Durch die Kündigung entfällt die Anspruchsgrundlage künftiger Nachweis- und Vermittlungsbemühungen des Maklers.
Hat der Makler zuvor bereits einen Nachweis geführt oder im Auftrag des Kunden vermittelt und kommt es erst nach der Kündigung zu dem angestrebten Vertragsabschluß, so hat der Makler seinen Provisionsanspruch verdient (BGH vom 20.01.2005, III ZR 251/04).

Die Kündigung des Alleinauftrags aus wichtigem Grund ist möglich, wenn der Makler untätig ist oder seine Verkaufsbemühungen vernachlässigt und damit die Interessen des Auftraggebers erheblich beeinträchtigt.

b) Widerruf bei Fernabsatz- oder Haustürgeschäft

Liegt ein Fernabsatz- oder Haustürgeschäft vor, sind die Bestimmungen über die Widerrufsrechts-Belehrung zu beachten. Andernfalls bleibt der Vertrag für den Maklerkunden widerrufbar.

■ Fernabsatzgeschäft
Ein Fernabsatzgeschäft liegt vor, wenn folgende Tatbestandsmerkmale erfüllt sind (§ 312b BGB):

- *ein Vertrag ist zwischen Unternehmer (Makler) und Endverbraucher (Maklerkunde) zustande gekommen,*
- *der Vertrag ist auf die Erbringung von Dienstleistungen (Maklerleistungen) gerichtet,*
- *der Vertrag ist unter Verwendung von Fernkommunikationsmitteln (z.B. Briefe, Kataloge, Telefonanrufe, Telekopien, E-Mails, Rundfunk, Tele- und Mediendienste) zustande gekommen,*
- *es wurden ausschließlich Fernkommunikationsmittel für das Vertragsangebot und die Annahmeerklärung eingesetzt,*
- *die Fernkommunikationsmittel wurden im Rahmen eines für den Fernabsatz organisierten Vertriebs- und Dienstleistungssystems eingesetzt.*

Liegt ein Fernabsatzgeschäft vor, unterliegt der Makler zahlreichen **Informationspflichten**, die er seinem Auftraggeber klar und verständlich und unter Angabe des geschäftlichen Zwecks zur Verfügung stellen muss (§ 312 c Abs. 1 BGB i. V. m. Artikel 246 § 1 EGBGB).

Folgende Informationen sind notwendig:

- *Identität des Unternehmers (Name, Firma, Rechtsform)*
- *öffentliches Unternehmensregister (Handels-, Genossenschaft-, Partnerschaftsregister) samt Registernummer*
- *die Identität eines Vertreters des Unternehmers oder eines sonstigen Ansprechpartners*
- *die ladungsfähige Anschrift (Postfachanschrift reicht nicht aus) des Unternehmers, des sonstigen Ansprechpartners, bei juristischen Personen und Personenvereinigungen auch den Namen und Anschrift eines Vertretungsberechtigten (Angabe eines Prokuristen oder Generalbevollmächtigten genügt)*
- *wesentliche Merkmale der Dienstleistung*
- *Informationen darüber, wie der Vertrag zustande kommt (z. B. durch Auftragsbestätigung, elektronische Bestätigung)*
- *die Mindestlaufzeit des Vertrages, wenn dieser eine dauernde oder regelmäßig wiederkehrende Leistung zum Inhalt hat*
- *einen Vorbehalt, eine in Qualität und Preis gleichwertige Leistung zu erbringen oder die versprochene Leistung im Fall ihrer Nichtverfügbarkeit nicht zu erbringen*
- *den Gesamtpreis der Maklerleistung einschließlich der Mehrwertsteuer und aller sonstigen Preisbestandteile. Wenn kein genauer Preis angegeben werden kann, die Grundlage seiner Berechnung, die dem Verbraucher eine Überprüfung des Preises ermöglicht (z.B. Prozentsatz des Kaufpreises)*
- *gegebenenfalls zusätzlich anfallende Liefer- und Versandkosten*
- *Modalitäten hinsichtlich der Zahlung und der Erfüllung*
- *das Bestehen oder Nichtbestehen eines Widerrufsrechts*
- *alle spezifischen, zusätzlichen Kosten, die der Verbraucher für die Benutzung des Fernkommunikationsmittels zu tragen hat, wenn solche zusätzlichen Kosten durch den Makler in Rechnung gestellt werden (z. B. bei kostenpflichtigen 0180er oder 0900er Nummern)*
- *Gültigkeitsdauer befristeter Angebote, insbesondere hinsichtlich des Preises*

Der <u>Lauf der Widerrufsfrist</u> steht mit der **Belehrung** über das **Widerrufsrecht** in Zusammenhang. Es empfiehlt sich daher zu Beweiszwecken, Zeitpunkt, Umfang und Form der Belehrung zu dokumentieren und entsprechende Nachweise aufzubewahren.

Die Widerrufsfrist für den Verbraucher beträgt 14 Tage, wenn dem Verbraucher spätestens **bei Vertragsschluss** eine den Anforderungen des § 360 BGB entsprechende Widerrufsbelehrung in Textform mitgeteilt wird (§ 355 Abs. 2 Satz 1 BGB). Ein Muster für die Widerrufsbelehrung findet sich in der Anlage 1 zu Artikel 246 § 2 Absatz 3 Satz 1 EGBGB (www.gesetze-im-internet.de).
Wird dem Verbraucher die Widerrufsbelehrung in Textform erst **nach Vertragsschluss** mitgeteilt, beträgt die Widerrufsfrist einen Monat (§ 355 Abs. 2 S. 3 BGB).

Ist der Verbraucher überhaupt **nicht oder nur unzureichend informiert** worden, läuft gar keine Frist. Der Verbraucher kann also noch lange Zeit nach der Erbringung der Dienstleistung den Vertrag ohne weiteres zu Fall bringen.

Die Widerrufsfrist **beginnt** bei Dienstleistungen bereits mit Vertragsschluss, vorausgesetzt, der Makler hat dem Kunden die o.g. Informationen in Textform zur Verfügung gestellt (§ 312d Abs. 2 BGB). Die Frage, wann ein Vertrag als geschlossen anzusehen ist, spielt hinsichtlich des Zeitpunkts der in Textform zu übermittelnden Widerrufsbelehrung eine entscheidende Rolle. Die Belehrung sollte bereits im Rahmen der Versendung einer „Eingangsbestätigungsmail", die auf ein Angebot versendet wird, vorgenommen werden. Erfolgt eine Annahme des Vertrags durch eine „Auftragsbestätigung", so sollte die Belehrung spätestens im Rahmen dieser Textformnachricht erfolgen.

Macht der Maklerkunde von seinem Widerrufsrecht Gebrauch, sind die Vertragsparteien nach den Vorschriften über den gesetzlichen Rücktritt zur Rückgewähr der empfangenen Leistungen verpflichtet (§ 357 Abs. 1 Satz 1 BGB, §§ 346 ff. BGB). Hat der Kunde auf Grund der Tätigkeit des Maklers einen wirksamen Hauptvertrag abgeschlossen, ist eine Rückgewähr unmöglich. In diesem Fall kommt in Betracht, dass der Kunde dem Makler **Wertersatz** zu leisten hat (§ 346 Abs. 2 Nr. 1 BGB).

Das **Widerrufsrecht erlischt**, wenn der Vertrag von beiden Seiten auf ausdrücklichen Wunsch des Maklerkunden vollständig erfüllt ist, bevor der Kunde sein Widerrufsrecht ausgeübt hat (§ 312d Abs. 3 BGB). Die Beweislast trifft den Makler.

■ Haustürgeschäft
Wurde ein Haustürgeschäft abgeschlossen, steht dem Maklerkunden ebenfalls ein Widerrufsrecht zu (§ 355 BGB).

Ein Haustürgeschäft liegt vor wenn folgende Voraussetzungen erfüllt sind (§ 312 BGB):

- *Es wurde ein (entgeltlicher) Maklervertrag zwischen Makler und Maklerkunden (Endverbraucher) geschlossen.*
- *am Arbeitsplatz des Kunden oder im Bereich einer Privatwohnung oder*
- *anlässlich einer vom Makler durchgeführten Freizeitveranstaltung oder*
- *im Anschluss an ein überraschendes Ansprechen in Verkehrsmitteln oder im Bereich öffentlich zugänglicher Verkehrsflächen*
- *auf Veranlassung des Maklers.*

Die Widerrufsfrist beträgt 14 Tage, wenn die Widerrufsbelehrung vor Vertragsschluss erfolgte. Erfolgt die Belehrung nach Vertragsschluss beträgt die Widerrufsfrist einen Monat. Wird gar nicht belehrt, läuft auch keine Widerrufsfrist.
Das Widerrufsrecht besteht nicht, wenn die mündlichen Verhandlungen, auf denen der Abschluss des Vertrags beruht, auf vorhergehende Bestellung des Maklerkunden geführt worden sind.

4. Gegenstand des Maklervertrages

Das Gesetz unterscheidet zwischen zwei Aufgabenbereichen des Maklers und zwar dem Nachweis der Vertragsgelegenheit und der Vermittlungstätigkeit (§ 652 BGB).

a) Nachweistätigkeit

■ Vertragsgelegenheit
Ein Nachweis besteht in einer Mitteilung des Maklers, durch die sein Auftraggeber in die Lage versetzt wird, ohne weitere eigene Nachforschungen in Verhandlungen über den angestrebten Hauptvertrag einzutreten. Dabei reicht es grundsätzlich aus, wenn der mögliche Käufer generell am Erwerb einer Immobilie interessiert ist, die dem angebotenen Objekt ähnlich ist (BGH vom 04.06.2009, III ZR 82/08).

Da der Kunde Verhandlungen mit dem Verkäufer/Vermieter nur einleiten kann, wenn er erfährt, an wen er sich wegen des angestrebten Vertrages wenden muss, wird der Makler im Allgemeinen nicht nur das Objekt zur Kenntnis bringen, sondern auch Namen und Anschrift des Verfügungsberechtigten nennen müssen (BGH vom 06.07.2006, III ZR 379/04).

Wenn ein Nachweismakler einem Mietinteressenten vereinbarungsgemäß eine Liste mit Daten von Wohnungsanbietern und Objekten übersendet, die den Kunden in die Lage versetzen, in konkrete Verhandlungen über den von ihm angestrebten Hauptvertrag einzutreten, dann erbringt der Makler den Nachweis zum Abschluss des Hauptvertrages (BGH vom 15.04.2010, III ZR 153/09). Der Wohnraumvermittler könne für seine Nachweistätigkeit ein erfolgsabhängiges Entgelt vereinbaren. Ein von einem späteren Mietvertragsabschluss unabhängiges Entgelt für die Übersendung einer Anbieter- und Objektliste dürfe aber nicht verlangt oder vereinbart werden (Kapitel IV 1. d)). Demgegenüber handelt es sich um keinen Nachweis, sondern nur um die Verschaffung einer Ermittlungsmöglichkeit, wenn etwa einem Verkaufsinteressenten eine Namensliste von rd. 500 Personen übersandt wird, die der Auftraggeber anschreiben muss, um zu ermitteln, ob sich unter diesen Personen jemand befindet, der sich konkret für sein Objekt interessiert (BGH vom 15.04.2010, III ZR 153/09).

■ **Vertragsbereitschaft**

Ein Nachweis liegt immer nur dann vor, wenn das angebotene Objekt tatsächlich verfügbar ist. Der Nachweis scheidet insofern aus, wenn das Objekt zum Zeitpunkt des Maklerangebots nicht gekauft oder gemietet werden kann, etwa da der Verkäufer nicht vertragsbereit ist (BGH vom 16.12.2004, III ZR 119/04; vgl. auch BGH vom 15.05.2008, III ZR 256/07).

■ **Kaufbereitschaft**

Für einen Nachweis ist es nicht erforderlich, dass dem Auftraggeber des Maklers eine Person benannt wird, die bereits zum Kauf der jeweiligen Immobilie fest entschlossen ist. Eine andere Beurteilung hätte zur Folge, dass ein vom Verkäufer beauftragter Makler kaum in der Lage wäre, einen tauglichen Nachweis zu liefern. Im Unterschied zur umgekehrten Fallgestaltung – Nachweis einer verkaufsbereiten Person gegenüber einem Kaufinteressenten – ist der Kaufinteressent, der einem Grundstücks- oder Wohnungseigentümer namhaft gemacht wird, typischerweise noch „auf der Suche" und deshalb, was das konkrete Objekt angeht, regelmäßig noch unentschlossen. Daher muss es bei dieser Fallgestaltung ausreichen, wenn der potenzielle Käufer generell am Erwerb eines Hauses oder einer Wohnung interessiert ist, die dem angebotenen Objekt ähnelt (BGH vom 04.06.2009, III ZR 82/08).

b) Vermittlungstätigkeit

Voraussetzung für eine Vermittlungsprovision ist in erster Linie, dass der Makler auf den potentiellen Vertragspartner mit dem Ziel eines Vertragsabschlußes einwirkt.

Vermittlungstätigkeit ist dabei die bewusste finale Herbeiführung der Abschlussbereitschaft des Vertragspartners des zukünftigen Hauptvertrags. Durch die Übersendung eines Exposés an einen Kaufinteressenten wird noch nicht im Sinne einer Vermittlungstätigkeit auf dessen Kaufentschluss eingewirkt und dieser gefördert (BGH vom 04.06.2009, III ZR 82/08). Die Zusendung eines Exposés stellt sich regelmäßig lediglich als Werbung für das Objekt dar, gerichtet an und konzipiert für eine unbestimmte Vielzahl von Interessenten. Es dient grundsätzlich nur der Information im Vorfeld von Verhandlungen und hat noch keinen unmittelbaren Einfluss auf die Willensentschließung eines potenziellen Käufers. Die Ermöglichung eines Besichtigungstermins durch den Makler bedeutet regelmäßig noch keine Vermittlungstätigkeit zu Gunsten des Kaufinteressenten. Allerdings ist es eine Frage des Einzelfalls, ob besondere Umstände vorliegen und in einem Maße auf den Erwerbsentschluss eines Interessenten eingewirkt haben, die die Annahme einer Vermittlungsleistung nahe legen. (BGH vom 04.06.2009, III ZR 82/08).

Es ist weder notwendig, noch ausreichend, dass der Makler seinem Auftraggeber mit Rat und Tat zur Seite steht oder Besichtigungen durchführt; es ist vielmehr erforderlich, dass er Verbindung zum Dritten aufnimmt und auf diesen einwirkt, den Vertrag abzuschließen. Der Vermittlungsmakler tut also mehr als der Nachweismakler. Trotzdem hat der Gesetzgeber den Nachweis und die Vermittlung durch das Wort „oder" gleichberechtigt nebeneinandergestellt, und zwar mit der Begründung, dass der einigermaßen geschäftserfahrene Auftraggeber mit dem Nachweis das Wesentliche habe, was er benötige. Den Vertrag als solchen könne er selbst oder über einen Anwalt oder Notar abschließen.

c) Erwerb des Objekts in der Zwangsversteigerung

Im Zwangsversteigerungsverfahren erfolgt der Eigentumserwerb nicht auf Basis eines Kaufvertrages, sondern eines staatlichen Hoheitsaktes. Dem Makler steht daher kein Provisionsanspruch zu, wenn sein Kunde das von ihm benannte Grundstück im Wege der Zwangsversteigerung erwirbt. Weder der Nachweis einer Vertragsgelegenheit noch die Vermittlung ist in diesem Fall gegeben (BGH vom 04.03.1999, III ZR 105/98). Durch Individualvereinbarung kann allerdings der Erwerb in der Zwangsversteigerung dem Abschluss eines Grundstückskaufvertrages gleichgestellt werden (BGH vom 20.02.1997, III ZR 208/95). Die formularmäßige Vereinbarung der Gleichstellung ist dagegen unwirksam (BGH vom 24.06.1992, IV ZR 240/91).

5. Pflichten des Maklers und des Auftraggebers

a) Maklerpflichten

Der Makler ist, sofern nicht etwas anderes vereinbart wurde (z.B. Makler-Alleinauftrag), nicht verpflichtet, für den Auftraggeber tätig zu werden.

Zwischen ihm und dem Auftraggeber besteht aber ein besonderes **Sorgfalts- und Treueverhältnis**, das ihn verpflichtet, im Rahmen des Zumutbaren das Interesse des Auftraggebers zu wahren. Der Makler muss alle ihm bekannten, für die Entschließung seines Auftraggebers wesentlichen Umstände über das Objekt oder über den von ihm beigebrachten Vertragspartner mitteilen, z.B. Schwammverdacht, andere erhebliche Gebäudeschäden bzw. finanzielle Schwierigkeiten des Kaufinteressenten. Er hat allerdings keine eigenständigen Untersuchungspflichten hinsichtlich des Objektes oder der Zahlungsfähigkeit des Interessenten, es sei denn, es besteht hierzu ein besonderer Auftrag. Beratungspflichten treffen ihn nur bei geschäftlich Unerfahrenen, soweit sie in unmittelbaren Zusammenhang mit seiner Tätigkeit stehen. Der Makler ist nicht verpflichtet, Auskünfte zu Rechts- und Steuerfragen zu erteilen. Gibt er gleichwohl Auskünfte und Ratschläge, so müssen diese richtig sein. Er darf also keine Auskünfte „ins Blaue hinein" geben. Seine Sorgfaltspflicht verletzt der Makler z.B. dann, wenn er ein Grundstück als „baureif'" anbietet, obwohl er sich davon nicht überzeugt hat. Verletzt der Makler die ihm obliegenden Nebenpflichten aus dem Maklervertrag kann er sich schadenersatzpflichtig machen oder gegebenenfalls seinen Provisionsanspruch verwirken.

Der Makler schuldet seinem Auftraggeber grundsätzlich keine Ermittlungen (BGH vom 18.01.2007, III ZR 146/06). Insbesondere darf er im Allgemeinen auf die Richtigkeit der Angaben des Verkäufers vertrauen. Informationen des Veräußerers darf er daher grundsätzlich ungeprüft weitergeben. Eine Einschränkung besteht nur insoweit, als der Makler keine Angaben der Verkäuferseite in sein Expose aufnehmen darf, die nach den in seinem Berufsstand vorauszusetzenden Kenntnissen als ersichtlich unrichtig, nicht plausibel oder bedenklich einzustufen sind.

Praxishinweis:

Aus Sicht des Maklers sollte darauf geachtet werden, dass bei Bewerbung eines Objekts, z.B. im Exposé, deutlich wird, dass die Objektangaben vom Verkäufer stammen. Andernfalls kann der Makler haften, wenn er den Eindruck vermittelt hat, dass die von ihm gemachten Angaben auf eigenen Ermittlungen beruhen bzw. durch ihn selbst auf ihre Richtigkeit überprüft worden sind.

Die Rechtsprechung lässt **rechtsberatende Tätigkeiten** wie die Anfertigung von Vertragsentwürfen großzügig zu, individuelle Vertragsgestaltungen sind jedoch untersagt. Eine gewisse Beratung in Grundbuchangelegenheiten ist dagegen zulässig. Dies ist z.B. der Fall, wenn ein Grundstücksmakler seinem Auftraggeber in Grundstückssachen oder beim Verkehr mit Wohnsiedlungs-, Kataster- und ähnlichen Behörden Unterstützung gewährt. Eine Hilfeleistung in Steuersachen ist für den Makler nur in beschränktem Umfang möglich. Die Rechtsprechung erachtet eine rechtsberatende oder rechtsbesorgende Tätigkeit stets als unerlaubt, wenn das Geschäft bereits abgewickelt ist. Im Übrigen soll eine derartige Tätigkeit immer zulässig sein, wenn ohne sie die Berufsausübung unangemessen erschwert würde. Verstößt der Makler gegen das Rechtsdienstleistungsgesetz (RDG), ist der Maklervertrag gemäß § 134 BGB nichtig (vgl. BGH vom 17.03.1998, XI ZR 59/97).
Das OLG Karlsruhe hat mit Urteil vom 13.10.2010, 6 U 64/10, entschieden, dass kein Verstoß gegen das RDG vorliegt, wenn ein Immobilienmakler, der für seine Kundschaft ein Wohnungsmietobjekt sucht, in einer Anzeige mit der Formulierung *„Mietvertrag kostenfrei"* wirbt. Denn in diesem Fall entnehmen die angesprochenen Verkehrskreise dieser Werbung lediglich, dass der Makler potenziellen Vermietern anbietet, ihnen ein Mietvertragsformular kostenlos zu überlassen und erforderlichenfalls beim Ausfüllen des Formulars behilflich zu sein. Darin sei kein Verstoß gegen das RDG zu sehen.

Praxishinweis:

Es ist allgemein anerkannt, dass die Beratungs- und Aufklärungspflicht des Maklers nicht nur Umstände tatsächlicher Art, sondern auch rechtliche Hinweise umfasst. Mit derartigen Hinweisen verstößt der Makler nicht gegen das RDG, da die entsprechende Beratungs- oder Aufklärungspflicht zu seinem Gewerbe gehört. Gemäß § 5 Abs. 1 RDG sind Rechtsdienstleistungen im Zusammenhang mit einer anderen Tätigkeit erlaubt, wenn sie als Nebenleistung zum Berufs- oder Tätigkeitsbild gehören. Ob eine Nebenleistung vorliegt, ist nach ihrem Inhalt, Umfang und sachlichen Zusammenhang mit der Haupttätigkeit unter Berücksichtigung der Rechtskenntnisse zu beurteilen, die für die Haupttätigkeit erforderlich sind. Wichtig für Immobilienmakler ist es, auf Abmahnungen zeitnah – aber nicht übereilt – zu reagieren. Die Industrie- und Handelskammern oder wettbewerbsrechtlich versierte Anwälte können dabei helfen.

b) Pflichten des Auftraggebers

Der Auftraggeber bleibt bei allen Vertragsgestaltungen – so auch beim Makler-Alleinauftrag – „Herr des Geschäfts". Es liegt demnach in seiner freien Entscheidung, ob er den (Haupt-) Vertrag mit dem vom Makler vermittelten oder nachgewiesenen Interessenten abschließen will.
Allerdings obliegen auch dem Auftraggeber Nebenleistungspflichten aus der gegenseitigen **Sorgfalts- und Treuepflicht** des Maklervertrages. So darf er z.B. den Makler nach erfolgtem Nachweis nicht treulos ausschalten oder eine Unterbrechung des Ursachenzusammenhanges zwischen Nachweis und Vertragsabschluß „manipulieren". Er muss den Makler davon verständigen, dass sich der Auftrag erledigt hat oder wenn er, z.B. von Miterben, nicht in ausreichendem Maße bevollmächtigt ist. Auch hat er die Maklerinformation vertraulich zu behandeln und darf sie nicht ohne Erlaubnis weitergeben. Nach Vertragsabschluß muss der Auftraggeber dem Makler darüber Auskunft erteilen, mit wem der Vertrag abgeschlossen wurde bzw. zu welchem Preis. Verstößt ein Auftraggeber gegen diese Verpflichtung, so steht dem Makler entweder ein Provisionsanspruch zu oder der Auftraggeber macht sich gegenüber dem Makler zumindest schadensersatzpflichtig.

Dem Makler steht zur Durchsetzung seines Anspruchs auch das **Recht der Grundbucheinsicht** zu (OLG Stuttgart vom 17.01.1983, 8 W 452/82). Ein berechtigtes Interesse i.S.v. § 12 Grundbuchordnung (GBO) ist aber nur gegeben, wenn der neue Eigentümer auf Grund eines Maklervertrages mit dem Makler das Objekt erworben hat. Der Auftraggeber ist dem Makler zur Auskunft darüber verpflichtet, ob der beabsichtigte Hauptvertrag abgeschlossen wurde. Über die gesetzlich normierten Fälle hinaus ist ein Auskunftsanspruch auch dann begründet, wenn eine besondere rechtliche Beziehung zwischen dem Auskunftsfordernden und dem auf Auskunft in Anspruch Genommenen besteht und wenn es die Eigenart des Rechtsverhältnisses mit sich bringt, dass der Berechtigte in entschuldbarer Weise über den Umfang seiner Rechte im Ungewissen, der in Anspruch Genommene aber in der Lage ist, die verlangte Auskunft unschwer zu erteilen (BGH vom 06.07.2006, III ZR 379/04).

Dem Makler steht daher gegen den Auftraggeber ein Auskunftsanspruch zu, wenn er nicht im Stande ist, die Provision zu berechnen (BGH vom 27.07.2000, III ZR 279/99). Der Auskunftsanspruch setzt voraus, dass vertragliche Ansprüche wahrscheinlich bestehen (BGH vom 06.07.2006, III ZR 379/04). Die Wahrscheinlichkeit des Bestehens eines Provisionsanspruchs richtet sich nach den Umständen des Einzelfalles. Eine Auskunft muss jedenfalls nicht erteilt werden, wenn ein Anspruch von vornherein ausscheidet. Die Auskunft muss alle zur Berechnung des Anspruchs notwendigen Information enthalten und dem Gläubiger eine Nachprüfung ihrer Richtigkeit ermöglichen (BGH vom 07.02.1990, IV ZR 314/88).

Das OLG Stuttgart hat am 28.09.2010, 8 W 412/10, entschieden, dass der Grundstücksmakler – soweit er den Kaufpreis einer angeblich von ihm vermittelten Immobilie erfahren will - sich auf ein berechtigtes Interesse zur Einsichtnahme in die Grundakten nur dann berufen kann, wenn eine beträchtliche Wahrscheinlichkeit für die behauptete Entstehung eines Provisionsanspruches besteht. Das Gericht schließt sich damit einem Beschluss des OLG Dresden, v. 03.12.2009, Az.: 3 W 1228/09, an.

Praxishinweis:

Da die uneingeschränkte Gestattung einer Einsicht in die Grundakten im Vergleich zur bloßen Erlaubnis, den ohnehin in weitem Umfang publiken Grundbuchinhalt einzusehen, das informationelle Selbstbestimmungsrecht der Kaufvertragsparteien in weit stärkerem Maße berühren kann, ist – so die Rechtsprechung – zur Rechtfertigung dieses erheblichen Grundrechtseingriffs eine besonders sorgfältige und strenge Prüfung vonnöten, ob tatsächlich ein berechtigtes, also nach allgemeiner Ansicht verständiges, je nach Sachlage ausreichendes, gegebenenfalls auch bloß wirtschaftliches Interesse des Antragstellers an der Einsicht vorliegt. Dies gilt umso mehr, als derjenige, der durch eine so weitgehende Akteneinsichtsgewährung in seinem informationellen Selbstbestimmungsrecht betroffen ist, weder im Vorfeld der Entscheidung anzuhören noch im Nachgang beschwerdeberechtigt ist.

6. Voraussetzungen des Provisionsanspruchs

Aus der gesetzlichen Bestimmung des § 652 Abs. 1 Satz 1 BGB ergeben sich vier (Tatbestands-)Merkmale, die der Makler darlegen und beweisen muss, wenn er eine Provision fordert:

- Bestehen eines Maklervertrages
- Nachweis- oder Vermittlungstätigkeit (vgl. Kapitel III.4.)
- Zustandekommen des beabsichtigten Hauptvertrages
- Kausalität zwischen Maklertätigkeit und Erfolg

§ 652 Entstehung des Lohnanspruchs

(1) *Wer für den Nachweis der Gelegenheit zum Abschluss eines Vertrags oder für die Vermittlung eines Vertrags einen Mäklerlohn verspricht, ist zur Entrichtung des Lohnes nur verpflichtet, wenn der Vertrag infolge des Nachweises oder infolge der Vermittlung des Mäklers zustande kommt. Wird der Vertrag unter einer aufschiebenden Bedingung geschlossen, so kann der Mäklerlohn erst verlangt werden, wenn die Bedingung eintritt.*

(2) *Aufwendungen sind dem Mäkler nur zu ersetzen, wenn es vereinbart ist. Dies gilt auch dann, wenn ein Vertrag nicht zustande kommt.*

Reine Beratungs- und sonstige Hilfeleistungen, wie etwa Anberaumung eines Beurkundungstermins beim Notar, reichen nicht aus.

a) Bestehen eines Maklervertrages

Der Provisionsanspruch setzt zunächst einen rechtswirksamen Maklervertrag voraus. Das Zustandekommen eines rechtswirksamen Maklervertrages muss der Makler beweisen, eventuelle Unklarheiten gehen zu seinen Lasten. Daher sollte der Maklervertrag möglichst schriftlich fixiert werden. Eine Maklerklausel in einem Kaufvertrag kann ein Indiz für den Abschluss eines Maklervertrages darstellen. Auch wenn feststeht, dass der Kunde den Kaufpreis unter Hinweis auf eine geschuldete Provision „drücken" wollte, kann dies ein Indiz für den Maklervertragsabschluss darstellen (siehe im Übrigen Kapitel 2 und 3).

b) Zustandekommen des beabsichtigten Hauptvertrages

■ Allgemeine Voraussetzungen

Der Makler erwirbt den Provisionsanspruch regelmäßig erst mit Abschluss des Hauptvertrages, hier also des notariellen Kaufvertrages. Der Auftraggeber bleibt allerdings bis zuletzt in der Entscheidung völlig frei, ob er die nachgewiesene oder vermittelte Vertragsgelegenheit wahrnehmen will. Er kann bis zu Willkür den Abschluss des Hauptvertrages ablehnen.

■ Wirtschaftliche Gleichwertigkeit

Der vom Makler nachgewiesene oder vermittelte Vertrag muss auch der ursprünglich beabsichtigte sein. Allgemein kommt es darauf an, dass sich das ursprünglich beabsichtigte und später realisierte Geschäft für den Auftraggeber als „wirtschaftlich gleichwertig" mit dem im Maklervertrag beabsichtigten Geschäftsabschluss darstellt. Identität wird dabei nicht verlangt. Bei der Beurteilung ist auf das Interesse des Auftraggebers und nicht des Maklers abzustellen. Unerhebliche Abweichungen schaden nicht.

■ Persönliche Kongruenz

Im Hinblick auf die Person des Vertragspartners wird der Erfolg auch erreicht, wenn nicht der Auftraggeber selbst den Hauptvertrag abschließt, sondern eine Person, mit der der Auftraggeber in einer engen familiären oder gesellschaftsrechtlichen Beziehung verbunden ist. Wenn also anstelle des Auftraggebers dessen Ehefrau oder Kinder die Immobilie erwerben.
Nach einzelnen Gerichtsentscheidungen fällt die Provision auch an, wenn ein Tochter- oder Schwesterunternehmen kauft oder mietet. Provisionspflichtig bleibt aber in jedem Fall der Auftraggeber (OLG Hamm vom 17.1.2000, 18 U 148/99).
Nach Auffassung des BGH muss die erforderliche enge Beziehung zwischen dem Maklerkunden und dem Dritten bereits zu dem Zeitpunkt bestanden haben, in dem der Makler vermittelnd tätig geworden ist (BGH vom 12.10.1983, IVa ZR 36/82).

■ Rechtsgeschäftliche Identität

Für die Frage der Identität ebenfalls von Bedeutung ist, in welcher Rechtsform der Erfolg erzielt wird. Wirtschaftlich ungleichartig sind zweifelsohne:

- *Tausch statt Miete*
- *Miete statt Kauf und umgekehrt*
- *Pacht anstelle von Kauf*

War danach z.B. per Maklervertrag vereinbart, dass das Objekt verkauft werden soll, wird es dann aber nur vermietet, fehlt die rechtsgeschäftliche Identität, so dass der

Provisionsanspruch entfällt. Ebenso verhält es sich bei den anderen hier aufgezählten Fällen.

Der Abschluss eines Kaufvertrages über die (ideelle) Hälfte eines Grundstückes und der Erwerb der anderen (ideellen) Hälfte im Wege der Zwangsversteigerung stellt ebenfalls etwas wesentlich anderes dar als der beabsichtigte Abschluss eines Kaufvertrages über das gesamte Grundstück.

Bei einem Erwerb einer größeren Einheit ist ganz allgemein zu prüfen, ob die quantitative Abweichung für den Auftraggeber ungünstig war. Soweit dies zu verneinen ist, wird man dem Makler jedenfalls für den nachgewiesenen Teil des Grundstückes einen Provisionsanspruch zusprechen müssen.

Zu verneinen ist die wirtschaftliche Identität, wenn der Auftraggeber nicht das vom Makler nachgewiesene Objekt erwirbt, sondern eine Vertragsgelegenheit (aus-)nutzt, von der er aufgrund der Tätigkeit des Maklers erfahren hat (z. B. Erwerb einer gleichartigen Eigentumswohnung in demselben Gebäude).

Individuell kann vereinbart werden, dass eine Maklervergütung auch dann zu zahlen ist, wenn ein anderer als der angestrebte Vertrag mit dem vom Makler beigebrachten Interessenten zustande kommt. Eine entsprechende Allgemeine Geschäftsbedingung (AGB) ist unwirksam.

Eine Klausel, durch die lediglich festgelegt wird, dass es für die Identität allein auf die Herbeiführung des gewünschten wirtschaftlichen Erfolges ankommt, kann dagegen durch AGB vereinbart werden. Ihr kommt allerdings keine eigenständige Bedeutung zu, weil durch sie lediglich die Rechtslage wiedergegeben wird (vgl. zu AGBs in Maklerverträgen ausführlich Kapitel III.11.).

Die erforderliche Kongruenz zwischen dem abgeschlossenen und dem nach dem Maklervertrag beabsichtigten Hauptvertrag kann auch dann bestehen, wenn die Maklerkundin an einem Grundstück – anders als in dem Maklerangebot vorgesehen – kein Alleineigentum, sondern lediglich ein hälftiges Miteigentum verbunden mit Teil- und Wohnungseigentum erwirbt, während ihr Bruder und dessen Ehefrau die andere Hälfte kaufen (BGH vom 13.12.2007, III ZR 163/07). Auch bei einer derartigen Fallgestaltung sind die Besonderheiten des Einzelfalls im Rahmen einer Gesamtschau zu gewichten, wobei der wirtschaftlichen Betrachtungsweise Vorrang gebührt.

■ **Wirtschaftliche Gleichwertigkeit und Kaufpreis**

Der Kaufpreis ist in der Regel verhandelbar. Abweichungen von Preisvorstellungen können daher die wirtschaftliche Gleichwertigkeit nur begrenzt ausschließen. Sie kann höchstens dann entfallen, wenn sich aus den Vereinbarungen zwischen Auftraggeber und Makler klar ergibt, dass nur zu diesem Preis verkauft, gekauft, gemietet oder vermietet werden sollte.

Darauf sollte sich der Makler allerdings lieber nicht einlassen, da es dann der Auftraggeber praktisch in der Hand hat, durch geringfügiges Nachgeben beim Kaufpreis den Makler um die Provision zu bringen. Auch kann oftmals die anfangs erhoffte Vorstellung über den zu erzielenden Kaufpreis nicht voll verwirklicht werden.

Während übliche Reduzierungen des Kaufpreises infolge Vertragsverhandlungen unschädlich sind, ist die inhaltliche Kongruenz zu verneinen, wenn der tatsächliche Vertragsschluss hinsichtlich des Kaufpreises in ungewöhnlichem Umfang hinter dem nach dem Maklervertrag herbeizuführenden Vertrag zurückbleibt (OLG Celle vom 05.06.2007, 11 U 76/07). Diesen Grundsätzen hat sich das OLG München mit Entscheidung vom 04.02.2010, 24 U 471/09, angeschlossen. Das Gericht weist darauf hin, dass es zwar insoweit keine starre Provisionsausschlussgrenze gebe; es seien jeweils die Umstände des Einzelfalles zu berücksichtigen. Von einer inhaltlichen Inkongruenz sei aber auszugehen, wenn der tatsächlich vereinbarte und der gezahlte Grundstückskaufpreis um 38,7% unter dem Kaufpreis liegt, der dem Käufer in der vom Makler nachgewiesenen Gelegenheit genannt worden ist.

c) Provisionsanspruch und unvollkommener Hauptvertrag

■ **Ausgangspunkt des Gesetzgebers**

Nach § 652 BGB erwirbt der Makler nur dann einen Provisionsanspruch, wenn der angestrebte Hauptvertrag rechtswirksam zustande gekommen ist. Notwendig ist die beiderseitige endgültige Bindung der zusammengeführten Interessenten. Ein Vorvertrag genügt daher regelmäßig nicht, es sei denn, der Gegenstand des Maklervertrages war nur auf die Vermittlung des Vorvertrages gerichtet.

Ist der Hauptvertrag (gem. § 311b Satz 1 i.V.m. § 125 Satz 1 BGB) formnichtig, entfällt ein Provisionsanspruch. Wird der Formmangel (nach § 311b Satz 2 BGB) geheilt, „lebt" der Provisionsanspruch wieder auf. Hierbei kommt es nicht darauf an, ob der Auftraggeber die Formnichtigkeit selbst, etwa durch Unter- oder Überbeurkundung des Grundstückkaufvertrages, veranlasst hat (Palandt /Sprau, BGB-Komm., § 652, Rn. 35.).

In einem vom LG Hagen am 19.08.2010, 6 O 340/08, entschiedenen Fall einigten sich Verkäufer und Käufer im Vorfeld des Beurkundungstermins auf einen Kaufpreis von 2.510000 €. Im notariell beurkundeten Kaufvertrag wurde der Kaufpreis von den Kaufvertragsparteien hingegen einvernehmlich auf den Betrag von 2.750000 € festgelegt. Nach Auffassung des LG Hagen liegt hier ein Scheingeschäft vor, denn das eigentlich gewollte Geschäft wurde mit einem simulierten Geschäft verdeckt. Mithin ist der Kaufvertrag zwischen den Kaufvertragsparteien sowohl nichtig nach § 117 BGB als auch formunwirksam gem. §§ 125, 311b BGB und damit gleichfalls nichtig. Der Makler hat in diesem Fall keinen Anspruch auf Provision.

■ Anfechtung des Hauptvertrages

Wird ein bereits zustande gekommener Haupt- bzw. Kaufvertrag wegen Irrtums (§ 119 BGB), Täuschung oder Drohung (§ 123 BGB) angefochten, so gilt er als von Anfang an nichtig (§ 142 BGB) und wird so behandelt, als sei er gar nicht erst zustande gekommen (BGH vom 14.12.2000, III ZR 3/00 und vom 22.09.2005, III ZR 295/04). Damit entfällt rückwirkend die Grundlage für die Maklerprovision. Entscheidend ist nicht die reine Möglichkeit der Anfechtung, sondern die tatsächlich erfolgte Anfechtung; erst diese beseitigt den Provisionsanspruch.

Eine bereits gezahlte Provision muss nach den Grundsätzen über die ungerechtfertigte Bereicherung (§§ 812 ff. BGB) zurückgezahlt werden.

■ Aufhebung und Änderung des Hauptvertrages

Nach Auffassung der Rechtsprechung schließen nur Umstände, die das wirksame Zustandekommen des Grundstückskaufvertrages verhindern oder ihn von Anfang an unwirksam erscheinen lassen, die Entstehung des Maklerprovisionsanspruchs aus, während Umstände, die die Leistungspflicht aus dem wirksam zustandegekommenen Hauptvertrag beseitigen, die Provisionspflicht unberührt lassen (BGH vom 14.07.2005, III ZR 45/05). Wird insofern der Hauptvertrag im Wege des Aufhebungsvertrages wieder beseitigt, bleibt der Provisionsanspruch grundsätzlich bestehen. Auch Änderungen des Hauptvertrages berühren den Provisionsanspruch in der Regel nicht.

Hat z. B. ein Makler den Kauf von Eigentumswohnungen mit einer bestimmten Wohnfläche nachgewiesen und wird der Kaufpreis nachträglich herabgesetzt, weil die Wohnflächen viel kleiner sind, ist der Provisionsanspruch auch dann nicht anzupassen, wenn die Voraussetzungen der Minderung gegeben waren.

■ **Rücktritt vom Hauptvertrag**
Nach Auffassung der Rechtsprechung wird der Provisionsanspruch durch Ausübung eines **gesetzlichen Rücktrittsrechts**, z. B. wegen nicht oder nicht vertragsgemäß erbrachter Leistung (vgl. §§ 323 f., 326 BGB), nicht berührt (BGH vom 09.01.1974, IV ZR 71/73 und vom 30.11.2000, III ZR 79/00). Die Rückgängigmachung des Hauptvertrages erfolgt hier nämlich nicht wegen der Unvollkommenheit des Vertragsschlusses, sondern wegen anderer Umstände, indem der Käufer z.B. den Kaufpreis für die Immobilie nicht zahlt (Verletzung der Leistungspflicht).

Regelmäßig soll ein **vertraglich vereinbartes Rücktrittsrecht** den Provisionsanspruch nicht berühren. Eine Ausnahme soll allerdings dann gelten, wenn sich eine Partei im Hauptvertrag ein zeitlich befristetes, aber sonst an keine Voraussetzungen gebundenes Rücktrittsrecht ausbedungen hat. In diesem Fall soll die Provisionspflicht erst dann entstehen, wenn die Frist abgelaufen ist, ohne dass von dem Rücktrittsrecht Gebrauch gemacht wurde.

Beispiel:

Im Kaufvertrag wurde vereinbart, dass der Rücktritt vom Kaufvertrag bis zum 31. Dezember möglich ist: Der Anspruch auf Provision entsteht erst am 1. Januar, wenn das Rücktrittsrecht nicht ausgeübt wurde.

Eine weitere Ausnahme wird nach der Rechtsprechung angenommen, wenn ein Rücktrittsrecht im notariellen Kaufvertrag von der Bebauungsfähigkeit des nachgewiesenen Grundstückes abhängig gemacht wird. Hier werde eine echte vertragliche Bindung erst in dem Zeitpunkt begründet, in dem der Rücktrittsberechtigte sein Rücktrittsrecht nicht mehr ausüben kann. Ein derartiger Vertrag soll einem Vertrag gleichstehen, der unter einer aufschiebenden Bedingung abgeschlossen wird (BGH vom 29.01.1998, III ZR 76/97).

Beispiel:

Dem Makler wird Provision nur für den Nachweis von Baugelände versprochen. Solange die Bebauungsfähigkeit des nachgewiesenen Objekts nicht hergestellt werden kann, hat der Makler keinen Anspruch auf Provision.

Im Einzelfall kommt es letztlich entscheidend auf Beweggrund, Zweck und Inhalt der Rücktrittsklausel im Hauptvertrag an. Sollte danach der Hauptvertrag im Sinne einer anfänglichen Unvollkommenheit in der Schwebe bleiben, steht das Rücktrittsrecht einer aufschiebenden Bedingung gleich, so dass die Provision erst dann verdient ist, wenn das Rücktrittsrecht nicht mehr ausgeübt werden kann.

■ Gewährleistungsrechte

Grundsätzlich berühren Gewährleistungsrechte des Käufers den Provisionsanspruch des Immobilienmaklers nicht. Denn in Fällen der Kaufgewährleistung erfolgt etwa die Herabsetzung des Kaufpreises unter dem Gesichtspunkt der Minderung nicht wegen Unvollkommenheit des ursprünglichen Vertrages, sondern aufgrund anderer Umstände (OLG Hamm vom 22.11.1999, 18 U 60/99). Auch Schadensersatzansprüche wegen Nichterfüllung berühren weder den Grund noch die Höhe des Provisionsanspruchs. Es sei denn, es wurde vertraglich etwas anderes vereinbart (BGH vom 10.11.1976, IV ZR 129/75).

Beispiel:

> *Durch die Tätigkeit des Maklers kommt ein Kaufvertrag über eine Wohnanlage zu Stande. Einige als Wohnräume ausgewiesene Räumlichkeiten dürfen aus bauordnungsrechtlichen Gründen nicht zu Wohnzwecken genutzt werden. Der Kaufvertrag wird im Anschluss im Hinblick auf diese Umstände später aufgehoben. Der Provisionsanspruch des Maklers bleibt erhalten.*

Zu den die Provisionspflicht nicht berührenden Umständen gehört i.d.R. auch das bis zum Schuldrechtsmodernisierungsgesetz geltende Recht der **Wandelung des Kaufvertrags** nach § 462 BGB a.F. (BGH vom 14.12.2000, III ZR 3/00). Diese Grundsätze hat der BGH mit Urteil vom 09.07.2009, III ZR 104/08, bestätigt und betont, dass für das Verlangen nach dem „großen Schadensersatz" i.S. des § 463 BGB a.F., das dem Käufer gegenüber der Wandelung noch weitergehende Rechte gegen den Verkäufer verschafft, nämlich die mit dem Abschluss des Kaufvertrags verbundenen wirtschaftlichen Erwartungen in der Gestalt des *positiven* Interesses schadensersatzrechtlich abdeckt, nichts anderes gilt. Der BGH weist darauf hin, dass ein Schadensersatzbegehren der vorliegenden Art nicht mit den Fällen verglichen werden kann, in denen der Käufer an Stelle einer möglichen Anfechtung wegen arglistiger Täuschung auf die Rechtsbehelfe der Wandelung oder des Rücktritt zurückgreift oder mit seinem Vertragspartner eine Aufhebungsvereinbarung abschließt. Während der Käufer bei einer Anfechtung keinen Nutzen aus dem Kaufvertrag ziehen kann und darum auch dem Makler gegenüber nicht provisionspflichtig ist, kommen ihm bei einer Realisierung seiner Ansprüche aus § 463 BGB a.F. die wirtschaftlichen Vorteile aus dem Kaufvertrag, wenn auch in abgewandelter Form, zu Gute (BGH vom 09.07.2009, III ZR 104/08).

■ **Bedingte Verträge**
Wird der Kaufvertrag unter einer aufschiebenden Bedingung (§ 158 Abs. 1 BGB) abgeschlossen, so kann der Provisionsanspruch erst geltend gemacht werden, wenn die Bedingung eingetreten ist (BGH vom 15.1.1992, IV ZR 317/90).

Beispiel:

Die für den vom Makler vermittelten Kaufvertrag erforderliche behördliche Genehmigung wird entgegen der Erwartung der Maklervertragsparteien verweigert. Der Anspruch auf Maklerlohn kann nicht geltend gemacht werden.

Verhindert eine Vertragspartei wider Treu und Glauben den Eintritt der Bedingung so muss sie sich - auch im Verhältnis zum Makler - so behandeln lassen, als wäre die Bedingung eingetreten (§ 162 Abs. 1 BGB).

Beispiel:

Eine Mietpartei, die vom Makler an den Vermieter vermittelt wurde, verpflichtet sich im Mietvertrag „das Genehmigungsverfahren ohne schuldhaftes Zögern zu betreiben". Die Mieter verhindern (wider Treu und Glauben), dass die Bedingungen der Baugenehmigung erfüllt werden. Sie müssen sich deshalb - auch im Verhältnis zum Makler- so behandeln lassen, als wäre die Baugenehmigung wirksam geworden und hätte dem Mietvertrag zur Wirksamkeit verholfen, also den Maklerlohnanspruch ausgelöst.

Demgegenüber soll der Eintritt einer auflösenden Bedingung als nachträgliches Ereignis den Provisionsanspruch des Maklers regelmäßig nicht mehr beseitigen können. Nach Auffassung der Rechtsprechung sei hier die Willensbindung der Vertragsparteien nicht verhindert, so dass der Vertrag zustande komme. Damit sei auch der Provisionsanspruch ausgelöst, ohne dass ihn der Eintritt der auflösenden Bedingung wieder in Fortfall bringen könne.

Beispiel:

Ein Makler vermittelt einen Grundstücks-Tauschvertrag. Einer Partei wird vertraglich ein Rücktrittsrecht eingeräumt, für den Fall, dass ihr das Tauschgrundstück nicht innerhalb einer bestimmten Frist verschafft wird. Dieses Rücktrittsrecht wird ausgeübt. Der Lohnanspruch des Maklers bleibt bestehen.

■ Genehmigungsbedürftigkeit des Hauptvertrages

Bei dem Nachweis oder der Vermittlung eines genehmigungsbedürftigen Hauptvertrages entsteht der Provisionsanspruch erst mit dem Vorliegen der notwendigen Genehmigung. Der Makler hat hier das Risiko für das rechtswirksame Zustandekommen des nachgewiesenen oder vermittelten Geschäfts zu tragen.

Beispiel:

Ein Makler vermittelt den Kauf eines Grundstücks durch das Land B. Die erforderliche und von beiden Seiten erwartete Genehmigung durch das Abgeordnetenhaus wird nicht erteilt. Der Makler muss die Provision zurückzuzahlen (OLG Düsseldorf vom 07.04.2000, 7 U 209/98).

Eine Provisionsvereinbarung kann für den Fall der Nichtgenehmigung nur im Wege der Individualabrede getroffen werden, die klar und unmissverständlich formuliert sein muss (OLG Düsseldorf, a.a.O.).

■ Provision bei Ausübung eines Vorkaufsrechts

Im Hinblick auf die Provision bei Ausübung eines Vorkaufsrechts muss zunächst zwischen der Verkäufer- und der Käuferseite unterschieden werden.

Ein Vorkaufsrecht räumt dem Berechtigten die Möglichkeit ein, im Falle des Verkaufs des Grundstücks an einen Dritten, durch eine einseitige empfangsbedürftige Gestaltungserklärung, zwischen sich und dem Verkäufer einen Kaufvertrag zu grundsätzlich gleichen Bedingungen zustande zu bringen (§ 1094 ff. BGB). Hervorzuheben ist, dass der Vorkäufer durch die Ausübung seines Rechtes nicht in den bestehenden Kaufvertrag eintritt, sondern einen eigenständigen Kaufvertrag entstehen lässt.

D.h. auch der Kaufvertrag zwischen dem Verkäufer und dem Dritten bleibt bestehen. Für Gewöhnlich wird sich der Verkäufer daher gegenüber dem Dritten ein Rücktrittsrecht, für den Fall der Ausübung des Vorkaufsrechts durch den Berechtigten, einräumen lassen, um nicht in die Verlegenheit zu geraten, gegenüber zwei Personen zur Übereignung der selben Sache verpflichtet zu sein.

■ Provisionsanspruch gegenüber dem Verkäufer

Nahezu unbestritten ist in der Rechtsprechung, dass der Provisionsanspruch des Maklers im Falle der Ausübung eines Vorkaufsrechts gegenüber dem Verkäufer bestehen bleibt. Denn der angestrebte wirtschaftliche Erfolg bleibt auch dann für den Verkäufer erhalten, wenn anstelle des Erstkäufers der Vorkaufsberechtigte tritt.

Beispiel:

Der Verkäufer beauftragt den Makler mit der Vermittlung seines Grundstücks. Der Makler vermittelt den Kaufinteressenten und Erstkäufer A. Darauf meldet sich Vorkaufsberechtigter B und kauft das Grundstück aufgrund des Vorkaufsrechts. Der Verkäufer muss dem Makler die Provision zahlen. Der wirtschaftliche Erfolg – Verkauf des Grundstücks – hat sich für den Verkäufer realisiert.

■ Provisionsanspruch gegenüber dem Erstkäufer

Der Provisionsanspruch gegenüber dem Erstkäufer geht im Falle der Ausübung eines Verkaufsrechts unter, denn für den Erstkäufer tritt der angestrebte wirtschaftliche Erfolg nicht ein (BGH vom 04.03.1999, III ZR 105/98). Dies gilt nach überwiegender Auffassung sowohl für das gesetzliche als auch das vertragliche Vorkaufsrecht.

Beispiel:

A beauftragt einen Makler zwecks Nachweises eines Grundstücks. Der Makler vermittelt ein solches Grundstück, der notarielle Kaufvertrag wird abgeschlossen. Darauf meldet sich Vorkaufsberechtigter B und kauft das Grundstück aufgrund des Vorkaufsrechts. Erstkäufer A muss keine Provision zahlen, denn der wirtschaftliche Erfolg – Kauf des Grundstücks – hat sich für ihn nicht realisiert.

■ Provisionsanspruch gegenüber dem Vorkaufsberechtigten

Eine direkte Provisionsforderung gegen den Vorkaufsberechtigten scheitert an der Tatsache, dass zwischen dem Vorkaufsberechtigten und dem Makler kein Maklervertrag zustande gekommen ist.

Bei der Ausübung des Vorkaufsrechts kommt allerdings der Kauf zwischen dem Berechtigten und dem Verpflichteten zu den Bedingungen zustande, die der Verpflichtete mit dem Dritten vereinbart hat, § 464 Abs. 2 BGB. Nach allgemeiner Ansicht wird demnach ein selbständiger Kaufvertrag zwischen Vorkaufsberechtigten und Verkäufer zu den Konditionen, die ursprünglich zwischen Verkäufer und Dritten vereinbart waren, also dem Erstkäufer, geschlossen.

Beispiel:

Verkäufer A und Käufer B vereinbaren einen notariellen Kaufvertrag. Es meldet sich Vorkaufsberechtigter C und übt sein Vorkaufsrecht aus. Daraufhin kommt ein notarieller Kaufvertrag zwischen Verkäufer A und Vorkaufsberechtigtem C zu denselben Bedingungen zustande, die A und B ursprünglich getroffen haben.

Nach der Rechtsprechung ist hier zu differenzieren zwischen den Bestimmungen der notariellen Kaufvertragsurkunde, die als Teil des ersten Kaufvertrages auch in den zweiten Kaufvertrag eingehen, und denjenigen Bestimmungen, die zwar aus Anlass des ersten Kaufvertrages getroffen wurden, aber nicht wesensgemäß zu ihm als Kaufvertrag gehören.

Nach höchstrichterlicher Rechtsprechung können Bestimmungen im Kaufvertrag über die Verteilung der Maklerkosten, wenn diese Kosten sich im Rahmen des Üblichen halten, in der Regel nicht als „Fremdkörper" im Kaufvertrag angesehen werden, sie gehören danach wesensmäßig zum Kaufvertrag (BGH vom 14.12.1995, III ZR 34/95). Voraussetzung ist allerdings, dass die Formulierung einen eigenen Anspruch des Maklers als selbstständiges Forderungsrecht begründe. Hierzu reicht eine Vereinbarung zugunsten des Maklers im Sinne des § 328 BGB (Vertrag zugunsten Dritter) aus.

Beispiel:

Im notariellen Kaufvertrag zwischen Verkäufer A und Erstkäufer B wird Folgendes vereinbart:
„Dieser Vertrag wurde von der Firma ... vermittelt. Der Verkäufer verpflichtet sich, an den Vermittler mit Abschluss dieses Vertrages die vereinbarte Provision in Höhe von ... aus dem Kaufpreis zu zahlen. Der Käufer verpflichtet sich, auch dem Verkäufer gegenüber an den Vermittler die vereinbarte Käuferprovision in Höhe von ... aus dem Kaufvertrag zu zahlen. Die Firma ... erhält mit dieser Vereinbarung einen selbständig begründeten Anspruch."

Vorkaufsberechtigter C schaltet sich ein und schließt mit Verkäufer A aufgrund seines Vorkaufsrechts einen notariellen Kaufvertrag. Vorkaufsberechtigter C muss die Provision an den Makler zahlen. Denn zwischen A und C kommt der notarielle Kaufvertrag zu denselben Bedingungen zustande, wie ursprünglich zwischen A und B vereinbart. Hätte C von seinem Vorkaufsrecht keinen Gebrauch gemacht, hätte B die Provision an den Makler zahlen müssen.

d) Kausalität zwischen Maklertätigkeit und Erfolg

Der Provisionsanspruch entsteht nur, wenn die vom Makler erbrachte Nachweis- oder Vermittlungstätigkeit für den Vertragsabschluß ursächlich gewesen ist. Die Maklerleistung muss dabei nicht die alleinige oder hauptsächliche Ursache des Hauptvertrages sein. Ausreichend ist es, wenn der Makler die Abschlussbereitschaft seines Auftraggebers in irgendeiner Weise gefördert hat. Der ursächliche Zusammenhang fehlt, wenn die vom Makler geführten Verhandlungen endgültig scheitern bzw. der spätere Vertragsschluss nur auf Einwirkung eines Dritten zurückzuführen ist.

Eine Unterbrechung der Kausalität kommt bei völlig neuen Verhandlungen, die ganz unabhängig von der Maklertätigkeit vorgenommen wurden, in Frage. Sie tritt auch dann ein, wenn die konkrete Erwerbsgelegenheit dem Interessenten vorbekannt war oder ein Objekt erst nach zwischenzeitlich anderweitigem Verkauf wieder zur Verfügung steht bzw. von einem Zwischenerwerber gekauft wird.

Häufig wird bei Nachweistätigkeit des Maklers Vorkenntnis des Objekts seitens des Interessenten behauptet. Damit ist die Kenntnis der konkreten Vertragsgelegenheit gemeint, die mehr ist, als die bloße Kenntnis des Kaufobjekts (BGH vom 20.03.1991, IV ZR 93/90). War das Angebot des Maklers allerdings mitursächlich für den Abschluss des Kaufvertrages – was der Makler beweisen muss – kann die Berufung auf Vorkenntnis unbeachtlich sein (vgl. z.B. LG Hamburg vom 26.01.2010, 322 O 341/09).
Allein der <u>Zeitablauf</u> des Maklervertrages muss noch nicht zur Unterbrechung des Ursachenzusammenhangs führen.

Ein langer <u>Zeitabstand</u> zwischen Nachweis und Zustandekommen des Hauptvertrages verändert nach Praxis der Gerichte die Beweislast. Während dann, wenn im angemessenen zeitlichen Zusammenhang zwischen Nachweis und Vertragsschluss zu Gunsten des Maklers eine Vermutung für die Ursächlichkeit angenommen wird, liegt bei längerem Zeitablauf zwischen Nachweis- bzw. Vermittlungstätigkeit und Abschluss des Hauptvertrages die Beweislast dafür, dass die Maklertätigkeit ursächlich war, beim Makler.

Jedenfalls wenn ein Jahr (oder mehr) zwischen dem Nachweis und dem Hauptvertragsabschluss vergangen sind, kann ein sich von selbst ergebender Schluss auf den Ursachenzusammenhang für den Makler nicht mehr angenommen werden. Dieser Grundsatz gilt auch dann, wenn sich der Nachweis auf einen Hauptvertrag bezieht, den der Kunde nicht sogleich, sondern erst in ein bis zwei Jahren schließen will. Dieser Umstand muss aber bei der – von einer Kausalitätsvermutung gelösten – tatrichterlichen Kausalitätsprüfung Gewicht haben (BGH vom 06.07.2006, III ZR 379/04).

Werden mehrere Makler gleichzeitig oder nacheinander von einem Kunden beauftragt, so können sie jeweils eine Mitursache für den Abschluss des Hauptvertrages gesetzt haben, z.B. indem der erste Makler das Objekt nachweist und der zweite Makler die endgültige Vermittlung vorgenommen hat. In diesem Fall sind bei Vorliegen der übrigen Voraussetzungen des Provisionsanspruchs beide Makler zu vergüten. Weiß der zweite Makler, dass vor ihm ein anderer Makler eingeschaltet war und ihm möglicherweise ein eigener Provisionsanspruch zusteht, sollte er den Kunden vor einer doppelten Inanspruchnahme bewahren, zum Beispiel durch Verabredung eines Gemeinschaftsgeschäftes mit dem ersten Makler.

7. Fälligkeit der Provision

Wenn nichts anderes vereinbart ist, entsteht die Maklerprovision und ist fällig bei rechtsverbindlichem Zustandekommen eines (Haupt-)Vertrages, nicht etwa erst bei seiner Ausführung. Das bedeutet bei Immobiliengeschäften: Beim Zustandekommen des rechtsverbindlichen notariellen Kaufvertrages oder, bei Mietverträgen, mit der Unterzeichnung des Mietvertrages durch den Vermieter und den Mieter. Hängt die Wirksamkeit eines Vertrages von Bedingungen oder Genehmigungen ab, so entsteht die Provision erst mit dem Eintritt der Bedingung bzw. Vorliegen der Genehmigung.

Vereinbarungen, die die Fälligkeit des Provisionsanspruchs hinausschieben oder vorverlegen, sind im Allgemeinen zulässig. Liegt eine Fälligkeitsregelung vor, kann der Auftraggeber die Ausführung des Vertrages und damit die Fälligkeit des Provisionsanspruchs nicht beliebig hinausschieben. Andernfalls wird der Maklerlohn in der Regel nach Ablauf der Zeitspanne fällig, innerhalb derer die Ausführung des Vertrages erwartet werden konnte, § 242 BGB (BGH vom 27.02.1985, IVa ZR 121/83).

Im kaufmännischen Verkehr und bei Geschäftsüblichkeit ist der Makler wegen Ausweisung der Mehrwertsteuer zur Erteilung einer Rechnung verpflichtet. Fälligkeitsvoraussetzung ist die Rechnungslegung jedoch nicht.

8. Ausschluss der Provision bei „Verflechtung"

a) Wirtschaftliche Beteiligung („echte" Verflechtung), Selbsteintritt des Maklers

In der Rechtsprechung ist seit langem anerkannt, dass dem Makler kein Vergütungsanspruch zusteht, wenn durch seine Tätigkeit ein Hauptvertrag mit einer Person zustande kommt, mit der der Makler gesellschaftsrechtlich oder auf sonstige Weise „verflochten" ist. Es fehlt dann an dem für den Maklervertrag typischen Dreipersonenverhältnis. Dies gilt auch für solche Fälle, in denen der Makler einen Strohmann als Vertragspartner vorschiebt. Unzweifelhaft führen Eigengeschäfte des Maklers nicht zu einer Provisionspflicht.

Beispiel:

Der Miteigentümer eines Grundstücks kann bei dessen Veräußerung keine provisionspflichtige Maklerleistung gegenüber dem Käufer erbringen.

Wegen der Gefahr einer Interessenkollision und mangels einer Vermittlungsleistung entfällt ein Provisionsanspruch nach der ständigen Rechtsprechung auch, wenn der Makler mit dem Unternehmen des Vertragspartners augrund einer Kapitalbeteiligung wirtschaftlich verflochten ist, oder die Geschäftsführung des Unternehmens beherrscht.

Beispiele für eine wirtschaftliche Verflechtung aus der Rechtsprechung:

- *der Hauptvertrag kommt zwischen dem Auftraggeber und einer GmbH & Co. KG mit einer GmbH als alleiniger Komplementärin zustande, an deren Stammkapital der Makler mit 75% beteiligt ist (BGH vom 25.05.1973, IV ZR 16/72).*
- *der Hauptvertrag kommt zwischen dem Auftraggeber und einer Gesellschaft zustande, an welcher der Makler eine Kapital- und Gewinnbeteiligung von 40% hat (BGH vom 30.06.1976, IV ZR 28/75).*
- *Kapitalbeteiligung eines Dritten sowohl am Maklerunternehmen als auch an der Hauptvertragspartei (OLG Oldenburg vom 14.06.1995, 11 U 17/95, mit 20% sehr weitgehend).*

Bei der Feststellung der besonders ausgeprägten wirtschaftlichen Beziehung zwischen dem Auftraggeber und dem Dritterwerber kommt es immer auf die Umstände des jeweiligen Einzelfalls an, wobei grundsätzlich auf die Verhältnisse im Zeitpunkt des Abschlusses des Hauptvertrags abzustellen ist. Ist der Makler als Mitgesellschafter am Gewinn des Vertragsgegners seines Auftraggebers in nicht ganz unbedeutendem Umfang beteiligt, rechtfertigt bereits diese objektive Gefährdung der Interessen des Auftraggebers, dem Makler den Provisionsanspruch zu versagen, selbst wenn er keinen beherrschenden Einfluss auf die Gesellschaft ausüben kann.

Eine wirtschaftliche Verflechtung zwischen Makler und Auftraggeber lässt dagegen mangels Interessenkonflikts den Lohnanspruch des Maklers unberührt (BGH vom 27.10.1976, IV ZR 90/75).

Eine „echte" Verflechtung zwischen einem Makler und einer Partei des Hauptvertrages liegt nur vor, wenn sie den tatsächlichen gesellschaftsrechtlichen und wirtschaftlichen Verhältnissen entspricht (BGH vom 19.02.2009, III ZR 91/08). War insofern im Zeitpunkt des Hauptvertragsschlusses die Person, die als Komplementärin die Maklerfirma maßgeblich gesteuert und beeinflusst hatte, bereits aus der Makler-Kommanditgesellschaft ausgeschieden, ist ein Verflechtungstatbestand auch dann nicht gegeben, wenn das Ausscheiden dieser Person aus der Gesellschaft noch nicht im Handelsregister eingetragen worden war.

b) Institutionalisierter Interessenkonflikt („unechte" Verflechtung)

Man unterscheidet die Fälle der „echten" von der „unechten" Verflechtung. Bei der „unechten" Verflechtung fehlt es an einem Beherrschungsverhältnis, aufgrund dessen der Makler und die eine Hauptvertragspartei keine Fähigkeit mehr zu selbständiger, voneinander unabhängiger Willensbildung haben. Andererseits ist bei der „unechten" Verflechtung die Verbindung des Maklers mit der Gegenseite derart, dass sich der Makler in einem solchen Interessenkonflikt befindet, der ihn zu einer sachgerechten Wahrung der Interessen seines Auftraggebers ungeeignet erscheinen lässt.

Beispiel:

- *Der Makler wird zum Verkauf eines Grundstücks bevollmächtigt und kann selbst entscheiden, ob und zu welchen Bedingungen der notarielle Kaufvertrag mit dem Käufer abgeschlossen wird. Aufgrund des Interessenkonflikts kann er gegenüber dem Käufer keine provisionspflichtige Maklerleistung mehr erbringen.*
- *Ein Handelsvertreter ist zugleich als Makler für Dritte tätig. Aufgrund des Handelsvertretervertrages hat der Makler die Interessen des Unternehmers zu wahren. Er kann somit die Interessen des potentiellen Kunden nicht so wahren, wie es als Makler seine Pflicht wäre. Dies schließt wegen des Interessenkonflikts seinen Anspruch auf Provision gegenüber dem Dritten aus.*
- *Bedarf die Veräußerung einer Wohnung der Zustimmung des Wohnungseigentumsverwalters nach § 12 WEG, so ist in der Regel ein Provisionsanspruch des Verwalters, der aufgrund des Verwaltervertrages die Interessen der Wohnungseigentümer zu wahren hat, ausgeschlossen (es sei denn, dem Kunden kommt es gleichwohl – unabhängig von einer echten Maklerleistung – gerade auf die Dienste des Verwalters an; vgl. BGH vom 15.10.2000, III ZR 240/99).*

Das OLG Koblenz hat am 09.06.2010, 1 U 1344/09, entschieden, dass ein das Entstehen des Maklerprovisionsanspruchs hindernder „unechter" Verflechtungstatbestand nahe liegt, wenn eine Bank nach Kündigung des Kreditengagements dem Verkäufer die freihändige Veräußerung des besicherten Grundstücks unter ihrer Obhut empfohlen hat und die Immobilientochtergesellschaft der Bank als Maklerin für den Käufer tätig wird.

Praxishinweis:

Ein Makler ist unabhängiger Mittler zwischen dem Verkäufer und Käufer und regelmäßig für beide Seiten – abhängig von den Gepflogenheiten im jeweiligen Bundesland – entgeltlich tätig. In dem vom OLG Koblenz entschiedenen Fall sind sowohl Verkäufer als auch Käufer Vertragspartner des Maklers, welcher wiederum in einer Geschäftsbeziehung (Abhängigkeit) zu der finanzierenden Bank des Verkäufers steht. Der Makler kann somit nur schwer eine neutrale Position zwischen den Vertragsparteien einnehmen, da er sich im Streitfall, auf Grund seiner Vorbeziehungen, eher auf die Seite des Verkäufers schlagen wird. In diesem Zusammenhang ist ein Provisionsanspruch des Maklers gegenüber dem Verkäufer als auch Käufer fraglich, solange die Parteien diesen nicht ausdrücklich durch Individualabrede/Maklerklausel anerkennen.

9. Höhe der Provision

a) Marktüblichkeit, Auskunftsanspruch, Beweislast

Die Höhe der Maklerprovision bestimmt sich in erster Linie nach der Vereinbarung des Maklers mit seinem Auftraggeber. Dabei sind die Vertragsparteien im Grundsatz völlig frei. Eine „Gebührenordnung" oder ähnliches gibt es nicht. Die nachträgliche Erhöhung der vereinbarten Provision setzt einen ausdrücklichen Änderungsvertrag voraus.

Wenn keine Vereinbarung über die Höhe der im Einzelfall zu zahlenden Provision getroffen wurde, steht dem Makler nach § 653 BGB die „übliche" Provision zu.
Die marktübliche Höhe der Provision beträgt in der Regel für den Kauf einer Immobilie, je nach Bundesland, entweder ca. 6% zuzüglich Mehrwertsteuer für eine Partei oder je 3% zuzüglich Mehrwertsteuer für beide Parteien (Käufer und Verkäufer). Maßgeblich ist dabei der Kaufpreis der Immobilie einschließlich Mehrwertsteuer. Auch Nebenleistungen, die der Erwerber nach dem Kaufvertrag zu erbringen hat, z.B. durch die Übernahme von Inventar, sind bei der Berechnung der Maklerprovision in Ansatz zu bringen.

Genauere Auskünfte zur marktüblichen Provision können im Einzelfall die Industrie- und Handelskammern und/oder die Maklerverbände vor Ort erteilen. Die Vergütung wird von den Maklerverbänden regional im Wege der Umfrage bei den Mitgliedern oder aufgrund von empirischen Forschungsarbeiten einzelner Hochschulen ermittelt.

Als maßgebend sind die Provisionssätze anzusehen, die an dem Ort üblich sind, an dem sich das Objekt befindet.

Die Beweislast für Vereinbarung oder Üblichkeit trägt der Makler, für die nachträgliche Vereinbarung einer niedrigeren Provision der Auftraggeber (BGH vom 31.03.1982, IVa ZR 4/81).

Fehlt eine ausdrückliche Vereinbarung, kann die gesetzliche Mehrwertsteuer nicht zusätzlich zur Provision berechnet werden (OLG Düsseldorf vom 21.05.1993, 7 U 126/92).
Haben die Parteien demnach eine Provision vereinbart, ohne die Mehrwertsteuer zu erwähnen, so ist nach ständiger Rechtsprechung davon auszugehen, dass die vom Makler verlangte Provision ein Bruttopreis ist, die Mehrwertsteuer also einschließt. Auch wenn der Auftraggeber selbst vorsteuerabzugsberechtigt ist, besteht kein allgemeiner Handelsbrauch, dass Angebotspreise grundsätzlich „netto" zu verstehen sind.

Soweit keine abweichende Vereinbarung getroffen wird, steht dem Makler grundsätzlich kein Anspruch auf eine sog. Folgeprovision zu. War dem Makler z.B. die Herbeiführung eines Miet- oder Pachtvertrages übertragen, entspricht es in der Regel nicht dem Parteiwillen, dass der Makler auch für Verlängerungsverträge, an deren Zustandekommen er nicht unmittelbar beteiligt war, Provision erhält.

Um Bestehen und Umfang des Provisionsanspruchs prüfen zu können, steht dem Makler ein Auskunftsanspruch gegen seinen Kunden zu. Der Auftraggeber ist dem Makler zur Auskunft über den Abschluss des Hauptvertrages verpflichtet (BGH vom 07.02.1990, IV ZR 314/88). Die Auskunftspflicht des Maklerkunden bezieht sich auf die Vertragsparteien und den vereinbarten (Kauf- oder Miet-) Preis (OLG Düsseldorf, vom 15.09.1995, 7 U 119/94). In AGB kann wirksam geregelt werden, dass der Kunde diese Informationen von sich aus erteilen muss. Zur Herausgabe der Vertragsurkunde ist der Auftraggeber nicht verpflichtet (LG Köln, vom 24.02.1988, 26 O 89/87), es sei denn, die Auskunft allein ist ausnahmsweise nicht geeignet, die erforderliche Klarheit zu schaffen (OLG Düsseldorf, vom 15.09.1995, 7 U 119/94).

Der Anspruch auf Auskunft besteht auch, wenn der Makler wegen Vereitelung des Provisionsanspruchs Schadenersatz von dem Maklerkunden verlangt. Hat ein Doppelmakler das mit dem Verkäufer vereinbarte Pauschalhonorar erhalten, besteht der für die Berechnung der Provision maßgebliche Auskunftsanspruch über die Höhe des vereinbarten Kaufpreises nur noch gegenüber dem Käufer.

b) Wucher

Die Provisionsvereinbarung kann nichtig sein, wenn sie in einem auffälligem Missverhältnis zur Maklerleistung steht. Der Wuchertatbestand im engeren Sinne des § 138 Abs. 2 BGB kann erfüllt sein wegen Ausbeutung einer Zwangslage des Auftraggebers, seiner Unerfahrenheit, des Mangels an Urteilsvermögen oder der erheblichen Willensschwäche. Im weiteren Sinne des § 138 Abs. 1 BGB ist Nichtigkeit aber auch dann anzunehmen, wenn andere sittenwidrige Umstände hinzutreten, etwa bei einem besonders krassen Missverhältnis zwischen Leistung und Gegenleistung (BGH vom 30.01.1981, V ZR 7/80). Ausgangspunkt ist die Gegenüberstellung von üblicher und vereinbarter Maklergebühr (BGH vom 16.02.1994, IV ZR 35/93). Die übliche Maklerprovision wird als Prozentzahl bezogen auf den Endpreis des nachgewiesenen oder vermittelten Geschäfts angegeben.

Die Rechtsprechung hat bei der Frage des auffälligen Missverhältnisses stets die Notwendigkeit der „angemessenen Ausgewogenheit" von versprochener Vergütung und zu erbringender Leistung hervorgehoben. Dabei soll – z.B. bei den gegenseitigen Austauschverhältnissen – vor allem verhindert werden, dass eine vereinbarte Provision, die das Mehrfache der üblichen Provision erreicht oder übersteigt, die Entscheidungs- und wirtschaftliche Bewegungsfreiheit des Geschäftspartners immer mehr einengt. Je mehr dessen Gewinn sinkt, weil der Makler als Provision den überwiegenden Anteil daran von vornherein erhält, umso mehr wird der Makler auf Kosten des Geschäftspartners der eigentliche Herr des Geschäfts, obwohl er die mit dem Geschäft verbundenen Risiken nicht übernimmt; sie verbleiben beim Geschäftspartner. Darin werde das auffällige Missverhältnis deutlich.

Wann die Provision in auffälligem Missverhältnis zur Leistung steht, ist im Einzelfall zu entscheiden. Es liegt inzwischen allerdings eine feststehende höchstrichterliche Rechtsprechung dahingehend vor, dass bereits dann von einem groben Missverhältnis zwischen Leistung und Gegenleistung ausgegangen werden kann, wenn der Wert der Leistung knapp doppelt so hoch ist wie der Wert der Gegenleistung (BGH vom 08.11.1991, V ZR 260/90). Ist der Maklervertrag wegen Überhöhung der Provision nichtig, kann eine Herabsetzung auf die übliche Provision nicht erfolgen.

c) Rückforderung der Provision, ungerechtfertigte Bereicherung

Verlangt der Maklerkunde eine bereits gezahlte Provision im Wege der ungerechtfertigten Bereicherung zurück, muss er beweisen, dass für die Zahlung kein Rechtsgrund vorlag. Behauptet der Makler, für die vom Kunden erbrachte Leistung sei z.B. ein Provisionsversprechen der Rechtsgrund gewesen, so reicht es für den Negativbeweis aus, wenn der Kunde diesen behaupteten Rechtsgrund widerlegt.

Kannte der Kunde im Zeitpunkt der Zahlung die Umstände, aus denen sich ergibt, dass er die Provision nicht oder noch nicht schuldete, kann er sie nicht zurückverlangen, § 814 BGB. Eine Ausnahme gilt jedoch dann, wenn der Maklerkunde zwar wusste, dass eine wirksame Verbindlichkeit noch nicht bestand - z.B. weil eine notwendige behördliche Genehmigung noch nicht erteilt war - der Kunde aber in der erkennbaren Erwartung gezahlt hat, das Hindernis für das Zustandekommen des Hauptvertrages werde beseitigt. In diesem Fall steht die Vorschrift des § 814 BGB der Rückforderung nicht entgegen (OLG Düsseldorf vom 07.04.2007, 7 U 209/98).

d) Herabsetzung der Provision analog § 655 BGB?

Gem. § 655 Satz 1 BGB kann der für die Vermittlung eines Dienstvertrags vereinbarte Maklerlohn, der sich im Einzelfall als unverhältnismäßig hoch erweist, auf Antrag des Schuldners durch Urteil auf den angemessenen Betrag herabgesetzt werden. Der BGH hat bislang nicht erwogen, ob eine analoge Anwendung des Herabsetzungsrechts auf Immobilienmaklerverträge in Betracht zu ziehen ist. Zumindest wenn der Maklerkunde ein Unternehmer ist, ist ein derartiges Herabsetzungsrecht jedenfalls nicht angezeigt (Rechtsgedanke des § 348 HGB).

e) Verjährung der Maklerprovision und des Rückforderungsanspruchs

Die regelmäßige Verjährungsfrist beträgt einheitlich 3 Jahre, § 195 BGB. Sie beginnt mit dem Schluss des Jahres, in dem der Anspruch entstanden, also fällig geworden ist, und der Gläubiger Kenntnis von den anspruchsbegründenden Tatsachen sowie der Person des Schuldners erlangt oder ohne grobe Fahrlässigkeit erlangen musste, § 199 Abs. 1 BGB. Fällig ist der Provisionsanspruch regelmäßig mit Abschluss des Hauptvertrages, soweit die Parteien keinen anderen Zeitpunkt vereinbart haben. Erfährt der Makler nicht, dass seine Tätigkeit für den Abschluss des Hauptvertrages ursächlich war, beginnt die regelmäßige Verjährungsfrist nicht zu laufen, soweit die Unkenntnis des Maklers nicht grob fahrlässig war.
Zwecks Gewährleistung des Rechtsfriedens tritt die Verjährung jedoch unabhängig von der Kenntnis bzw. grob fahrlässiger Unkenntnis spätestens nach 10 Jahren ab Fälligkeit des Anspruchs ein, § 199 Abs. 4 BGB. Schadensersatzansprüche der Parteien verjähren nach den absoluten Fristen der §§ 199 Abs. 2 und 3 BGB in 10 bzw. 30 Jahren.

10. Provisionsklausel im notariellen Kaufvertrag: Schuldbeitritt, Schuldübernahme, Vertrag zugunsten Dritter

Wegen der besseren Absicherung ist dem Makler zu empfehlen, eine sog. Provisionsklausel/Maklerklausel in den notariellen Kaufvertrag aufnehmen zu lassen. Es handelt sich hierbei um einen Vertrag zugunsten Dritter, § 328 BGB. Der Makler selbst ist keine Vertragspartei, dies sind vielmehr der Verkäufer und der Käufer.

Es kann sich bei der Provisionsklausel/Maklerklausel einerseits um ein selbständiges Provisionsversprechen des Käufers als Bestandteil des Kaufpreises handeln, das unabhängig von einer Provisionsverpflichtung des Verkäufers aus dem Maklervertrag zu betrachten ist.

Andererseits kann das Provisionsversprechen dazu dienen, dass der Käufer die Provisionsverpflichtung des Verkäufers als Schuldner neben dem Verkäufer übernimmt und sich dem Verkäufer gegenüber zur Freistellung verpflichtet. Hier wälzt der Verkäufer im notariellen Vertrag seine gegenüber dem Makler bestehende Provisionspflicht auf den Käufer ab.

In jedem Fall muss die Vertragsabrede zwischen Verkäufer und Käufer, aus der der Makler einen selbständigen Provisionsanspruch erwerben soll, eindeutig sein, da es andernfalls vor Gericht zu Auslegungsschwierigkeiten kommen kann.

Nicht ausreichend sind Formulierungen wie:

- *„Der Käufer zahlt an den Makler eine Maklergebühr X aus der Kaufpreissumme."*
- *„Der Käufer übernimmt die Verkäuferprovision in Höhe von X."*
- *„Die Kosten des Vertrages übernimmt der Mieter."*
- *„Dieser Kaufvertrag wurde vermittelt durch ..."*

Eine eindeutige Formulierung kann wie folgt lauten:

- *„Am Zustandekommen dieses Vertrages hat die Maklerfirma...mitgewirkt. Sie erhält vom Käufer eine Maklercourtage in Höhe von..., die sich aus der Vermittlungsprovision für den Käufer und den Verkäufer zusammensetzt. Der Käufer verpflichtet sich, den Verkäufer von der Zahlung einer Vermittlungsprovision freizuhalten. Die Maklerfirma erhält einen eigenen Anspruch aus diesem Vertrag."*

Vorteil einer Maklerklausel ist, dass der Kunde dem Makler bei der Geltendmachung des Zahlungsverlangens grundsätzlich keine Einwendungen aus dem Maklervertrag entgegenhalten kann (OLG Hamburg, vom 15.06.2001, 11 U 240/00; BGH vom 12.03.1998, III ZR 14/97). War dem Auftraggeber vor Abschluss des Vertrages bekannt, dass etwa aufgrund einer Verflechtung eigentlich eine Provision nicht geschuldet ist und verpflichtet er sich gleichwohl im Hauptvertrag zur Zahlung, will er einen unabhängigen Schuldgrund schaffen. Der Makler kann unabhängig von einer echten Tätigkeit eine Provision verlangen (BGH vom 20.11.2008, III ZR 60/08). Wird dem Auftraggeber seine eigentliche Nichtverpflichtung zur Zahlung der Provision erst nach Abschluss des Hauptvertrages und Eingehung der dortigen Provisionsverpflichtung bekannt, so kann er diese Einwendungen erheben und damit ggf. den Provisionsanspruch zu Fall bringen (BGH vom 12.03.1998, III ZR 14/97).

Auch wenn eine wirksame Provisionklausel/Maklerklausel im notariellen Kaufvertrag getroffen wurde, stellt sich die Frage, was geschieht, wenn eine Partei später zurücktritt oder der Vertrag aufgehoben wird. Unproblematisch sind dabei die Fälle, in denen der Makler zuvor bereits einen wirksamen Käufer-Maklervertrag abgeschlossen hat und nur zusätzlich eine notarielle Provisionsklausel/Maklerklausel in den notariellen Kaufvertrag aufnehmen lässt. In diesen Fällen kann der Makler seinen Provisionsanspruch schon aus dem Käufer-Maklervertrag unabhängig von dem notariellen Kaufvertrag herleiten. Nachträgliche Aufhebung oder Ausübung eines Rücktrittsrechts beeinträchtigen den Maklervertrag nicht.

Anders verhält es sich, wenn es dem Makler zuvor nicht gelungen ist, einen separaten Maklervertrag abzuschließen und er sich alleine auf eine Vereinbarung im notariellen Kaufvertrag stützen will. Hier sind zwar - wie erwähnt - die Einwendungen des Käufers aus dem Maklervertrag, z.B. wegen Vorkenntnis, nicht möglich. Einwendungen aus dem Verhältnis des Käufers gegenüber dem Verkäufer sind hiervon jedoch nicht betroffen, so dass der Makler in diesen Fällen stärker am Schicksal des Hauptvertrages beteiligt ist, als in Fällen des separaten Maklervertrages.

Beispiel:

Wird der Vertrag angefochten oder tritt ein Beteiligter zurück ist davon auch die Maklerprovision betroffen. Der Makler kann keinen Anspruch auf Provision geltend machen. Dies soll selbst für den Fall der nachträglichen einvernehmlichen Aufhebung des Kaufvertrages gelten.

Insofern ist dem Makler, der seinen Provisionsanspruch nur aus einer Maklerklausel im notariellen Kaufvertrag herleiten kann, zu empfehlen, diese Klausel gegen eine spätere Beeinträchtigung des Hauptvertrages abzusichern.

Eine solche Formulierung im notariellen Kaufvertrag könnte z.B. lauten:

„Der vorstehende Vertrag wurde vermittelt durch Makler... Die Vermittlungsgebühren in Höhe von... zahlt der Käufer für beide Parteien. Die Provision ist verdient und fällig mit Beurkundung dieses Kaufvertrages. Verkäufer und Käufer sind sich darüber einig, dass dem Makler ein direkter, unmittelbarer Zahlungsanspruch aus diesem Vertrag gegen den Käufer zusteht. Diese Provisionsvereinbarung gilt auch für den Fall der Aufhebung des notariellen Kaufvertrages bzw. des Rücktritts von diesem."

Beispiel für eine Klausel im Falle eines makelnden WEG-Verwalters.

(1) Zum Verkauf der Wohnung ist gemäß der Teilungserklärung die Zustimmung des Verwalters erforderlich. Dem Käufer ist bekannt, dass die Firma X (Verwalter) auch Verwalterin der Wohnungseigentumsanlage ist und dem Verkauf Wohnung zustimmen muss und deshalb eine Maklertätigkeit im Sinne von § 652 BGB für den Käufer nicht erbringen kann. Der Käufer verpflichtet sich gleichwohl, an die Firma X ein Entgelt in Höhe von ...Euro einschließlich ... % gesetzlicher Mehrwertsteuer zu zahlen.

(2) Dieses Entgelt ist verdient und fällig mit Beurkundung dieses Kaufvertrages. Verkäufer und Käufer sind sich darüber einig, dass der Firma X ein direkter, unmittelbarer Zahlungsanspruch aus diesem Vertrag dem Käufer gegenüber zusteht. Der Käufer verpflichtet sich gegenüber dem Verkäufer und der Firma X, das vereinbarte Entgelt an die Firma X zu zahlen. Diese Vereinbarung gilt auch für den Fall der Aufhebung des notariellen Kaufvertrages bzw. des Rücktritts von diesem.

Ein Formulierungshinweis, wie unter (1) dargestellt, empfiehlt sich – soweit der Makler auch WEG-Verwalter ist – zudem zur Aufnahme in das Maklerexposé.

11. Allgemeine Geschäftsbedingungen und individuelle Sondervereinbarungen

a) Richterliche Inhaltskontrolle

Allgemeine Geschäftsbedingungen (AGB) in schriftlichen Maklerverträgen unterliegen der Inhaltskontrolle der Vorschriften der „Gestaltung rechtsgeschäftlicher Schuldverhältnisse durch AGB", geregelt in §§ 305 – 310 BGB. Von praktischer Bedeutung sind insbesondere die Generalklausel (§ 307 BGB), das Verbot überraschender Klauseln (§ 305c Abs. 1 BGB), die Unklarheitenregelung (§ 305c Abs. 2 BGB) sowie einzelne Klauselverbote in §§ 308 und 309 BGB.

Nach § 307 BGB sind Bestimmungen in AGB unwirksam, die den Vertragspartner entgegen den Geboten von Treu und Glauben unangemessen benachteiligen. Das ist immer dann anzunehmen, wenn von wesentlichen Grundgedanken der gesetzlichen Regelung abgewichen wird (§ 307 Abs. 2 Nr. 1 BGB), hier also §§ 652 bis 654 BGB. So sind z.B. Vereinbarungen unwirksam, wonach die Provision unabhängig vom Zustandekommen des Hauptvertrages verdient ist.

Im Maklervertragsrecht wird die Inhaltskontrolle von AGB und vorformulierten Klauseln durch die Rechtsprechung besonders rigoros gehandhabt. Daher sind zahlreiche auf dem Markt befindliche Formulare mit Vorsicht zu genießen. Ihre Unwirksamkeit führt nämlich dazu, dass an die Stelle der fraglichen Klausel die gesetzliche Regelung tritt. Außerdem kann sich der Makler bei Verwendung unwirksamer Klausel schadenersatzpflichtig machen (BGH vom 08.10.1987, VII ZR 358/86 und vom 12.11.1986, VIII ZR 280/85) bzw. von Konkurrenten oder Verbraucherverbänden auf Unterlassung in Anspruch genommen werden (OLG Stuttgart vom 29.03.1996, 2 U 236/95).

Sind Teile der AGB des Maklers unwirksam, bleibt der Vertrag im Übrigen wirksam (§ 306 BGB). Individuelle Vertragsabreden haben Vorrang vor ihnen widersprechenden AGB (§ 305b BGB). Das Gleiche gilt bei Schriftformklauseln. Auch sie können durch mündliche Individualabrede abbedungen werden. Unklarheiten oder Widersprüche in AGB gehen im Zweifel zu Lasten des Verwenders (§ 305c Abs. 2 BGB), in der Regel also zu Lasten des Maklers. Im Einzelfall kann die gesamte Klausel unwirksam sein.

Bei Verträgen zwischen einem Unternehmen und einem Verbraucher (Verbraucherverträge) können der Inhaltskontrolle gem. § 310 Abs. 3 Nr. 1 BGB auch sog. Drittklauseln unterliegen, also solche, die z.B. durch einen Notar vorgeschlagen wurden, es sei denn, der Verbraucher selbst hat die Regelungen in den Vertrag eingeführt. Einzelne die Bestimmungen des AGB-Rechts können auch dann Anwendung finden, wenn AGB nur zur einmaligen Verwendung bestimmt sind (§ 310 Abs. 3 Nr. 2 BGB). Schließlich werden bei Verbraucherverträgen auch die den Vertragsschluss begleitenden Umstände berücksichtigt (§ 310 Abs. 3 Nr. 3 BGB).

Beruft sich der Auftraggeber auf den Schutz des Rechts der AGB, trägt er die Beweislast für deren Vorliegen. Hierfür spricht jedoch häufig der Anscheinsbeweis, z.B. bei Verwendung von Vordrucken (BGH vom 14.05.1992, VII ZR 204/90; OLG München vom 20.11.1996, 7 U 3653/96)so dass dann der Makler zu beweisen hat, dass die Klausel dennoch individuell ausgehandelt wurde (BGH vom 13.11.1997, X ZR 135/95).

b) Abgrenzung: AGB und Individualvereinbarungen

AGB sind alle vom Verwender (Makler) für eine Vielzahl von Verträgen vorformulierten, dem Auftraggeber bei Vertragsabschluß gestellten Vertragsbedingungen (§ 305 Abs. 1 BGB). Bedeutung hat das AGB-Recht also für alle vom Makler vorgegebenen Formularverträge, Geschäftsbedingungen, Klauseln im Exposé, Musterverträge etc., und zwar schon bei der ersten Verwendung. Es ist ausreichend, wenn die Klausel handschriftlich oder aus dem Gedächtnis wiederholt wiedergegeben wird (BGH vom 30.09.1987, IVa ZR 6/86). Auch Formulare mit individuellen Einfügungen oder Textbausteine sind AGB. Das AGB-Recht kann sogar auf notariell beurkundete Verträge Anwendung finden, wenn die Aufnahme der fraglichen Klausel auf Initiative des Maklers oder einer Vertragspartei erfolgte (vgl. OLG Düsseldorf vom 11.10.1996, 22 U 66/96).

Individualvereinbarungen sind das Ergebnis freier Verhandlungen (BGH vom 03.11.1999, VIII ZR 269/98). Sie bestehen aus den von beiden Parteien für das spezielle Geschäft getroffenen Bestimmungen. Auch bei früheren inhaltsgleichen Individualabreden gelten bei erneutem Vertragsschluss einbezogene AGB nicht als frei ausgehandelt.

Auch vorformulierte Geschäftsbedingungen können Individualvereinbarungen sein. Das setzt voraus, dass der Makler den gesetzesfremden Kerngehalt seiner Vertragsbedingung in den Verhandlungen zuvor ernsthaft zur Disposition gestellt hat und der Auftraggeber die inhaltliche Ausgestaltung der Vertragsbedingungen real beeinflussen konnte. Tatsächliche Veränderungen an der Klausel als Ergebnis der Verhandlungsbereitschaft des Maklers müssen nicht erfolgen (BGH vom 27.03.1991, IV ZR 90/90 und vom 30.09.1987, IVa ZR 6/86). Es reicht aber nicht aus, wenn der Makler den Kunden ausschließlich vor die Wahl stellt, entweder die Bedingungen unverändert anzunehmen oder gänzlich vom Vertrag Abstand zu nehmen. Allerdings soll im kaufmännischen

Verkehr ein Aushandeln ggf. auch dann zu bejahen sein, wenn der Verwender eine Klausel für nicht abänderbar erklärt hat (BGH vom 26.02.1992, XII ZR 129/90).

Klauseln oder Zusatzvereinbarungen, nach denen der Vertrag im Einzelnen ausgehandelt, besprochen und ausdrücklich anerkannt wurde, sind unwirksam und lassen die unzulässige AGB nicht zu einer individuellen Vereinbarung werden (BGH vom 15.12.1976, IV ZR 197/75). Ebenso wenig genügt eine Belehrung des anderen Teils über die Tragweite der vorformulierten Klausel.

c) Einbeziehung von AGB in Maklerverträge

Allgemeine Geschäftsbedingungen gelten nur dann, wenn sie vereinbart sind. Das setzt voraus, dass der Makler auf seine AGB hinreichend deutlich hinweist, der Auftraggeber deren Inhalt zur Kenntnis nimmt und mit ihrer Geltung einverstanden ist (§ 305 Abs. 2 und 3 BGB). Räumlich getrennt abgedruckte „Vorbemerkungen" gehören nicht zu den AGB und sind deshalb nicht Vertragsbestandteil (BGH vom 14.01.1987, IVa ZR 130/85). Auf der Rückseite eines Maklervertrages oder Exposès befindliche AGB bedürfen eines ausdrücklichen und deutlich sichtbaren Hinweises auf der Vorderseite (BGH vom 18.06.1986, VIII ZR 137/85).

Dem Auftraggeber müssen die AGB in der Regel übergeben werden. Nicht ausreichend ist, die AGB in klein gedruckter Schrift unauffällig an die Wand in den Geschäftsräumen des Maklers anzubringen. Der Auftraggeber kann sein Einverständnis ausdrücklich, aber auch stillschweigend erklären, etwa wenn der Makler sein Angebot unter Hinweis auf seine AGB abgibt und der Auftraggeber sich anschließend das Objekt - ohne Widerspruch (OLG Dresden vom 13.02.1998, 8 U 2863/97) - benennen lässt. Eine nachträgliche Einbeziehung von AGB kommt nur in Betracht, wenn der Auftraggeber damit ausdrücklich einverstanden ist. Bei einem mündlichen oder fernmündlichen Vertragsschluss genügt die nachträgliche Übersendung der AGB nicht. Das gilt auch, wenn Klauseln Anwendung finden sollen, mit denen üblicherweise zu rechnen ist.

Die Einbeziehung von AGB im kaufmännischen Verkehr, z.B. wenn ein Kaufmann Räume für seinen Gewerbebetrieb sucht, ist vereinfacht, da hier § 305 Abs. 2 und 3 BGB nicht gilt (§ 310 Abs. 1 BGB). Dem Auftraggeber müssen dann die AGB weder ausgehändigt werden noch bekannt sein. Erforderlich ist jedoch auch hier die rechtsgeschäftliche Einigung über deren Geltung, es sei denn, der Kunde hat sich widerspruchslos einem entsprechenden Handelsbrauch gemäß § 346 HGB unterworfen (OLG Dresden vom 13.02.1998, 8 U 2863/97).

d) Zulässige AGB Klauseln

Folgende AGB Klauseln hat die Rechtsprechung in der Regel für zulässig erachtet:

- *Vereinbarungen über die Vertragsdauer*
- *Vertraulichkeitsklauseln*
- *Provision für Doppeltätigkeit*
- *Ersatz von nachzuweisenden Aufwendungen*
- *Provisionsklauseln für das nachträgliche Scheitern des Hauptvertrages*
- *Beschränkung der Maklerhaftung*
- *Mehr-/Übererlösklauseln*
- *Informationsklauseln*
- *Schriftformklauseln*
- *Vereinbarungen über Gerichtsstand und Erfüllungsort bei Vollkaufleuten*

■ Vereinbarungen über die Vertragsdauer

Insbesondere Makler-Alleinaufträge enthalten oft eine sog. Befristungsabrede. Eine in AGB oder Formularverträgen enthaltene Befristung ist grundsätzlich zulässig. Soweit allerdings eine unangemessen lange Bindung festgelegt wird, ist diese nach § 307 Abs. 1 und 2 BGB unwirksam (vgl. auch § 309 Nr. 9 BGB). Als angemessen gilt bei einfachen Grundstücksvermittlungsaufträgen eine Bindungsdauer von sechs Monaten. Diese Frist ist jedoch keine Regelfrist. Sie kann je nach Umständen im Einzelfall unter- oder überschritten werden.

■ Vertraulichkeitsklauseln

Verstößt der Auftraggeber gegen die Vertraulichkeit des Angebots, kann der Makler Ersatz in Höhe der vollen Provision verlangen, wenn er nachweist, dass die Weitergabe tatsächlich zum Erwerb eines Dritten geführt hat und es ohne die Verletzungshandlung aufgrund seiner eigenen Nachweis- oder Vermittlungstätigkeit zum Abschluss eines Hauptvertrages gekommen wäre (OLG München vom 16.12.1994, 23 U 3641/94).

In der Praxis sind diese Nachweise schwer zu erbringen, daher ist es nach der Rechtsprechung zulässig, eine Pauschalierung des Ersatzanspruchs in Höhe der Provision in Formularklauseln zu vereinbaren (BGH vom 14.01.1987, IVa ZR 130/85). Die Beweislast für die Weitergabe der Information trägt der Makler (OLG München, 16.12.1994, 23 U 3641/94). Gegen den den Vertrag schließenden Dritten besteht kein Schadenersatz- oder Provisionsanspruch, da der Makler mit diesem kein Vertragsverhältnis eingegangen ist.

Unzulässig ist – jedenfalls bei der Wohnraumvermittlung – eine Klausel, nach der die Provision bereits bei bloßer Weitergabe der Daten ohne Abschluss eines Hauptvertrages verdient sein soll (OLG Köln vom 11.02.1994, 6 U 133/93).

■ Provision für Doppeltätigkeit

Von einem Doppelauftrag spricht man immer dann, wenn der von einer Seite bereits beauftragte Makler mit dem potentiellen Vertragsgegner ebenfalls einen Maklervertrag abschließt. § 654 BGB verpflichtet den doppelt beauftragten Makler zur Unparteilichkeit. Doppeltätigkeit ist grundsätzlich zulässig.

Mit Beschluss vom 30. 4. 2003 hat der BGH, III ZR 318/02, seine Rechtsprechung zur Doppeltätigkeit des Maklers bestätigt. Danach ist bei Immobiliengeschäften eine Tätigkeit des Maklers für beide Seiten nach „dem Inhalt des Vertrags" grundsätzlich zulässig, sofern er für beide Teile als Nachweismakler oder für den einen als Vermittlungs- und für den anderen als Nachweismakler tätig geworden ist. Das gilt i.d.R. auch ohne ausdrückliche Gestattung selbst dann, wenn dem Maklerkunden die Doppeltätigkeit des Maklers unbekannt gewesen war.

Nach überwiegender Ansicht verstößt diese nur dann gegen einen der beiden Maklerverträge, wenn sie nach dem Inhalt eines Vertrages ausdrücklich verboten war, einer in dem Vertrag zum Ausdruck kommenden Willenserklärung des Kunden widerspricht, oder dessen Interessen zuwiderläuft (OLG Koblenz vom 22.2.2001, 5 U 707/00).

So ist bei dem doppelten Vermittlungsmakler strenge Unparteilichkeit gegenüber beiden Auftraggebern gefordert. Diese Pflicht untersagt es dem Makler, zugunsten einer der Vertragsparteien in Preisverhandlungen einzugreifen. Einer Stellungnahme zur Preisvorstellung sollte er sich enthalten oder ggf. die Doppeltätigkeit aufdecken. Das Gebot der strengen Unparteilichkeit führt aber nicht dazu, dass der Makler die mit dem Vertragsgegner getroffene Provisionsvereinbarung offenlegen muss.

Bei einem Alleinauftrag in der Funktion des doppelten Vermittlungsmaklers bedarf es regelmäßig der unmissverständlichen Erklärung, dass der Makler auch für den anderen Teil tätig wird, sei es durch vertragliche Gestaltung oder späterer, aber rechtzeitiger, Aufklärung der Vertragsparteien.

Die Gestattung der Doppeltätigkeit kann auch in AGB des Maklers erfolgen (BGH vom 22.04.1964, VIII ZR 225/62; OLG Koblenz vom 22.02.2001, 5 U 707/00). Beim Vermittlungsmaklervertrag für beide Seiten kann sich der Makler auf die Klausel jedoch nur dann berufen, wenn er dem jeweiligen Auftraggeber unmissverständlich zum Ausdruck bringt, dass er auch für die andere Seite tätig wird (BGH vom 22.04.1964, VIII ZR 225/62).

■ **Ersatz von nachzuweisenden Aufwendungen**
Nach § 652 Abs. 2 BGB sind dem Makler Aufwendungen nur zu ersetzen, wenn dies vereinbart wurde. Bei erfolgreichem Vertragsabschluß ist die Maklerleistung in der Praxis allerdings regelmäßig mit der Provision vollständig abgegolten. Oft wird nur für besondere Einzelfälle, wie vorzeitigen Widerruf des Auftrags, Verkauf an eigene Interessenten, Erschwerung der Verkaufsbedingungen oder bei Erfolglosigkeit nach Auftragsablauf Aufwendungsersatz vereinbart. Diese Vereinbarung darf aber einen Rahmen von 10% bis 15% der im Erfolgsfall verdienten Maklerprovision nicht überschreiten, andernfalls ist eine notarielle Beurkundung erforderlich (BGH vom 25.01.2008, V ZR 118/07).

Im Rahmen von AGB ist der Aufwendungsersatz auf nachzuweisende Aufwendungen wie Inserats- und Prospektkosten, Porto und Telefonate bzw. Reise- und PKW-Kosten beschränkt oder allenfalls in einem „mäßigen Höchstbetrag" (so der BGH) zu pauschalieren. Entsprechend nimmt das OLG Frankfurt (vom 22.09.2010, 19 U 120/10) an, dass in einem Maklervertrag die Vereinbarung einer pauschalen Aufwandsvergütung von mehr als 40 % des Erfolgshonorars für den Fall, dass der Auftraggeber von seiner Verkaufsabsicht Abstand nimmt, gem. § 311b Abs. 1 BGB beurkundungsbedürftig ist.

■ **Provisionsklauseln für das nachträgliche Scheitern des Hauptvertrages**
Für zulässig erachtet hat der BGH eine Klausel, die im Falle eines nachträglichen Scheiterns des Kaufvertrages eine Provisionsverpflichtung des Kunden vorsah (BGH vom 18.05.1988, IVa ZR 59/87). Die Zahlungsverpflichtung sollte nur dann entfallen, wenn das Scheitern des Vertrages auf ein schuldhaftes Verhalten des Maklers zurückzuführen war. Der Makler habe nach Auffassung des BGH ein verständliches und berechtigtes Interesse daran, sich dagegen zu sichern, dass ein Provisionsanspruch, den er mit Abschluss des Hauptvertrages verdient habe, später entfalle, weil der Hauptvertrag nachträglich aus Gründen scheitere, die alleine in der Sphäre des Auftraggebers zuzuordnen seien. Durch diese Regelung würden dem Kunden nur begrenzt abweichend vom Leitbild des Maklervertrages Provisionsrisiken aufgebürdet.

■ **Beschränkung der Maklerhaftung**
Haftungsbeschränkende Klauseln des Maklers sind grundsätzlich zulässig. Der formularmäßige Haftungsausschluss einer Verletzung von Leben, Körper und Gesundheit sowie für grobes Verschulden ist jedoch nicht möglich (§ 309 Nr. 7 BGB).

Der Makler kann allerdings formularmäßig klarstellen, dass die Exposéangaben auf Angaben des Objektanbieters beruhen und diesbezüglich seine Haftung ausschließen (BGH vom 16.09.1981, IVa ZR 85/80; OLG Hamm vom 06.07.1995, 18 U 72/95).

Es kann z.B. wie folgt formuliert werden:

„Alle Angaben beruhen auf den Informationen des Veräußerers. Sie wurden auf ihre sachliche Richtigkeit nicht überprüft. Eine Haftung wird nicht übernommen."

■ Mehr-/Übererlösklauseln

Gängige Mehr- oder Übererlösklauseln sehen vor, dass der Makler den über einen zuvor festgelegten Betrag hinaus erzielten Kaufpreis oder einen Bruchteil davon als Provision erhält. Solche Klauseln sind in der Regel zulässig (BGH vom 16.02.1994, IV ZR 35/93 und vom 25.06.1969, IV ZR 793/68; OLG Düsseldorf vom 16.02.1996, 7 U 50/95).

Eine Übererlösvereinbarung kann allerdings sittenwidrig und damit nichtig sein, wenn der Makler bewusst einen niedrigen Mindestpreis vereinbart, obwohl er weiß, dass ein sehr viel höherer Preis erzielbar ist und die Provision rechnerisch 27,7 % betragen würde (BGH vom 16.02.1994, IV ZR 35/93). Unter welchen Umständen ein besonders hoher Mehrerlös auch ohne fehlerhafte Beratung durch den Makler zur Sittenwidrigkeit der Provisionsvereinbarung führt, hat der BGH bislang offen gelassen. Sofern bei Abschluss des Maklervertrages offen ist, ob überhaupt ein Mehrerlös erzielt wird, soll es auf dessen Höhe nicht ankommen (BGH vom 25.06.1969, IV ZR 793/68).

Aufgrund des Interessenkonflikts zwischen einem optimalen Kaufpreis und einem möglichst hohen Übererlös obliegen dem Makler erhöhte Sorgfaltspflichten im Hinblick auf die Aufklärung des Auftraggebers über den erzielbaren Kaufpreis (OLG Düsseldorf vom 05.02.1999, 7 U 132/98). Verfügt er nicht selbst über das zur Objektbewertung erforderliche Wissen, muss er sich entsprechende Kenntnisse beschaffen (OLG Düsseldorf, 10.05.1996, 7 U 86/95). Die Informationspflicht des Maklers erstreckt sich auch auf die Höhe des erzielten Mehrerlöses (BGH vom 25.06.1969, IV ZR 793/68).

■ Informationsklauseln

Um dem Makler unnötige Aufwendungen zu ersparen, ist der Auftraggeber verpflichtet, diesem eine etwaige Aufgabe seiner Verkaufs- oder Kaufabsicht mitzuteilen. Diese Verpflichtung kann ebenso durch AGB vereinbart werden, wie die Anordnung, dass der Auftraggeber Informationen über den Hauptvertrag von sich aus erteilt, Vertragsabschriften zur Verfügung stellt oder den Makler zeitnah über eigene Vertragsverhandlungen und -abschlüsse informiert.

■ **Schriftformklausel**
Die Vereinbarung der Schriftform für bestimmte Erklärungen ist zulässig. Weitere Vorschriften sind aber unzulässig, etwa die Versendung per Einschreiben (§ 309 Nr. 13 BGB).

■ **Vereinbarungen über Gerichtsstand und Erfüllungsort bei Vollkaufleuten**
Vereinbarungen über Gerichtsstand und Erfüllungsort sind nur zulässig, wenn beide Vertragsteile Vollkaufleute sind. Eine Gerichtsstandsvereinbarung kann auch in AGB getroffen werden, es bedarf dann jedoch der Klarstellung, dass die Klausel nur bei kaufmännischen Verträgen gilt (LG Karlsruhe vom 08.11.1995, O 102/95 KfH II; LG Düsseldorf vom 29.12.1993, 12 O 322/93).

e) Unzulässige AGB Klauseln

Folgende AGB Klauseln sind allgemein unzulässig und können nur durch individuelle Abreden vereinbart werden:

- Vertragsabschlussklauseln
- Alleinauftrag
- Erfolgsunabhängige Provisionsversprechen
- Provisionsklauseln für „Ersatzgeschäfte"
- Provisionsklauseln für Folgegeschäfte
- Vertragsstrafeversprechen und pauschalierter Schadenersatz
- Reservierungsvereinbarungen
- Verbot des Selbstabschlusses, Hinzuziehungs- und Verweisungsklauseln
- Nichtabschlussklauseln
- Vorkenntnisklauseln
- Rückfrageklauseln
- Gleichstellungsklauseln
- Vorschussvereinbarungen
- Fälligkeitsklauseln
- Bestätigungsklauseln
- Ausschluss der Kausalität

■ **Vertragsabschlussklauseln**
Klauseln, die den Abschluss des Maklervertrages fingieren sollen, sind unwirksam.

Beispiel:

„Die Entgegennahme des Maklerexposés verpflichtet zur Provisionszahlung",

■ Alleinauftrag

Bei dem sog. einfachen Alleinauftrag, der in der Praxis eine bedeutende Rolle spielt, verzichtet der Auftraggeber gegenüber dem Makler für eine bestimmte Zeit auf sein ansonsten bestehendes Recht, die Dienste mehrerer Makler zugleich in Anspruch zu nehmen. Das Recht des Auftraggebers, sich selbst um einen Verkaufsabschluss zu bemühen, bleibt beim einfachen Alleinauftrag erhalten. Der einfache Alleinauftrag beinhaltet kein Verbot von Eigengeschäften oder Direktabschlüssen (BGH vom 17.11.1960, VII ZR 236/59). Auch ein allein beauftragter Makler darf sich von ihm beauftragter Erfüllungsgehilfen bedienen (OLG Hamm vom 25.10.2010, 18 U 69/10).

Im Rahmen des qualifizierten oder erweiterten Alleinauftrags kann sich der Auftraggeber verpflichten, Direktinteressenten an den Makler zu verweisen bzw. den Makler zu Vertragsverhandlungen mit Direktinteressenten hinzuzuziehen. Eine solche Vereinbarung kann nur individuell zwischen Makler und Auftraggeber ausgehandelt werden, der qualifizierte Alleinauftrag kann nicht in Formularverträgen oder allgemeinen Geschäftsbedingungen vereinbart werden.

Im Regelfall wird der Alleinauftrag befristet geschlossen. Fehlt eine Fristvereinbarung, so gilt er als für eine angemessene Zeit abgeschlossen. Unangemessen lange Bindungsfristen können in AGB nicht vereinbart werden.

Als angemessen gilt bei einfachen Grundstückvermittlungsaufträgen eine Bindungsdauer von sechs bis acht Monaten, bei schwierigen eine von drei bis zu fünf Jahren.

■ Erfolgsunabhängige Provisionsversprechen

Grundsätzlich erwirbt der Makler den Provisionsanspruch nur, wenn der Hauptvertrag infolge seiner Vermittlung oder seines Nachweises zustande kommt. Diese Regelung ist grundsätzlich abdingbar (vgl. BGH vom 05.10.2000, III ZR 240/99 und vom 06.02.2003, III ZR 287/02; OLG München vom 03.03.2010, 20 U 4248/09). Die Vereinbarung einer sog. erfolgsunabhängigen Provision ist jedoch über AGB und vorformulierte Klauseln nicht möglich. Sie kann nur zum Gegenstand von Individualvereinbarungen gemacht werden (BGH vom 20.03.1985, IVa ZR 223/83 und vom 04.11.1964, VIII ZR 46/63). Eine solche Individualvereinbarung muss klar und verständlich sein und jeden Zweifel ausschließen. Besteht Zweifel an der Bedeutung der Vereinbarung, so verbleibt es bei der gesetzlichen Regelung, d.h. der Makler erhält im Falle der Erfolglosigkeit keine Provision. Im Einzelfall kann eine Reduzierung der Provision nach § 655 BGB (Herabsetzung des Mäklerlohns) veranlasst sein.

Individuell können die Parteien eine Provisionspflicht auch bei fehlender Identität zwischen beabsichtigtem und tatsächlich geschlossenem Hauptvertrag vereinbaren (BGH vom 18.09.1985, IVa ZR 139/83).

Unwirksam sind auch Klauseln, wonach die Maklercourtage bereits bei Abschluss eines Vorvertrages verdient sein soll (BGH vom 18.12.1974, IV ZR 89/73). Andere Bezeichnungen der Vergütung, z.B. als Bearbeitungsgebühr, ändern an dieser Rechtsfolge nichts. Als Individualvereinbarung ist eine solche Vereinbarung wirksam (BGH vom 16.01.1991, IV ZR 31/90).

Die klauselmäßige Zusage eines erfolgsunabhängigen Entgelts ist auch dann unwirksam, wenn der Makler eine Tätigkeitspflicht oder Garantie übernommen hat (BGH vom 20.03.1985, IVa ZR 223/83).

Auch einer Klausel, wonach die Provision unabhängig von der Wirksamkeit des Hauptvertrages, etwa bei Fehlen einer behördlichen Genehmigung, verdient sein soll, ist die Wirksamkeit zu versagen. Gibt sie aber lediglich die ohnehin bestehende Rechtslage wieder, z.B. Provisionspflicht trotz einvernehmlicher Vertragsaufhebung, ist die Klausel nicht zu beanstanden. Individualvertraglich lässt sich hingegen die Vereinbarung treffen, dass trotz Abhängigkeit des Hauptvertrages von einer aufschiebenden Bedingung (§ 652 Abs. 1 Satz 2 BGB) die Provision bereits verdient sein soll (BGH vom 15.01.1992, IV ZR 317/90).

Grundsätzlich zulässig ist auch eine Provisionsvereinbarung trotz wirtschaftlicher Verflechtung des Maklers mit dem Vertragspartner des Auftraggebers. Voraussetzung dafür ist, dass der Auftraggeber bei Abgabe des Provisionsversprechens über die tatsächlichen Umstände der Verflechtung vollständig unterrichtet ist (BGH vom 26.09.1990, IV ZR 226/89 und vom 24.06.1981, IVa ZR 159/80). Nach Auffassung des BGH müsse der Maklerkunde das Provisionsversprechen in Kenntnis der Verflechtung abgeben, „weil es ihm dennoch und gerade auf die Einschaltung dieser Person ankommt" (BGH vom 26.09.1990, IV ZR 226/89).

■ **Provisionsklauseln für „Ersatzgeschäfte"**

Sog. Ersatzgeschäfte sind nicht provisionspflichtig, etwa wenn statt des beabsichtigten Pacht- ein Kaufvertrag zustande kommt oder statt der Eigentumswohnung ein Hausgrundstück vom gleichen Anbieter erworben wird. Es mangelt dann an der erforderlichen Identität zwischen beabsichtigtem und geschlossenem Hauptvertrag. Maßstab hierfür ist die Beschreibung des beabsichtigten Hauptvertrages im Maklervertrag, nicht das vom Makler angebotene Objekt (BGH vom 05.10.1995, III ZR 10/95).

Es kommt im Einzelfall darauf an, wie genau die Wünsche des Auftraggebers festgehalten wurden. Für Ersatzgeschäfte lässt sich eine Provisionspflicht nur individuell vereinbaren (HansOLG vom 04.05.1991, 9 U 146/90). Die Rechtsprechung sieht in einer AGB für ein Ersatzgeschäft eine nichtige Überraschungsklausel gemäß § 305 c Abs. 1 BGB.

Sind bereits im Maklervertrag Vertrags- oder Objektalternativen vorgesehen, etwa „Miete oder Kauf", liegt begrifflich kein Ersatzgeschäft vor, wenn der eine oder andere Hauptvertrag geschlossen wird.

Um Auslegungsschwierigkeiten zu vermeiden, kann z.B. wie folgt formuliert werden:

> *„Dem Makler steht auch dann die vereinbarte Provision zu, wenn mit dem Auftraggeber ein wirtschaftlich gleichartiges oder ähnliches Geschäft zustande kommt."*

■ Provisionsklauseln für Folgegeschäfte

Kommt es zwischen den vom Makler zusammengeführten Parteien nach Abschluss des Hauptvertrages zum Abschluss eines oder mehrerer weiterer Verträge (Folgegeschäfte), so entsteht hieraus nach herrschender Rechtsauffassung für den Makler kein weiterer Provisionsanspruch. Entscheidend ist daher, ob der ihm erteilte Auftrag nur auf die Herbeiführung des ersten oder auf die indirekte Herbeiführung weiterer Verträge gerichtet ist (BGH vom 13.06.1990, IV ZR 141/89). Ein Anspruch auf Folgeprovision kann nicht durch AGB sondern nur individualvertraglich gesichert werden.

Soll die Ausübung eines Optionsrechts -z.B. nach Ablauf der ursprünglichen Festlaufzeit eines Mietvertrages- provisionspflichtig werden, handelt es sich tatsächlich um die Vereinbarung einer Provision für ein Folgegeschäft. Das kann im Maklervertrag nur individuell, jedoch nicht formularmäßig geschehen (OLG Düsseldorf vom 28.11.1997, 7 U 63/97).

■ Vertragsstrafeversprechen und pauschalierter Schadenersatz

In Maklerverträgen finden sich häufig Klauseln, die gegen Vertragsverletzungen durch den Auftraggeber schützen sollen. Hierbei kann es sich um erweiterte Provisionsversprechen, einen pauschalierten Schadenersatzanspruch, Vertragsstrafen oder Reuegeld handeln.

Derartige Klauseln sind in Individualvereinbarungen unbedenklich, solange die Zahlungsverpflichtung an einen vertragswidrig zustande gekommenen Hauptvertrag anknüpft. Doch selbst dann darf durch die vereinbarte Höhe der Schadenersatzforderung kein Druck auf den Auftraggeber zum Abschluss des Grundstückkaufvertrages ausgeübt werden. Ohne notarielle Beurkundung dürften 10%-15% der bei Erfolg anfallenden Provision als Obergrenze vereinbarungsfähig sein. Falls jedoch auch bei Einhaltung dieser Grenzen absolut hohe Beträge erreicht werden, kann auch schon die Vereinbarung eines geringeren Prozentsatzes die Beurkundung erforderlich machen (BGH vom 06.02.1980, IV ZR 141/78).

Vertragsstrafevereinbarungen in Allgemeinen Geschäftsbedingungen sind nur unter Beachtung des § 309 Nr. 6 BGB zulässig, etwa für den Fall, dass der Auftraggeber den Nachweis unbefugt weitergibt oder beim Alleinauftrag ein weiterer Makler eingeschaltet wird. Der vorzeitige Widerruf des Alleinauftrages kann durch Vertragsstrafe nicht sanktioniert werden.

Eine AGB-Klausel, die dem Auftraggeber unabhängig von der Aufgabe der Verkaufsabsicht eine Vertragsstrafe auferlegt, ist gemäß § 307 Abs. 1 und 2 BGB unwirksam (BGH vom 18.12.1970, IV ZR 1155/68). Letztendlich liegt hierin die Vereinbarung einer erfolgsunabhängigen Provision.

Die Pauschalierung eines Schadenersatzes ist grundsätzlich möglich, § 309 Nr. 5 BGB verbietet allerdings Pauschalen, die nach dem gewöhnlichen Lauf der Dinge den zu erwartenden Schaden übersteigen oder dem anderen Vertragsteil den Nachweis abschneiden, ein Schaden sei überhaupt nicht entstanden oder wesentlich geringer als die Pauschale.

Viele Maklerklauseln halten diesen Voraussetzungen nicht Stand und sehen regelmäßig auch eine überhöhte Schadensersatzforderung vor. Ein überhöhter pauschaler Schadenersatz wird aber auch als Vertragsstrafe angesehen, wie z.B. die Vereinbarung eines pauschalierten Schadensersatzes in Höhe der Gesamtprovision.

Die Vereinbarung einer Vertragsstrafe unterscheidet sich von einem Reuegeld dadurch, dass die Vertragsstrafe ihrem Inhalt nach den Schuldner zur Erfüllung des Vertrages anhalten soll, während die Vereinbarung eines Reuegeldes dem Vertragspartner die Möglichkeit geben soll, sich aus dem Vertrag durch Zahlung eines Reuegeldes zu lösen. Daraus folgt, dass ein vereinbartes Reuegeld nicht herabsetzbar ist, während eine vereinbarte Vertragsstrafe im freien richterlichen Ermessen herabgesetzt werden kann (vgl. § 343 BGB).

Derartige Vereinbarungen sollten auf diejenigen Fälle beschränkt werden, bei denen sich für den Makler erkennbar ein besonderes wirtschaftliches Risiko ergibt oder bei denen ein vertragstreues Verhalten des Auftraggebers als nicht sicher erscheint.

■ Verbot des Selbstabschlusses, Hinzuziehungs- und Verweisungsklauseln
Klauseln, die dem Auftraggeber des Maklers untersagen, die Immobilie selbst zu veräußern oder den Auftraggeber verpflichten, den Makler zu den Verkaufsverhandlungen hinzuzuziehen oder den Kaufinteressenten an den Makler zu verweisen, finden nahezu ausschließlich beim Makler-Alleinauftrag Verwendung. Es gehört zum Wesen des Alleinauftrages, dass der Auftraggeber gleichwohl „Herr des Geschäfts" bleibt.

Sollen auch eigene Geschäfte ausgeschlossen werden, so bedarf es einer besonderen eindeutigen Vereinbarung, die nur individuell vereinbart werden kann. Soweit jedoch ein individuelles Eigengeschäftsverbot vereinbart ist, steht dem Makler gegenüber dem vertragsbrüchigen Auftraggeber nur dann ein Schadenersatzanspruch zu, wenn er nachweisen kann, dass es ihm gelungen wäre, einen Vertrag im Sinne von § 652 BGB zustande zu bringen. Ihm muss also der Nachweis gelingen, im Zeitpunkt des Vertragsabschlusses einen Kunden gehabt zu haben, der zu denselben Konditionen abgeschlossen hätte. Dieser Nachweis gelingt in der Praxis nur recht schwer.

Früher enthielten viele AGB der Makler bei Alleinaufträgen sog. Hinzuziehungs- oder Verweisungsklauseln, durch die sich der Auftraggeber verpflichtete, alle auftretenden Interessenten an den alleinbeauftragten Makler zu verweisen oder diesen zu allen Verhandlungen mit selbst gefundenen Interessenten hinzuzuziehen. Ziel war es, zu verhindern, dass der Auftraggeber ohne Einschaltung des Maklers den sog. Hauptvertrag abschloss. Diese Klauseln weichen von dem Grundgedanken der gesetzlichen Regelung des § 652 BGB ab, weil der Anspruch auf Courtage selbst dann zur Entstehung gelangen soll, wenn der Makler keinerlei Tätigkeiten erbracht hat. Eine derartig weitgehende Verpflichtung kann daher nicht durch eine Klausel in AGB wirksam vereinbart werden (BGH vom 02.11.1983, IVa ZR 86/82).

■ Nichtabschlussklauseln
Die Abschlussfreiheit des Auftraggebers ist eines der wesentlichen Merkmale des Maklervertrages. Abweichungen sind deshalb nur individualvertraglich zulässig. Eine formularmäßige Klausel, nach der der Auftraggeber auch bei Nichtabschluss eines Hauptvertrages zur Provisionszahlung verpflichtet ist, ist unwirksam (BGH vom 22.02.1967, VIII ZR 215/64). Nicht anders verhält es sich, wenn sich der Makler für diesen Fall ein Reuegeld oder lediglich Unkostenerstattung versprechen lässt, weil die Abschlussfreiheit des Auftraggebers wesentlicher Bestandteil des Maklervertrages i.S.d. § 652 Abs. 1 BGB ist (BGH vom 25.04.1973, IV ZR 80/72). Wird hierüber eine zulässige Individualvereinbarung getroffen, ist zu beachten, dass die Höhe der Sanktionen bei Grundstücksgeschäften keinen Druck auf den Auftraggeber ausüben darf, da

andernfalls eine notarielle Beurkundung des Maklervertrages notwendig ist (BGH vom 30.10.1970, IV ZR 1176/68 und vom 18.12.1970, IV ZR 1155/68).

■ Vorkenntnisklauseln

Eine Klausel in AGB, die den Auftraggeber dazu verpflichtet, dem Makler etwaige Vorkenntnis unverzüglich bekanntzugeben, anderenfalls der Nachweis als erbracht gilt, ist unzulässig und zwar auch dann, wenn sich nicht ausdrücklich aus der Klausel ergibt, dass in diesem Fall gleichwohl die Provisionspflicht entsteht (BGH vom 10.02.1971, IV ZR 85/69). Zulässig ist eine Vereinbarung, die lediglich zur Offenlegung der Vorkenntnis verpflichtet, nicht aber zur Provisionszahlung, und somit nur Schadenersatzansprüche mit sich bringt. Nach Auffassung des BGH sei eine in AGB oder Formularverträgen vereinbarte Vorkenntnisklausel lediglich eine Klausel über die Beweislast, wie sie für den gesetzlichen Typus des Maklervertrages ohnedies bestehe (BGH vom 10.02.1971, IV ZR 85/69).

Individuell kann eine Vorkenntnisklausel indes wirksam vereinbart werden (BGH vom 10.02.1971, IV ZR 85/69; OLG München vom 29.03.1994, 18 U 4719/93).

■ Rückfrageklauseln

Ähnlich gelagert wie die Vorkenntnisklauseln sind sog. Rückfrageklauseln. Diese sollen den Provisionsanspruch sichern, indem sie den Maklerkunden verpflichten, sich vor dem Abschluss des beabsichtigten Vertrages unter Angabe von Name und Anschrift des vorgesehenen Vertragspartners bei dem Makler zu erkundigen, ob dieser den Interessenten nachgewiesen oder vermittelt hat. Jedenfalls soweit an die Unterlassung der Rückfrage die Folge geknüpft ist, dass der Kunde sich nicht mehr auf seine Vorkenntnis berufen kann, ist die Klausel entsprechend einer Vorkenntnisklausel unwirksam (§ 307 BGB).

■ Gleichstellungsklauseln

Der Eigentumserwerb in der Zwangsversteigerung vollzieht sich nicht als Kaufvertrag, sondern auf Grund eines staatlichen Hoheitsaktes, es ist daher weder eine Nachweis- noch eine Vermittlungstätigkeit möglich, so dass ein Provisionsanspruch nicht entsteht (BGH vom 20.02.1997, III ZR 208/95 und vom 04.07.1990, IV ZR 174/89). Nach Auffassung des BGH kann der Makler in AGB den Erwerb in der Zwangsversteigerung nicht wirksam einem freihändigen Verkauf gleichstellen (BGH vom 24.06.1992, IV ZR 240/91, und vom 03.02.1993, IV ZR 106/92).

Individuell kann eine sog. „Gleichstellungsabrede" jedoch wirksam vereinbart werden (BGH vom 20.02.1997, III ZR 208/95; vom 24.06.1992, IV ZR 240/91und vom

04.07.1990, IV ZR 174/89). Erklärt der Makler (einseitig), auch der Nachweis der Versteigerungsmöglichkeit sei provisionspflichtig, kann der Kunde dies mangels Klarstellung des Maklers nur vor dem Hintergrund der zuvor übersandten AGB verstehen, so dass diese nicht als im Einzelnen ausgehandelt gelten (BGH vom 03.02.1993, IV ZR 106/92).

■ Reservierungsvereinbarungen

Mit der Reservierungsvereinbarung soll der Makler beim Verkäufer erreichen, dass dieser zugunsten eines bestimmten Interessenten von einem Verkauf an Dritte während der Reservierungszeit absieht. Wird eine Reservierungsvereinbarung getroffen, lässt sich der Makler in der Regel einen gesonderten Vergütungsanspruch versprechen, der im Erfolgsfall mit der Provision verrechnet wird. Der praktische Wert solcher Reservierungsvereinbarungen ist zweifelhaft. Der Makler kann dem Auftraggeber nämlich nur versprechen, seinerseits weitere Vermittlungsbemühungen einzustellen, während der Eigentümer über das Objekt jederzeit anderweitig verfügen kann.

Die Rechtsprechung hat hinsichtlich der Wirksamkeit von Reservierungsvereinbarungen hohe Hürden aufgestellt, die selten in der Praxis erreicht werden, so dass die meisten Reservierungsvereinbarungen unwirksam sein dürften (vgl. z.B. LG Berlin vom 23.12.1999, 5 O 352/99). Eine wirksame Reservierung wird nur dann für möglich gehalten, wenn der Makler einen qualifizierten, mindestens jedoch einen einfachen Alleinauftrag (OLG Stuttgart vom 29.03.1996, 2 U 236/95) des Verkäufers hat.

Im Einzelfall kommt es darauf an, ob der Makler mehr verspricht als er halten kann, indem er z.B. die Zusage erteilt, nicht anderweitig über das Grundstück zu verfügen, obwohl er nur einen einfachen Alleinauftrag hat und der Verkäufer somit noch andere Makler einschalten darf, bzw. ob er dem Alleinauftrag zuwider handelt, indem er weitere Vermittlungsbemühungen unterlässt.

Der BGH hat die Zulässigkeit von Reservierungsvereinbarungen nicht grundsätzlich in Frage gestellt (BGH vom 10.02.1988, IVa ZR 268/86), allerdings verschiedene Grenzen aufgezeigt. Eine unangemessen hohe Reservierungsgebühr - über 10 % der im Erfolgsfall verdienten Provision - führt zur Nichtigkeit der Reservierungsvereinbarung, soweit der Maklervertrag nicht notariell beurkundet wurde, weil auf den Auftraggeber nach Auffassung der Rechtsprechung ein unangemessener Erwerbsdruck ausgeübt werde (BGH vom 18.03.1992, IV ZR 41/91 - Reservierungsgebühr in Höhe der vollen Provision; OLG Düsseldorf vom 02.07.1982, 7 U 279/81 - 1 % des Kaufpreises; vgl. auch BGH vom 10.02.1988, IVa ZR 268/86 zur Formbedürftigkeit der Vereinbarung erfolgsunabhängiger Provisionen).

Zeitlich unbefristete Reservierungsvereinbarungen werden als sittenwidrig beurteilt und sind somit nichtig gem. § 138 BGB. Auch eine befristete Reservierung kann nichtig sein, wenn Kunde und Makler bewusst einen unangemessen niedrigen Kaufpreis vorsehen (BGH vom 10.02.1988, IVa ZR 268/86).

Die Vereinbarung von Reservierungsklauseln in AGB ist jedenfalls unzulässig, wenn das Entgelt hierfür als Vorleistung vor Wirksamwerden der Reservierung zu zahlen ist (OLG Stuttgart vom 29.03.1996, 2 U 236/95). Der BGH hat jedoch zu erkennen gegeben, dass eine formularmäßige Reservierung dann zulässig ist, wenn sie außerhalb des Maklervertrages erfolgt und dem Auftraggeber freigestellt wird, den Maklervertrag mit oder ohne Reservierung zu schließen (BGH vom 10.02.1988, IVa ZR 268/86).

Verpflichtet sich der Makler im Rahmen einer Reservierungsvereinbarung, keine neuen Verkaufsbemühungen zu entwickeln und die Vertragsverhandlungen zu fördern, muss er das Objekt gänzlich vom Markt nehmen und darf anderen Interessenten keine Informationen über den Stand der Verhandlungen geben. Bei Verletzung der Reservierungspflicht, kann er sich schadenersatzpflichtig machen (BGH vom 10.02.1988, IVa ZR 268/86) oder – je nach Umständen des Einzelfalls - sogar den Provisionsanspruch verwirken (OLG Hamm vom 08.11.1990, 18 U 181/89).

Der BGH befasste sich mit Urteil vom 23.09.2010, III ZR 21/10, mit der Frage der Wirksamkeit einer in AGB enthaltenen Klausel, wonach der am Erwerb einer Immobilie interessierte Kunde ein „Tätigkeitsentgelt" für die Reservierung (Absehen von weiterem Anbieten) des Kaufobjekts an den mit dem Verkaufsinteressenten verflochtenen Verwender zu zahlen hat, das auch bei Nichtzustandekommen des Kaufvertrags dem Verwender verbleiben soll. Er hält die Regelung, wonach der Makler den sogleich mit Unterschriftsleistung auf dem Auftrag zu erbringenden Betrag von 750 € für den Verzicht auf weiteres Anbieten des Kaufobjekts in jedem Fall in voller Höhe behalten darf, wenn es nicht zum Abschluss des Kaufvertrags kommt, für unwirksam gem. § 307 BGB, denn der Kaufinteressent werde dadurch unangemessen benachteiligt.

■ Vorschussvereinbarungen

Nach Auffassung des OLG Hamm vom 26.05.1995, 18 W 4/95, sind Vorschussvereinbarungen jedenfalls in AGB unwirksam. Dies folge daraus, dass es zu dem gesetzlichen Leitbild des Maklervertrages gehört, dass der Provisionsanspruch des Maklers erst bei wirksamen Zustandekommens des Hauptvertrages entsteht und fällig wird. Soll die Maklerprovision unabhängig von einer etwaigen Genehmigungsbedürftigkeit des Grundstückskaufvertrages bereits mit Vertragsschluss (endgültig) verdient sein, so handele es sich letztlich um eine Provisionspflicht unabhängig vom Erfolg, die nur durch Individualvereinbarung wirksam vereinbart werden kann. Auch wenn die Klausel lediglich als eine Art „Vorschussregelung" verstanden wird, stelle sie eine grundlegende Abweichung vom gesetzlichen Leitbild des Maklervertrages dar. Eine solche Vorschussregelung beinhalte für den Maklerkunden nicht nur deshalb eine erhebliche Schlechterstellung, weil sie seiner Leistungspflicht um einen längeren Zeitraum vorverlegen kann. Vielmehr sei auch zu berücksichtigen, dass es bei einer solchen Regelung dem Maklerkunden obliegt, im Fall des Scheiterns des Hauptvertrages seinen Erstattungsanspruch gegen den Makler durchzusetzen; dies könne unter anderem mit einem erheblichen Aufwand und auch mit wirtschaftlichen Risiken verbunden sein.

■ **Fälligkeitsklauseln**

Der Provisionsanspruch aus § 652 BGB ist fällig, wenn alle Voraussetzungen für sein Entstehen erfüllt sind. Maklervertrag, Nachweis- oder Vermittlungstätigkeit des Maklers, wirksam zustande gekommener Hauptvertrag und Ursächlichkeit der Nachweis- oder Vermittlungstätigkeit für den Hauptschluss des Hauptvertrages müssen also vorliegen.

Vereinbarungen, die die Fälligkeit des Provisionsanspruchs hinausschieben oder vorverlegen, sind im Allgemeinen zulässig. Eine Klausel in AGB, wonach die Provision „bei Abschluss des notariellen Kaufvertrages" fällig wird, ist gemäß § 307 Abs. 1 und 2 BGB unwirksam, sofern sie sich, z.B. bei fehlender Genehmigung des Hauptvertrages, in Wahrheit als erfolgsunabhängiges Provisionsversprechen darstellt (vgl. dazu bereits unter Vorschussvereinbarungen).

Wird die Zahlung der Provision von weiteren Ereignissen als den gesetzlichen Voraussetzungen des § 652 BGB abhängig gemacht, z.B. von der Zahlung des Kaufpreises, Baubeginn o.ä., muss klar geregelt werden, was gemeint ist. Nur eine umfassende Auslegung aller Umstände des Einzelfalls kann ergeben, ob eine aufschiebende Bedingung oder nur eine Fälligkeitsvereinbarung vorliegt (BGH vom 27.02.1985, IVa ZR 121/83, OLG Frankfurt vom 29.05.2001, 14 U 107/00).

Während im erstgenannten Fall (aufschiebende Bedingung) der Courtageanspruch bei Nichtdurchführung des Hauptvertrages entfällt, kann der Makler im zweiten Fall (Fälligkeitsregelung) die unbedingt entstehende Provision erst zu einem späteren Zeitpunkt fordern (BGH vom 27.02.1985, IVa ZR 121/83).

- **Bestätigungsklauseln**

Eine Klausel in AGB, wonach der Kunde bestätigt, das Objekt besichtigt zu haben und ausreichend darüber sowie über die Kaufvertragsbedingungen informiert worden zu sein, ist - zumindest im nichtkaufmännischen Verkehr- gem. § 309 Nr. 12b BGB unwirksam (LG Frankfurt vom 25.08.1987, 2/13 O 299/87). Gleiches gilt für eine Klausel, wonach das individuelle Zustandekommen der AGB des Maklers bestätigt wird.

- **Ausschluss der Kausalität**

Die Kausalität der Maklertätigkeit für das Zustandekommen des Hauptvertrages als Voraussetzung für den Provisionsanspruch kann individualvertraglich, jedoch nicht formularmäßig abbedungen werden (BGH vom 06.11.1985, IVa ZR 266/83).

f) Rechtsfolge unzulässiger AGB Klauseln

Mit Urteil vom 19. 5. 2005, III ZR 322/04, hat der BGH befunden, dass die Verwendung unzulässiger AGB durch den Makler im Regelfall – ohne Hinzutreten besonderer Umstände – keine Verwirkung des Maklerlohnanspruchs rechtfertigt. Hier ging es um den formularmäßigen Ausschluss aller Beratungspflichten seitens eines Versicherungsmaklers. Die Entscheidung ist aber auch für das übrige Maklerrecht von unmittelbarer Bedeutung. Der BGH geht davon aus, dass der in der Verwendung unzulässiger AGB-Klauseln liegenden Vertragsverletzung noch kein außergewöhnliches Gewicht beizumessen ist (anders noch OLG Hamm vom 29.05.2000, 18 U 236/99). Welche besonderen Umstände eine Verwirkung des Provisionsanspruchs rechtfertigen können, hat der BGH in dem erwähnten Urteil allerdings offen gelassen.

IV. Das Wohnungsvermittlungsgesetz – Vermittlung von Mietwohnungen

1. Einleitung

Rechtsgrundlage der Wohnungsvermittlung ist das Gesetz zur Regelung der Wohnungsvermittlung (WoVermG). Ursprünglicher Zweck des WoVermG war es, dem erheblichen Nachfrageüberhang auf dem Wohnungsmarkt entgegenzuwirken und die Rechte des Mieters sowie des Wohnungssuchenden zu stärken. Vor dem Hintergrund eines zunehmenden Verbraucherschutzes sind diese Bestrebungen nach wie vor von besonderer Bedeutung.

Es gilt das Erfolgsprinzip (§ 2 Abs. 1 WoVermV), das Vorschussverbot (§ 2 Abs. 4 WoVermG), das Verbot der Erhebung von Nebenentgelten (§ 3 Abs. 3 WoVermG) und der Koppelung des Vermittlungsgeschäfts mit der Übernahme weiterer Verpflichtungen wie etwa einem Möbelkauf (§ 3 Abs. 4 WoVermG). Weiterhin ist es dem Wohnungsvermittler verwehrt, für die Vermittlung oder den Nachweis von Wohnräumen, die in seinem Eigentum, seiner Nutznießung oder seiner Verwaltung stehen, Entgelte zu fordern (§ 2 Abs. 2 WoVermG).

Das Wohnungsvermittlungsgesetz enthält sowohl zivilrechtliche als auch öffentlich-rechtliche Vorschriften. Die öffentlich-rechtlichen Vorschriften regeln Bußgeldtatbestände und können als Ordnungswidrigkeiten von Staats wegen verfolgt werden (§ 8 WoVermG). Die zivilrechtlichen Normen des Wohnungsvermittlungsgesetzes sind gegenüber dem BGB Spezialregelungen, die für den Bereich der Wohnraumvermittlung weitreichende Einschränkungen der Vermittlungstätigkeit gegenüber § 652 BGB vorschreiben.

Der Begriff des Wohnungsvermittlers nach dem WoVermG ist bewusst an die Tätigkeitsmerkmale des § 652 Abs. 1 BGB geknüpft und entspricht damit dem sich aus dieser Norm ergebenden gesetzlichen Leitbild des Nachweis- und Vermittlungsmaklers (Amtl. Begr. BT-Drucks. VI/1549, S.12), wenngleich er sich gegenständlich auf Mietverträge über Wohnräume, also Wohnungen und Häuser, beschränkt (BGH vom 15.04.2010, III ZR 153/09 und vom 9.3.1995, I ZR 85/94).

Nach § 1 Abs. 1 WoVermG ist Wohnungsvermittler, wer den Abschluss von Mietverträgen über Wohnräume vermittelt oder die Gelegenheit zum Abschluss von Mietverträgen über Wohnräume nachweist. Hier werden jedoch nur die Tätigkeitsformen des Wohnungsvermittlers genannt. Wie sich vor allem aus § 2 Abs. 1 WoVermG ergibt, müssen zur Durchsetzung des Provisionsanspruchs aber alle vier Voraussetzungen eines Provisionsanspruchs, wie in § 652 BGB normiert, vorliegen. Danach müssen folgende Provisionsvoraussetzungen erfüllt sein:

- Bestehen eines Maklervertrages
- Nachweis- oder Vermittlungstätigkeit
- Zustandekommen des beabsichtigten Mietvertrages
- Kausalität zwischen Maklertätigkeit und Erfolg

Besondere Formvorschriften sind ebenso wenig wie bei § 652 BGB für den Abschluss des Maklervertrages zu beachten. Aus Beweisgründen empfiehlt sich allerdings grundsätzlich die Einhaltung der Schriftform. Die zu den Voraussetzungen des Provisionsanspruchs nach § 652 BGB ergangene Rechtsprechung und die sich in diesem Zusammenhang ergebenden Einschränkungen spielen auch im Rahmen der Wohnungsvermittlung eine Rolle und sind bei Streitigkeiten entsprechend zu berücksichtigen (vgl. dazu im Einzelnen Kapitel III.).

Die Einschränkungen des WoVermG sind insofern erst von Bedeutung, wenn auch die übrigen Voraussetzungen des Provisionsanspruchs vorliegen.

2. Anwendungsbereich (§ 1 WoVermG)

§ 1 WoVermG definiert den Begriff des Wohnungsvermittlers (Abs.1) und des Wohnraumes im weiteren Sinne (Abs. 2). Wie sich aus Abs. 3 der Vorschrift ergibt, ist das Gesetz nicht auf die Vermittlung oder den Nachweis von Mietverträgen über Wohnräume im Fremdenverkehr anwendbar.

§ 1 WoVermG

(1) Wohnungsvermittler im Sinne dieses Gesetzes ist, wer den Abschluss von Mietverträgen über Wohnräume vermittelt oder die Gelegenheit zum Abschluss von Mietverträgen über Wohnräume nachweist.

(2) Zu den Wohnräumen im Sinne dieses Gesetzes gehören auch solche Geschäftsräume, die wegen ihres räumlichen oder wirtschaftlichen Zusammenhangs mit Wohnräumen mit diesen zusammen vermietet werden.

(3) Die Vorschriften dieses Gesetzes gelten nicht für die Vermittlung oder den Nachweis der Gelegenheit zum Abschluss von Mietverträgen über Wohnräume im Fremdenverkehr.

Der Begriff des **Wohnungsvermittlers** entspricht inhaltlich dem Nachweis- und Vermittlungsmakler nach § 652 Abs. 1 BGB. Das Wort „Wohnungsvermittler" ist somit untechnisch zu verstehen und beschränkt sich nicht nur auf die reine Vermittlungstätigkeit, sondern beinhaltet auch den Nachweis einer Vertragsgelegenheit. Das Gesetz findet allerdings nur auf die Vermittlung/den Nachweis von Wohnraum Anwendung. Werden Kaufobjekte oder Geschäftsräume vermittelt, finden die Vorschriften des WoVermG keine Berücksichtigung.

Ob ein **Mietvertrag** im Sinne des WoVermG vorliegt, beurteilt sich grundsätzlich nach der Vorschrift des § 535 BGB. Mangels Schutzbedürftigkeit des Mieters fallen Gewerbemietverträge oder Pachtverträge nicht darunter.

Erbringt der Vermieter zusätzlich zur Überlassung von Wohnraum weitere Leistungen, wie in Alten- oder Pflegeheimen, ist zu prüfen, welche Leistung den Schwerpunkt bildet. Nur wenn die Wohnungsüberlassung den höheren Wertanteil bildet, kann vom Vorliegen eines Mietvertrages ausgegangen werden. Es erfolgt auch keine Aufspaltung des einheitlichen Vertragsverhältnisses in einen mietrechtlichen und einen die übrigen Leistungen umfassenden Teil. Insofern ist das WoVermG nicht anwendbar. Bilden danach Versorgung, Unterhaltung und Pflege den Schwerpunkt des Vertrages, findet das WoVermG mangels Mietvertrag über Wohnraum keine Anwendung.

Als Sonderform des Mietvertrages fällt auch der Untermietvertrag nach § 540 BGB und die Vermietung von möbliertem Wohnraum unter das WoVermG, nicht dagegen ein sog. Mietvorvertrag oder eine Mietvertragsoption.

Als Wohnraum im Sinne des WoVermG ist jeder Raum zu verstehen, der zu Wohnzwecken geeignet und bestimmt ist. § 1 Abs. 2 WoVermG regelt einen Fall aus dem Bereich der sog. **Mischmietverhältnisse**, bei denen Wohn- und Geschäftsräume gemeinsam mit einem einheitlichen Vertrag vermietet werden. Nur wenn die Räume untrennbar zusammen gehören, findet das WoVermG Anwendung. Aus dem Wortlaut der Vorschrift des § 1 Abs. 2 WoVermG ergibt sich, dass in jedem Fall zwischen den Geschäftsräumen und den Wohnräumen ein *räumlicher* oder *wirtschaftlicher* Zusammenhang bestehen muss.

Für den *räumlichen* Zusammenhang ist die bauliche Anordnung von Wohn- und Geschäftsräumen entscheidend. Nicht erforderlich ist, dass beide Räumlichkeiten in einem Gebäude liegen. Bei einem räumlichen Zusammenhang liegt in der Regel - wegen der Wege- und Zeitersparnis – auch ein wirtschaftlicher Zusammenhang vor.

Von einem *wirtschaftlichen* Zusammenhang ist auch auszugehen, wenn die gemeinsame Nutzung der Wohn- und Geschäftsräume ohne räumliche Nähe kaufmännische Vorteile bietet, wie z.B. bei Vorhandensein von gemeinsamen Telefon-, Daten- und Versorgungsanschlüssen.

§ 1 Abs. 2 WoVermG fingiert für den im untrennbaren Mischmietverhältnis mitvermieteten, untergeordneten Geschäftsraum die Eigenschaft des Wohnraums. Insofern ist das WoVermG in diesem Fall auf den gesamten Mischmietvertrag anzuwenden. Für die Beantwortung der Frage, welcher Teil des Mischmietverhältnisses überwiegt, kommt es nach der Rechtsprechung des BGH maßgeblich auf den sich aus dem Parteiwillen ergebenden Vertragszweck an. Überwiegt danach die Nutzung als Wohnraum, ist Wohnraummietrecht anzuwenden, steht die gewerbliche Nutzung im Vordergrund, ist allgemeines Mietrecht anzuwenden.

Das WoVermG ist auf den Nachweis- oder die Vermittlung von Mietverträgen über **Räume im Fremdenverkehr** nicht anwendbar. Dieser Befreiungstatbestand gilt insbesondere für Beherbergungsbetriebe und sonstige Unterkunftsstätten, wie Ferienheime, in denen zum vorübergehenden Aufenthalt gegen Entgelt Unterkunft gewährt wird. Hier werden oft auch weitere Dienste wie Frühstück und Reinigung des Zimmers angeboten.

3. Der Provisionsanspruch (§ 2 WoVermG)

Im Bereich der zivilrechtlichen Vorschriften ist § 2 WoVermG als eigentlicher Kern des Gesetzes anzusehen. Er regelt die Voraussetzungen des Provisionsanspruchs des Maklers und ist zwingendes Recht (§ 2 Abs. 5 WoVermG). Entsprechend dem gesetzlichen Leitbild des § 652 BGB erhält der Wohnungsvermittler einen Provisionsanspruch nur, wenn infolge seines Nachweises oder seiner Vermittlung ein Mietvertrag zustande kommt. Insofern wird in § 2 Abs. 1 WoVermG auch lediglich der Inhalt des § 652 Abs. 1 Satz 1 BGB mit der Beschränkung auf Wohnräume wiederholt, so dass die Rechtsprechung zu den Voraussetzungen des Provisionsanspruchs zunächst als Grundlage herangezogen werden kann. § 2 Abs. 2 WoVermG enthält darüber hinaus besondere Einschränkungen, die der Wohnungsmakler bei seiner Tätigkeit zu beachten hat.

§ 2 WoVermG

(1) Ein Anspruch auf Entgelt für die Vermittlung oder den Nachweis der Gelegenheit zum Abschluss von Mietverträgen über Wohnräume steht dem Wohnungsvermittler nur zu, wenn infolge seiner Vermittlung oder infolge seines Nachweises ein Mietvertrag zustande kommt.

(2) Ein Anspruch nach Absatz 1 steht dem Wohnungsvermittler nicht zu, wenn

1. *durch den Mietvertrag ein Mietverhältnis über dieselben Wohnräume fortgesetzt, verlängert oder erneuert wird,*
2. *der Mietvertrag über Wohnräume abgeschlossen wird, deren Eigentümer, Verwalter, Mieter oder Vermieter der Wohnungsvermittler ist, oder*
3. *der Mietvertrag über Wohnräume abgeschlossen wird, deren Eigentümer, Verwalter oder Vermieter eine juristische Person ist, an der der Wohnungsvermittler rechtlich oder wirtschaftlich beteiligt ist. Das gleiche gilt, wenn eine natürliche oder juristische Person Eigentümer, Verwalter oder Vermieter von Wohnräumen ist und ihrerseits an einer juristischen Person, die sich als Wohnungsvermittler betätigt, rechtlich oder wirtschaftlich beteiligt ist.*

(3) Ein Anspruch nach Absatz 1 steht dem Wohnungsvermittler gegenüber dem Wohnungssuchenden nicht zu, wenn der Mietvertrag über öffentlich geförderte Wohnungen oder über sonstige preisgebundene Wohnungen abgeschlossen wird, die nach dem 20. Juni 1948 bezugsfertig geworden sind oder bezugsfertig werden. Satz 1 gilt auch für die nach den §§ 88d und 88e des Zweiten Wohnungsbaugesetzes oder nach dem Wohnraumförderungsgesetz geförderten Wohnungen, solange das Belegungsrecht besteht. Das gleiche gilt für die Vermittlung einzelner Wohnräume der in den Sätzen 1 und 2 genannten Wohnungen.

(4) Vorschüsse dürfen nicht gefordert, vereinbart oder angenommen werden.

(5) Eine abweichende Vereinbarung ist unwirksam.

a) Provisionsverbot (§ 2 Abs. 2 und Abs. 3 WoVermG)

Zum Schutz des Wohnungssuchenden sind in der Vorschrift des § 2 Abs. 2 und Abs. 3 WoVermG ausdrücklich die Fälle benannt, bei denen trotz Vorliegens der übrigen Voraussetzungen eines Provisionsanspruchs kein Anspruch auf Maklerlohn besteht.

Der Ausschlusstatbestand des § 2 Abs. 2 Nr. 1 WoVermG (**Mietverhältnis über dieselben Wohnräume wird fortgesetzt, verlängert oder erneuert**) spielt in der Praxis nur eine untergeordnete Rolle und kommt auch nur für die Vermittlungstätigkeit in Betracht, denn eine Nachweistätigkeit würde bereits nach § 652 BGB begrifflich ausscheiden, da dem bisherigen Mieter die Vertragsgelegenheit bereits bekannt ist. Durch die Bestimmung des § 2 Abs. 2 Nr. 1 WoVermG soll der Mieter davor geschützt werden, dass man ihm ohne wesentliche Änderung des Mietverhältnisses Maklerdienste aufzwingt.

Anwendung findet die Norm nur dann, wenn der Mieter noch in der Wohnung ist und auch weitgehend **Personenidentität** der Mietvertragsparteien besteht. Ist der Mieter bereits ausgezogen, kommt nur eine Neuvermietung in Betracht, für die grundsätzlich eine provisionspflichtige Maklertätigkeit möglich ist.

Auf Vermieterseite kann nach dem Grundsatz der Gesamtrechtsnachfolge (§ 1922 Abs. 1 BGB) auch der Erbe oder, bei Verkauf, der neue Eigentümer (§ 566 BGB) in den Mietvertrag eintreten. Auf Seiten des Mieters ist der gesamte in §§ 563 ff. BGB aufgeführte Personenkreis – das sind: Ehegatten, Lebenspartner und im Haushalt lebende Familienangehörige – in den Anwendungsbereich der Norm einbezogen.

Bei teilweiser Untervermietung der Wohnung findet § 2 WoVermG keine Anwendung, wenn der Untermieter als Hauptmieter in das Vertragsverhältnis eintritt. Denn der Untermieter steht in der Regel nur in vertraglichen Beziehungen zum Hauptmieter, nicht aber zum Vermieter bzw. Eigentümer. Bei Vorliegen der übrigen Voraussetzungen ist hier also eine provisionspflichtige Maklertätigkeit möglich.

Der Mietvertrag muss sich auf „dieselben" Wohnräume beziehen. Die **Objektidentität** betrifft jedoch nur den Kern der die Wohnung bildenden Räumlichkeiten. Nebenräume wie Keller oder Garage können ohne weiteres wegfallen bzw. hinzugenommen werden. Maßgeblich ist allein, dass der Lebensmittelpunkt „Wohnung" erhalten bleibt.

§ 2 Abs. 2 Nr. 2 WoVermG (Mietvertrag wird über Wohnräume abgeschlossen, deren Eigentümer, Verwalter, Mieter oder Vermieter der Wohnungsvermittler ist) regelt die Fälle, in denen der Makler mit der Anbieterseite **identisch oder wirtschaftlich ver-**

flochten ist. Hier kann weitgehend auf die Rechtsprechung zu § 652 BGB verwiesen werden (vgl. Kapitel III.6.). Identität und Verflechtung sind allgemeine Rechtstatbestände, die den Anspruch auf Maklerprovisionen allgemein gefährden können. Das Wohnungsvermittlungsgesetz enthält insofern nur eine ausdrückliche Normierung, geht allerdings insofern in den Konsequenzen weiter, als nach § 2 Abs. 5 WoVermG abweichende Vereinbarungen (hier sog. selbständige Provisionsversprechen) unwirksam sind.
Ein Anspruch auf Zahlung einer Provision besteht nicht, wenn der Wohnungsvermittler an dem nachgewiesenen oder vermittelten Geschäft auf Seiten des Vertragspartners des Auftraggebers allein steht (§ 2 Abs. 2 Nr. 2 WoVermG) oder an der juristischen Person, oder Personenvereinigung, die den Vertragspartner bildet, in einem **wirtschaftlich erheblichen Maße beteiligt** ist (vgl. § 2 Abs. 2 Nr. 3 WoVermG). Siehe dazu im Einzelnen unter Kapitel III.6.a).

Beispielsfälle:

- *Der Eigentümer/Vermieter der Wohnung ist Geschäftsführer der vermittelnd tätig gewordenen Makler GmbH*
- *Der Wohnungsvermittler ist Geschäftsführer der mit der Verwaltung des Hauses betrauten Verwaltungs-GmbH*
- *Der Geschäftsführer der Makler-GmbH ist Mitvermieter*

Nach dem Sinn und Zweck des § 2 Abs. 2 WoVermG soll das gesetzliche Leitbild des Maklers als unabhängigem Vermittler von Verträgen gerade auch auf dem Gebiet der Wohnraumvermittlung beibehalten werden. Damit soll auch den sozialen Erwägungen, die Wohnungssuchenden vor ungerechtfertigter Bereicherung zu schützen, Rechnung getragen werden. Die Provision wird hier (§ 2 Abs. 2 WoVermG) negiert, weil zu befürchten ist, dass der Makler, der auf Seiten des Vermieters rechtlich oder wirtschaftlich beteiligt ist, regelmäßig gleiche wirtschaftliche Interessen beim Mieter verfolgt und so die Interessen des Vermieters und damit mittelbar oder unmittelbar seine eigenen in den Vordergrund stellt. Damit kann er die Interessen des Mieters regelmäßig nicht mehr unabhängig wahrnehmen. Ähnlich verhält es sich, wenn der Vermieter wirtschaftlich oder rechtlich am Makler beteiligt ist.

Nach einem Beschluss des BVerfG vom 30.06.1987, 1 BvR 1187/86, kann der Ausschluss einer Maklerprovision nach § 2 Abs. 2 WoVermG nicht allein daraus hergeleitet werden, dass die Maklerin mit dem Eigentümer, Verwalter oder Vermieter der vermittelten Wohnung verheiratet ist. Mit einer solchen Begründung werde gegen das Verbot der Benachteiligung von Verheirateten verstoßen (Art. 6 Abs. 1 GG). Vielmehr müssen konkrete Anhaltspunkte, die auf die Parteilichkeit der Maklerin hindeuten, festgestellt werden. Dies kann nach einer Entscheidung des LG Hanau vom 29.09.1992, 2 S 282/92, z.B. dann der Fall sein, wenn eine Maklerin nahezu ausschließlich Wohnungen, die ihrem Ehemann gehören, vermittelt.

Zu berücksichtigen ist allerdings, dass die Verflechtungsfälle – nicht jedoch die der Identität - nur für den Vermittlungs-, nicht aber für den Nachweismakler von Bedeutung sind, denn die reine Nachweistätigkeit schafft nur eine sehr lockere Verbindung zwischen dem Nachweismakler und dem Dritten. Hingegen muss der Makler bei der Vermittlungstätigkeit regelmäßig zwischen Auftraggeber und Drittem (Kunden) eingehend verhandeln und ihn zum Abschluss eines Vertrages mit seinem Auftraggeber veranlassen. Bei dieser Konstellation sind die Möglichkeiten, sich durch wirtschaftliche Beteiligung oder dergleichen beeinflussen zu lassen, weitaus größer.

Nach § 2 Abs. 2 Nr. 2 WoVermG kann der **Eigentümer** keine Provision verlangen. Hier ist eine Maklertätigkeit schon begrifflich wegen des fehlenden Dreiecksverhältnisses gar nicht möglich. Es reicht aus, wenn der Wohnungsvermittler Miteigentümer - gleich welchen Umfangs - ist, da er auch dann auf der Vermieterseite steht und auf die Entscheidung über den Abschluss des Mietvertrages Einfluss nehmen kann.

Der Begriff des **Verwalters** nach § 2 Abs. 2 Nr. 2 WoVermG ist, im Gegensatz zu demjenigen des Eigentümers und Vermieters, in erheblichem Maße auslegungsbedürftig. Er umfasst eine nicht leicht zu überschauende Vielfalt praktischer Gestaltungsmöglichkeiten und ist vorwiegend am Textzusammenhang des § 2 Abs. 2 Nr. 2 WoVermG, dem Sinn und Zweck sowie der Entstehungsgeschichte der Norm zu orientieren.

Verwaltung ist der Inbegriff aller Maßnahmen zur Substanzerhaltung und Zweckwahrung hinsichtlich des zu verwaltenden Gutes. Der Wortlaut des Gesetzes stellt den Verwalter gleichrangig neben den Eigentümer und den Vermieter, die über die Vermietung der Wohnung aus eigenem Recht entscheiden und am Erhalt des Mietobjekts sowie an dessen ordnungsgemäßer wirtschaftlicher Verwendung ein eigenes Interesse haben. Nach ihrem Sinn und Zweck soll die Regelung des § 2 Abs. 2 WoVermG Mietinteressenten davor schützen, dass diese Provision für eine Leistung zahlen, die ausschließlich den Interessen des Vermieters dient.

Insofern kennzeichnet den **Verwalter einer Mietwohnung** eine jedenfalls faktisch bestehende besondere Nähe zum Eigentümer/Vermieter, aufgrund derer er über den Rahmen des Maklervertrages hinaus die speziellen Verwertungs- oder Erhaltungsinteressen der Anbieterseite wahrnimmt. Eine wirtschaftliche Verflechtung des Wohnungsvermittlers mit dem Vertragspartner des Mieters ist keine Voraussetzung für die Annahme der Verwaltereigenschaft. Denn begrifflich kann Verwaltung auch in der Wahrnehmung fremder Vermögensinteressen bestehen.

Ob der Verwalter als Makler für den Nachweis bzw. die Vermittlung eines Mietvertrages eine Provision beanspruchen darf, hängt – wegen der Auslegung des Verwalterbegriffes - letztlich ganz vom Einzelfall ab, insbesondere ist dabei jedoch von Bedeutung, ob eine sog. Mietverwaltung oder eine Wohnungseigentumsverwaltung (WEG- Verwaltung) vorliegt.

Unter die **Mietverwaltung** fällt die Verwaltung eines Mietshauses oder des Sondereigentums (Wohnungs- u. Teileigentum) für den Eigentümer gemäß vertraglicher Vereinbarung, also z.B. die Überwachung des Mieteingangs, das Erstellen der jährlichen Abrechnung über die umlagefähigen Nebenkosten gegenüber dem Mieter, die Abwicklung des Mietverhältnisses bei Mieterwechsel und Durchführung von Reparaturen.

Dem Verwalter eines Mietshauses steht gem. § 2 Abs. 2 Satz 1 Nr. 2 WoVermG jedenfalls gegenüber dem Mieter kein Anspruch auf Zahlung einer Provision für die Vermittlung oder den Nachweis der Gelegenheit zum Abschluss von Mietverträgen über Wohnräume zu. Dadurch soll verhindert werden, dass Wohnungsvermittler Entgelte auch in solchen Fällen fordern, in denen eine echte Vermittlungstätigkeit gar nicht vorliegt.

Naturgemäß bringt es die Arbeit des Maklers mit sich, dass dieser in Erledigung seines Auftrages zugunsten des Eigentümers/Vermieters Leistungen erbringt, die sich nicht in der reinen Wohnungsvermittlung erschöpfen, sondern der Tätigkeit des Verwalters nahe kommen, wenn sie ihr im Einzelfall nicht sogar entsprechen. So kann der Makler nach Auszug des alten Mieters z.B. die Wohnungsabnahme durchführen, bevor er mit einem neuen Interessenten die Räume besichtigt. Solange sich derartige Tätigkeiten als Nebenleistungen darstellen, die der Makler erbringt, um den Erfordernissen der Praxis entsprechend seinen Auftrag auszuführen, wird hierdurch die Verwalterstellung nicht begründet. Dies ist erst dann der Fall, wenn die Wahrnehmung der Verwaltungsaufgaben ein solches Gewicht hat, dass die Wohnungsvermittlung nicht mehr ihren eigentlichen Anlass bildet, sondern neben der Verwaltung durchgeführt wird. Denn allein bei dieser Sachlage ist zwischen Verwalter und Eigentümer/Vermieter das Verhältnis der besonderen Nähe zueinander gegeben, das wegen der daraus folgenden Interessenidentität die Versagung des Provisionsanspruchs nach dem WoVermG rechtfertigt.

Branchenübliche Serviceleistungen des Maklers wie Schlüsselübergabe, Entgegennahme der ersten Monatsmiete oder Weiterleitung der Mietkaution an den Vermieter stellen jedoch keine Verwaltungstätigkeit von einigem Gewicht und einiger Dauer i.S.d. § 2 Abs. 2 Satz 1 Nr. 2 WoVermG dar und sind deshalb nicht provisionsschädlich (so AG Hamburg-Wandsbek vom 30.04.2009 - 715 C 30/09).

Nach der Rechtsprechung und Literatur sprechen für eine **Annahme einer Verwaltertätigkeit** im Wesentlichen folgende drei, jeweils in Einzelaufgaben zu unterteilende Tätigkeitsfelder:

- *Erhalten des Gebäudes und Ordnung seiner Benutzung*
- *Wohnungsvermietung*
- *Einnahmen- und Ausgabenverwaltung.*

Hier darf der Mietverwalter jedenfalls vom Mieter keine Provision verlangen.

Gegenüber dem Verwalter des Mietshauses bzw. des Sondereigentums fällt der Verwalter des Wohnungseigentums regelmäßig nicht unter das Provisionsverbot nach § 2 Abs. 2 Satz 1 Nr. 2 WoVermG.

Unter der **Wohnungseigentumsverwaltung** (WEG-Verwaltung) ist die Verwaltung des gemeinschaftlichen Eigentums einer Liegenschaft (Wohngebäude, Gewerbeobjekt, gemischt genutztes Objekt) für die Eigentümergemeinschaft gemäß dem Wohnungseigentumsgesetz (WEG), der Teilungserklärung und den Beschlüssen der Eigentümergemeinschaft zu verstehen. Im Einzelnen gehört dazu z.B. das Erstellen des Wirtschaftsplanes, die Berechnung und Einziehung des individuellen Wohn-/Hausgeldes, das Aufstellen der Jahresabrechnung sowie die Einladung und Durchführung der Eigentümerversammlung und die Durchführung von Beschlüssen.

Lange war in der Rechtsprechung umstritten, ob der WEG-Verwalter dem Miethausverwalter gleichzustellen ist. Hier hat der BGH mit Urteil vom 13.03.2003, III ZR 299/02, für Klarheit gesorgt und sich dafür ausgesprochen, dass dem gewöhnlichen Verwalter nach §§ 20 ff. WEG ein Anspruch auf Entgelt für die Vermittlung oder den Nachweis einer Gelegenheit zum Abschluss von Mietverträgen über Wohnräume nicht in Anlehnung an § 2 Abs. 2 Satz 1 Nr. 2 Wohnungsvermittlungsgesetz versagt sei. Denn der WEG-Verwalter übernehme grundsätzlich andere Aufgaben als der Miethausverwalter, so dass ein Vergleich hier nicht Stand halte. Ausdrücklich weist der BGH allerdings darauf hin, dass diese Rechtsprechung dann nicht gelten kann, wenn der WEG-Verwalter neben der Verwaltung des gemeinschaftlichen Eigentums als Bevollmächtigter des

Wohnungseigentümers auftritt oder für ihn erhebliche Verwaltungsleistungen für die im Sondereigentum stehende Wohnung erbringt. Makler, die neben ihrer Nachweis- oder Vermittlungstätigkeit begleitenden Service oder umfangreiche verwaltungsähnliche Tätigkeiten erbringen, begeben sich insofern – nach wie vor - in die Gefahr, ihre Provision einzubüßen.

Ausdrücklich werden in der Vorschrift des § 2 Abs. 2 Nr. 2 WoVermG auch der **Vermieter und der Mieter** erwähnt, denen bei Vermittlung eines Mietvertrages kein Anspruch auf Provision zusteht. Als „Vermieter" ist hier derjenige zu verstehen, der weder Eigentümer noch Verwalter ist.

Dies gilt auch, wenn eine andere Bezeichnung, wie z.B. „Bearbeitungsgebühr", gewählt wird, es sich dabei aber tatsächlich um eine verdeckte Provision handelt, § 2 Abs. 2 Nr. 2; Abs. 5 WoVermG. Zulässig sind hingegen Pauschalen bei einem Mieterwechsel, die für die Vertragsbearbeitung gefordert werden, solange sie in der Höhe beschränkt bleiben. Als zulässig werden Beträge zwischen 50 Euro und 75 Euro angesehen, wenn kein besonderer Aufwand nachgewiesen werden kann.

Zu beachten ist, dass das Verbot des § 2 Abs. 2 Nr. 2 WoVermG nur dann greift, wenn der Vermieter ein Entgelt fordert, nicht jedoch, wenn der Wohnungssuchende von sich aus eine Belohnung anbietet (AG Neustadt (Rübenberg) vom 08.02.1994, 27 C 2080/93; AG Dortmund vom 17.11.1994, 114 C 8141/94).

Vermittelt der Mieter dem Eigentümer einen Nachmieter, kann er dafür jedenfalls von dem Nachmieter keine Provision verlangen, denn er soll keinen wirtschaftlichen Vorteil aus der Beendigung seines Mietverhältnisses ziehen.

Auch der Untermieter fällt in den Anwendungsbereich der Vorschrift des § 2 Abs. 2 Nr. 2 WoVermG.

Maßgeblicher Zeitpunkt für die Anwendbarkeit des Wohnungsvermittlungsgesetzes und damit für das Entstehen bzw. das Scheitern des Provisionsanspruchs des Wohnungsvermittlers ist der Vertragsabschluss.

Der Ausschlusstatbestand des § 2 Abs. 2 Nr. 2 WoVermG kommt nach dem Sinn und Zweck der Norm aber auch dann zum Tragen, wenn der Vermittler im Zeitpunkt der Wohnungsvermittlung gleichzeitig die Verwaltung der Wohnung innehatte (LG Hamburg vom 12.01.1988, 9 S 66/87). Der Provisionsanspruch bleibt dagegen bestehen, wenn der

Makler z.B. die vermittelte Mietwohnung später selbst erwirbt oder aber die Verwaltertätigkeit erst später übernimmt (LG Hamburg a.a.O.), denn hier besteht im Zeitpunkt des Mietvertragsabschlusses keine einen Interessenkonflikt indizierende rechtliche oder wirtschaftliche Verflechtung, die den Makler verpflichtet, über die Vermittlung hinausgehende Interessen des Vermieters oder des Eigentümers wahrzunehmen.

Ist dagegen die Verwaltertätigkeit des Maklers bei Abschluss des Mietvertrages fest vorgesehen und erfolgt die Bestellung als Verwalter auch tatsächlich, so wird der Makler wie ein Verwalter behandelt (LG München I, vom 18.12.1985, 15 S 14946/85). Ein enger zeitlicher Zusammenhang zwischen Makler- und Verwaltertätigkeit stellt in diesem Zusammenhang bereits ein unwiderlegliches Indiz für die Umgehung des § 2 Abs. 2 WoVermG dar.

Nach **§ 2 Abs. 2 Nr. 3 WoVermG** steht dem Makler auch dann kein Provisionsanspruch zu, wenn er **an einer juristischen Person beteiligt** ist, die Eigentümer, Verwalter oder Vermieter der Wohnung ist. Das Provisionsverbot gilt umgekehrt auch dann, wenn der Eigentümer, Verwalter oder Vermieter seinerseits an der Maklergesellschaft rechtlich oder wirtschaftlich beteiligt ist. Was § 2 Abs. 2 Nr. 2 WoVermG für einzelne Personen untersagt, muss auch für Gesellschaften gelten. Für den Auftraggeber stellt sich nämlich die Situation bei einer Verflechtung mit einer Gesellschaft genauso dar, als wenn der Makler mit dem Vertragspartner als Person verflochten ist. Erfasst werden dadurch nicht nur persönlich haftende Gesellschafter, sondern auch Kommanditisten als rechtlich Beteiligte und stille Gesellschaften sowie alle sonstigen Personen, die an einer Personengesellschaft wirtschaftlich beteiligt sein können.

Beispiele:

- *Der Makler ist an der Vermietergesellschaft beteiligt*
- *Makler und Vermieter sind Kapitalgesellschaften, die von derselben Person weitgehend beherrscht und gesteuert werden*
- *Gegenseitige Beteiligung von Unternehmen.*

Das Gesetz spricht in § 2 Abs. 2 Nr. 3 WoVermG sowohl von **rechtlicher** als auch von **wirtschaftlicher Beteiligung**.

Unter der **rechtlichen Beteiligung** ist eine Rechtsstellung zu verstehen, die es ermöglicht, auf die Willensbildung der juristischen Person unmittelbar Einfluss zu nehmen. So können z.B. bei einem Verein die Mitglieder, bei der GmbH die Gesellschafter, in der Genossenschaft die Genossen einen derartigen Einfluss ausüben. Bei der rechtlichen

Beteiligung ist ihre Gewichtung unerheblich, weil bereits die Rechtsstellung an sich die Möglichkeit der Einflussnahme eröffnet.

Unter der **wirtschaftlichen Beteiligung** ist jede Beteiligung am Vermögen der Gesellschaft zu verstehen, die bewirkt, dass der Inhaber am wirtschaftlichen Erfolg der Gesellschaft interessiert ist. Ein Mindestumfang der Beteiligung ist keine Voraussetzung. Zuviel ist jedenfalls eine 90%-ige sowie eine 40%-ige Beteiligung (BGH vom 12.05.1971, IV ZR 82/70 und vom 30.06.1976, IV ZR 28/75). Wer an dem Gewinn des Vertragspartners in einem solchen Ausmaße beteiligt ist, läuft Gefahr, sich bei der Vermittlung nicht hinreichend für die Belange seines Auftraggebers einzusetzen. Streitig ist, ob bereits eine 25%-ige Beteiligung für eine Beherrschung ausreicht. Entscheidend ist jedoch, dass es nicht auf eine Beherrschung nach Prozentsätzen ankommt, sondern auf die tatsächliche Interessenbildung durch die wirtschaftlichen Verhältnisse im Einzelfall. Zu prüfen ist dabei, ob der Vertragspartner die Möglichkeit zur vom Makler unabhängigen Willensbildung hatte (BGH vom 01.04.1992, IV ZR 154/91). Insofern kann eine Beteiligung von 25% verbunden mit einer alleinigen Geschäftsführerposition und weitgehenden Vollmachten durchaus zu einer entscheidungserheblichen Verflechtung führen (OLG München vom 11.12.1985, 15 U 5849/84). Eine völlig unbedeutende wirtschaftliche Beteiligung, z.B. die eines Kleinaktionärs, erfüllt die Voraussetzungen allerdings nicht.

Nicht aufgeführt ist in § 2 Abs.2 WoVermG der Provisionsausschluss aufgrund enger **persönlicher** oder **verwandtschaftlicher Beziehungen**. Solche Beziehungen können zu Lebenspartnern, Kindern, Freunden oder Verwandten bestehen. Persönliche Beziehungen müssen aber nicht zwangsläufig in die Geschäftstätigkeit mit einfließen. Insofern wird eine rein persönliche Beziehung von der Rechtsprechung auch nicht per se als provisionsausschließende Verflechtung eingeordnet (BGH vom 24.06.1981, IVa ZR 159/80). Denn hier bleibt das notwendige Dreipersonenverhältnis bestehen, so dass Maklertätigkeiten möglich bleiben. Es kann allerdings der Gesichtspunkt der Interessenkollision in den Vordergrund treten, diese lässt sich jedoch nicht immer ohne weiteres feststellen. Vor allem besteht bei rein persönlichen Beziehungen wie Freundschaften regelmäßig kein wirtschaftliches Interesse.

Als Indiz für die Annahme einer Interessenkollision können z.B. ein gemeinsames Büro sowie gemeinsame Adresse und Telefonanschluss zwischen Makler und Verwalter sprechen (LG Osnabrück vom 07.07.1987, 12 S 179/87). Auch wenn Makler und Auftraggeber auf der Anbieterseite ständig zusammenarbeiten, kann ein Provisionsausschluss angenommen werden (LG Marburg vom 12.11.1986, 5 S 124/86).

Auf rein verwandtschaftliche Verhältnisse kann dieser Provisionsausschluss aber nicht übertragen werden. Vermietet z.B. der Makler die Wohnung seines Vaters, kann nicht per se eine wirtschaftliche Interessenlage unterstellt werden, da Vater und Sohn in der Regel wirtschaftlich und rechtlich unabhängige Rechtspersönlichkeiten sind. Zu beachten ist jedoch, dass sich die Rechtsprechung zu diesen Fällen nicht eindeutig geäußert hat. Insofern empfiehlt es sich, den Kunden vorsichtshalber auf die verwandtschaftlichen Zusammenhänge hinzuweisen, denn der Auftraggeber ist dann nicht schutzwürdig, wenn er von der Interessenkollision des Maklers weiß (BVerfG vom 26.04.1988, 1 BvR 1264/87). Dann kann er sich nämlich entscheiden, ob er ihr Bedeutung beimessen will oder nicht. Kennt er sie und entschließt sich dennoch, den Vermittler zu beauftragen, so zeigt er deutlich, dass er auf den zu seinen Gunsten bestehenden Schutz keinen Wert legt.

Teilweise kommt es vor, dass Lebenspartner oder Mitbewohner des Mieters, die - ohne Partei des Mietvertrages zu sein - beim Auszug eine Vermittlungsprovision vom Wohnungssuchenden verlangen. Diese Situation wird vom Gesetzeswortlaut nicht erfasst, sollte jedoch analog anzuwenden sein. Es besteht kein Anlass, den Mitbewohner besser zu stellen, als den Mieter, dem der Provisionsanspruch verwehrt ist. Tatsächlich erbringt der Lebenspartner/Mitbewohner keine Vermittlungsleistung.

Nach **§ 2 Abs. 3 WoVermG** steht dem Wohnungsvermittler gegenüber dem Wohnungssuchenden ein Anspruch auf Provision für die Vermittlung oder den Nachweis **preisgebundener Wohnungen** nicht zu. Der Mietinteressent soll als Zugehöriger eines besonders gefährdeten Personenkreises vor der Inanspruchnahme durch private Makler geschützt und mittelbar an die öffentlichen Vermittlungsstellen verwiesen werden, wo der Nachweis preisgebundener Wohnungen kostenlos oder gegen eine geringe Verwaltungsgebühr erfolgt. Die Vorschrift gilt für Wohnraum, der nach dem 20.06.1948 bezugsfertig geworden ist oder bezugsfertig wird, und ist solange anwendbar, wie die betreffende Wohnung der Preisbindung unterliegt.

Das Gesetz unterscheidet öffentlich geförderte Wohnungen und sonstigen preisgebundenen Wohnraum. Nähere Einzelheiten hierzu ergeben sich aus dem Wohnungsbindungsgesetz und dem am 1. Januar 2002 in Kraft getretenen Wohnraumförderungsgesetz. Für den bis zum 31. Dezember 2001 geförderten Wohnungsbestand sind zudem die Vorschriften des II. Wohnungsbaugesetzes erheblich, denn dieser Bestand wird weiter nach altem Recht beurteilt.

Der Provisionsausschluss gilt auch für die Vermittlung einzelner Wohnräume der preisgebundenen Wohnungen (§ 2 Abs. 3 Satz 3 WoVermG). Damit wird die Umgehung des § 2 Abs. 3 WoVermG durch Aufteilung von Wohnungen in einzelne, separat vermietete Zimmer verhindert und erstreckt den Anwendungsbereich der Norm auch auf die Vermittlung von Untermietverträgen. Um in diesem Bereich jegliche entgeltliche Vermittlertätigkeit auszuschließen, kann auch der zum Bezug der öffentlich geförderten Wohnungen nicht berechtigte Mieter die Provision zurückfordern (AG Euskirchen vom 14.10.1991, 4 C 361/91).

Ist eine Wohnung mit öffentlichen Mitteln modernisiert und in der Modernisierungsvereinbarung ein Belegungsrecht der Gemeinde sowie eine Mietobergrenze vereinbart, so kann der Makler aus der Vermittlung eines Mietvertrages über diese Wohnung selbst dann keinen Provisionsanspruch geltend machen, wenn die Gemeinde von dem Belegungsrecht keinen Gebrauch gemacht hat (AG Mühlhausen vom 19.11.1997, 3 C 940/96).

b) Vorschussverbot (§ 2 Abs. 4 WoVermG)

Nach § 2 Abs. 4 WoVermG dürfen Vorschüsse nicht gefordert, vereinbart oder angenommen werden. Dadurch soll dem Vermittler die Möglichkeit genommen werden, schon vor einer erfolgreichen Wohnungsvermittlung über die Gegenleistung des Auftraggebers zu verfügen, zudem wird der Schutz des Wohnungssuchenden vor ungerechtfertigten wirtschaftlichen Belastungen bezweckt.

c) Abweichende Vereinbarungen (§ 2 Abs. 5 WoVermG)

Anders als im Rahmen von § 652 BGB können die Sonderregeln des § 2 Abs. 1-4 WoVermG nicht vertraglich abgeändert werden (§ 2 Abs. 5 WoVermG), so dass sog. selbständige Provisionsversprechen nicht wirksam abgegeben werden können. Auch jedwede Umgehung der Norm ist verboten.

Selbst wenn der Mietinteressent die Verwaltereigenschaft im Sinne von § 2 Abs. 2 Nr. 2 WoVermG oder die wirtschaftliche Verflechtung im Sinne von § 2 Abs. 2 Nr. 3 WoVermG kennen sollte und dies möglicherweise auch schriftlich bestätigt, bleibt der Provisionsanspruch nicht bestehen. Dies gilt jedoch nicht für die Aufklärung über persönliche Verhältnisse, wie z.B. das Bestehen einer Ehe oder ein Verwandtschaftsverhältnis mit der Vermieterseite.

Ist ein Teil des Maklervertrages nach § 2 Abs. 5 WoVermG unwirksam, bleiben die übrigen Regelungen in Kraft. Abs. 5 erstreckt sich ausschließlich auf die Regelungen des § 2 WoVermG. Auf die übrigen Vorschriften des Gesetzes ist er nicht anwendbar.

Da § 2 WoVermG allein dem Schutz des Auftraggebers dient, sind Vereinbarungen, die diesen abweichend von § 2 WoVermG günstiger stellen, zulässig.

d) Vertragsausfertigungsgebühren

Nicht eindeutig geklärt ist die Frage, ob Verwalter für das Ausstellen des Mietvertrages eine sog. Vertragsausfertigungsgebühr verlangen dürfen.

Einige Gerichte haben in der Vergangenheit die Vereinbarung über die Zahlung von Mietvertragsausfertigungsgebühren jedenfalls bis zur Höhe von 50 € bis 75 € für zulässig erachtet (vgl. etwa LG Hamburg vom 29.11.1988, 9 S 8/88; AG Neuss vom 16.09.1994, 32 C 241/94).

Andere Gerichte halten eine Vertragsausfertigungsgebühr für eine versteckte Courtage auf die kein Rechtsanspruch bestehe (§ 2 Abs. 2 Nr. 2 WoVermG). Eine entsprechende Passage im Mietvertrag sei nichtig (§ 134 BGB). Die Ausfertigung des Vertrages werde grundsätzlich von der Vermieterseite vorgenommen. Dies liege auch in seinem Interesse, da es die Möglichkeit biete, den Mietvertrag innerhalb des gesetzlich Zulässigen zu formulieren. Die Kehrseite dieses Rechtes sei dann aber auch die Pflicht, daraus entstehende Kosten – wie im Geschäftsverkehr üblich – zu übernehmen (vgl. z.B. AG Hamburg-Wandsbek vom 27.05.2004, 711 C 36/04).

Von der Erhebung einer Vertragsausfertigungsgebühr ist insofern eher abzuraten.

Das AG Hamburg-St. Georg hat mit Urteil vom 11.02.2010, 914 C 414/09, entschieden, dass eine an den Makler gezahlte und als „Vertragsausfertigungsgebühr" bezeichnete Provision nach Bereicherungsgrundsätzen zurückverlangt werden kann, wenn einerseits die Tatbestandsvoraussetzungen des § 2 Abs. 2 Nr. 1 WoVermG vorliegen, andererseits aber auch das Wohnraummietverhältnis nach "Fallenlassen" einer Kündigung des Mieters auf dessen Wunsch einvernehmlich fortgesetzt wurde. Denn in diesem Fall sei die Provision mangels eines Vermittlungserfolgs (Arbeitserfolgs) auch insoweit nicht angefallen.

4. Entgelt und Auslagen (§ 3 WoVermG)

§ 3 WoVermG

(1) Das Entgelt nach § 2 Abs. 1 ist in einem Bruchteil oder Vielfachen der Monatsmiete anzugeben.

(2) Der Wohnungsvermittler darf vom Wohnungssuchenden für die Vermittlung oder den Nachweis der Gelegenheit zum Abschluss von Mietverträgen über Wohnräume kein Entgelt fordern, sich versprechen lassen oder annehmen, das zwei Monatsmieten zuzüglich der gesetzlichen Umsatzsteuer übersteigt. Im Falle einer Vereinbarung, durch die der Wohnungssuchende verpflichtet wird, ein vom Vermieter geschuldetes Vermittlungsentgelt zu zahlen, darf das vom Wohnungssuchenden insgesamt zu zahlende Entgelt den in Satz 1 bestimmten Betrag nicht übersteigen. Nebenkosten, über die gesondert abzurechnen ist, bleiben bei der Berechnung der Monatsmiete unberücksichtigt.

(3) Außer dem Entgelt nach § 2 Abs. 1 dürfen für Tätigkeiten, die mit der Vermittlung oder dem Nachweis der Gelegenheit zum Abschluss von Mietverträgen über Wohnräume zusammenhängen, sowie für etwaige Nebenleistungen keine Vergütungen irgendwelcher Art, insbesondere keine Einschreibgebühren, Schreibgebühren oder Auslagenerstattungen, vereinbart oder angenommen werden. Dies gilt nicht, soweit die nachgewiesenen Auslagen eine Monatsmiete übersteigen. Es kann jedoch vereinbart werden, dass bei Nichtzustandekommen eines Mietvertrages die in Erfüllung des Auftrages nachweisbar entstandenen Auslagen zu erstatten sind.

(4) Eine Vereinbarung, durch die der Auftraggeber sich im Zusammenhang mit dem Auftrag verpflichtet, Waren zu beziehen oder Dienst- oder Werkleistungen in Anspruch zu nehmen, ist unwirksam. Die Wirksamkeit des Vermittlungsvertrags bleibt unberührt. Satz 1 gilt nicht, wenn die Verpflichtung die Übernahme von Einrichtungs- oder Ausstattungsgegenständen des bisherigen Inhabers der Wohnräume zum Gegenstand hat.

a) Angabe des Entgelts (§ 3 Abs. 1 WoVermG)

Nach § 3 Abs. 1 WoVermG ist die Provision in einem Bruchteil oder Vielfachen der Monatsmiete anzugeben. Die Festlegung der Berechnungsgrundlage orientiert sich an den im Maklergewerbe herrschenden Gepflogenheiten. Insbesondere der Mieter kann aufgrund dieser Art der Berechnung bei jedem Wohnungsangebot sofort überschlagen, wie hoch die von ihm zu zahlende Provision sein wird.

Der Makler hat insofern die Provision z.B. wie folgt anzugeben:

- *„Provision 2,3 Monatsmieten" oder*
- *„Provision 2 MM"*

Diese spezielle Verpflichtung zur Provisionsangabe bezieht sich sowohl auf die Pflicht des Maklers zur schriftlichen Information des Auftraggebers nach § 11 MaBV als auch auf Zeitungsanzeigen, in denen er die Wohnungen anbietet.

§ 3 Abs. 1 WoVermG erstreckt sich auf die Zeit bis zur Annahme des Auftrags. Im Gegensatz zu § 11 MaBV begründet die Norm jedoch keine Pflicht des Maklers, von sich aus die Berechnungsgrundlage des Provisionsanspruchs unaufgefordert bekanntzugeben. Wird sie jedoch mitgeteilt, muss die Angabe in der Form des § 3 Abs. 1 WoVermG erfolgen.

Die Verpflichtung nach § 3 Abs. 1 WoVermG gilt nur für den gewerbsmäßigen Vermittler von Wohnraum (§ 7 WoVermG). Damit ist jeder im Sinne des § 34c Abs. 1 Nr. 1 GewO tätige Makler gemeint, nicht etwa nur derjenige, der hauptsächlich oder ausschließlich Wohnungsvermittlung betreibt.

Ein Provisionsanspruch des Maklers kann auch zustande kommen, wenn sich der Kunde bereit erklärt hat, Provision zu zahlen, über die Höhe jedoch nicht gesprochen oder keine Einigkeit erzielt wurde. Dann gilt wie im Verkaufsbereich die ortsübliche Provision (§ 653 Abs. 2 BGB). Hat der Makler die Provision nicht vorschriftsmäßig angegeben, also die Monatsmiete nicht zur Berechnungsgrundlage gemacht, so folgt hieraus nicht die Nichtigkeit des Maklervertrags (AG Köln vom 08.11.1989, 125 C 276/89 m. w. N.). Der Verstoß kann aber als Ordnungswidrigkeit verfolgt werden (§ 8 Abs. 1 Nr. 1 WoVermG).

Wenn der Makler in der Werbung oder im Kundenangebot seine Provision gegenüber Endverbrauchern nennt, muss es sich nach der Preisangabenverordnung (PAngV) um **Endpreise einschließlich Mehrwertsteuer** handeln, § 1 Abs. 1 PAngV. Unterlässt er die Angabe, so erhält er die Mehrwertsteuer nicht. Wirbt der Makler also mit: „Provision 2,32 Monatsmieten" oder „Provision 2 MM" verstehen sich beide Angaben inklusive Mehrwertsteuer. Unzulässig ist es, die Provision gegenüber Letztverbrauchern mit „2 MM zzgl. MwSt" zu bezeichnen, § 1 Abs. 1 PAngV.

b) Begrenzung des Entgelts (§ 3 Abs. 2 WoVermG)

Das Entgelt für die Wohnungsvermittlung ist auf zwei Monatsmieten zuzüglich der gesetzlichen Umsatzsteuer begrenzt (§ 3 Abs. 2 WoVermG). Ein Verstoß kann als Ordnungswidrigkeit mit einer Geldbuße bis zu 25.000 Euro geahndet werden (§ 8 Abs. 1 Nr. 2 Abs. 2 WoVermG).

Die Regelung soll verhindern, dass unter Ausnutzung einer Wohnungsknappheit vom Wohnungssuchenden ein überhöhtes Vermittlungsentgelt verlangt wird. Wohnungssuchender ist dabei derjenige, der für sich selbst oder für Dritte einen Makler mit der Vermittlung von Wohnraum beauftragt. Die Schutzvorschrift gilt nicht nur dann, wenn ein Mietinteressent für sich selbst oder seine Angehörigen eine Wohnung sucht, sondern beispielsweise auch, wenn der Arbeitgeber für seine Arbeitnehmer Wohnraum sucht.

Provisionsvereinbarungen zwischen Wohnungsvermittler und Vermieter sind nach dem WoVermG nicht untersagt, so dass hier auch höhere Entgelte vereinbart werden könnten. Andererseits gilt die Provisionsbegrenzung auch für Provisionsforderungen des Vermieters an den Wohnungssuchenden. Das könnte z. B. dann der Fall sein, wenn der Vermieter versucht, eine zwischen ihm und dem Makler vereinbarte Provision auf den Mieter abzuwälzen. Dann darf auch die Provisionsforderung des Maklers, die dieser möglicherweise zusätzlich an den Mieter stellt, zusammen mit der vom Vermieter übernommenen Provision nicht die gesetzliche Höchstgrenze überschreiten, § 3 Abs. 2 Satz 2 WoVermG.

Unter „Monatsmiete" versteht man in der Regel die Nettomiete ohne umlagefähige Nebenkosten. Haben die Parteien eine Brutto- oder Teilinklusive-Miete vereinbart, ist diese als Berechnungsgrundlage heranzuziehen (OLG Frankfurt vom 16.01.1992, 26 U 75/91). Dies folgt daraus, dass nur Nebenkosten, über die gesondert abzurechnen ist, bei der Berechnung der Monatsmiete unberücksichtigt bleiben (§ 3 Abs. 2 Satz 3 WoVermG).

Es muss sich um rechtswirksam vereinbarte Mieten handeln. Dies bedeutet, dass die Monatsmiete nicht unangemessen hoch sein - also nicht um mehr als 20 % über der ortsüblichen Vergleichsmiete liegen – darf (§ 5 Abs. 2 WiStG). Die Höhe der Maklerprovision bemisst sich in diesem Fall nicht nach der unzulässig vereinbarten, sondern nach der unter Berücksichtigung einer Mietpreisüberhöhung zulässigerweise geschuldeten Miete (LG Frankfurt vom 18.01.1996, 2/15 O 15/93, 2-15 O 15/93; AG Hamburg vom 14.10.1992, 12 C 909/92).

Ist eine Staffelmiete vereinbart, ist der Maklervertrag in der Regel so auszulegen, dass die anfängliche Miete die Berechnungsgrundlage für die Provision bildet (OLG München vom 27.02.1991, 7 U 4005/90).

Ist die vereinbarte Miete wegen Verstoßes gegen § 5 WiStG teilnichtig, bezieht sich die Maklerprovision nur auf den wirksamen Anteil (LG Frankfurt vom 18.01.1996, 2/15 O 15/93, 2-15 O 15/93). Auch bei Mietpreisbindung berechnet sich die Provision nur nach dem gesetzlich zulässigen Mietzins (LG Dresden vom 16.07.1996, 15 S 0068/96, 15 S 68/96).

Von der Begrenzung auf 2 Monatsmieten abweichende Provisionsforderungen sind auch als Individualvereinbarung nicht möglich.

Fehlt eine Vereinbarung, hat der Makler Anspruch auf die übliche Provision, § 653 Abs. 2 BGB. Voraussetzung ist jedoch, dass ein Maklervertrag geschlossen wurde, dem allerdings eine Vereinbarung über die Provisionshöhe fehlt.

c) Nebenentgelte (§ 3 Abs. 3 WoVermG)

Der Anspruch auf Zahlung von Nebenentgelten ist grundsätzlich ausgeschlossen (§ 3 Abs. 3 Satz 1 WoVermG). Der Mietinteressent soll nicht nur durch eine Begrenzung der Provision vor übermäßigen finanziellen Aufwendungen im Zusammenhang mit der Wohnungssuche geschützt werden, ihm sollen auch sonstige Entgelte nicht abgefordert werden, die im Zusammenhang mit der Wohnungsbeschaffung stehen. Das Gesetz nennt insbesondere Einschreibegebühren oder pauschale Auslagenerstattungen. Außerdem soll verhindert werden, dass hierdurch das Erfolgsprinzip, das dem Maklerrecht generell zugrunde liegt, unterlaufen werden kann (§ 2 Abs. 1 und Abs. 5 WoVermG).

Einschreibegebühren sind Entgelte für die bloße Eintragung des Auftraggebers in eine Interessentenliste des Maklers. Schreibgebühren sollen den Aufwand für Schreibarbeiten, insbesondere die Ausfertigung von Vertragsurkunden, abdecken. Auch hierfür kann der Maklerkunde nicht in Anspruch genommen werden. Auslagen sind pauschale Gemeinkosten, die dem Makler in Wahrnehmung des Auftrags entstehen. Sonstige Nebenleistungen sind z. B. das Ausfüllen von Formularen oder Behördengänge. Vereinbarungen über solche Nebenentgelte sind nichtig, § 134 BGB.

Mit Urteil vom 15. 4. 2010, III ZR 153/09, hat sich der BGH mit der Frage befasst, ob das gewerbliche Anbieten von **Mietobjektlisten** unter die Vorschriften des Wohnungsvermittlungsgesetzes fällt. Die Leistung des Unternehmens, eine „Immobilien Publikation für courtagefreie Mietobjekte" für Mietinteressenten mit der Erstellung eines persönlichen Profils für den gewünschten Wohnraum gegen Zahlung eines jährlichen Service-Entgelts in Höhe von 179 € zur Verfügung zu stellen, hat der BGH als Nachweistätigkeit im Sinne des § 1 Abs. 1 WoVermG qualifiziert. Allerdings sind die zu Grunde liegenden Vereinbarungen zwischen den Parteien nicht nach § 2 Abs. 5 WoVermG unwirksam; die geleisteten Zahlungen stellen keinen Vorschuss im Sinne des § 2 Abs. 4 WoVermG dar. Diese Vorschrift ist nur auf den in ihrem Abs. 1 geregelten und vom Abschluss eines Mietvertrags abhängigen Entgeltanspruch bezogen; um ein solches Entgelt und einen darauf etwa gezahlten Vorschuss geht es, so der BGH, vorliegend nicht.

Der Rückzahlungsanspruch ergibt sich jedoch aus §§ 5 Abs. 1 Satz 1, 3 Abs. 3 Satz 1 WoVermG in Verbindung mit § 812 Abs. 1 Satz 1 Alt. 1 BGB. Außer einem stets erfolgsabhängigen Entgelt dürfen nach § 3 Abs. 3 Satz 1 WoVermG für Tätigkeiten, die mit der Vermittlung oder dem Nachweis der Gelegenheit zum Abschluss von Mietverträgen über Wohnräume zusammenhängen, sowie für etwaige Nebenleistungen keine Vergütungen irgendwelcher Art, insbesondere keine Einschreibgebühren, Schreibgebühren oder Auslagenerstattungen vereinbart oder angenommen werden. Dieser Vorschrift handelt das Unternehmen zuwider, wenn ein von einem späteren Mietvertragsabschluss unabhängiges „Service-Entgelt" für die Zurverfügungstellung der fraglichen Objektlisten von ihren Vertragspartnern fordert.

Von dem Verbot, Ersatz von Auslagen zu verlangen, macht das Gesetz dann eine Ausnahme, wenn die nachgewiesenen Auslagen eine Monatsmiete übersteigen (§ 3 Abs. 3 Satz 2 WoVermG). Der Makler, der einen Ersatz von Auslagen vereinbart, die diese Höhe erreichen, hat also Anspruch auf Ersatz. Es bedarf allerdings einer ausdrücklichen Vereinbarung. Anderenfalls würde der Mietinteressent schlechter stehen als der Kaufinteressent. Der Auftraggeber des Maklers ist zum Ersatz von Aufwendungen, die der Makler gemacht hat, nur verpflichtet, wenn dies vereinbart ist (§ 652 Abs. 2 Satz 1 BGB). Die Vereinbarung muss beinhalten, dass nur dann die Auslagen erstattet werden, wenn sie eine Monatsmiete übersteigen.
Diese Regelung kann in der Praxis zu Schwierigkeiten führen, da vorher selten genau zu bestimmen ist, wie hoch die Auslagen sein werden.

Insofern sollte vorher z.B. eine Formulierung mit folgendem Wortlaut vereinbart werden:

> *„Neben der vereinbarten Provision verpflichtet sich der Auftraggeber zur Zahlung eines Aufwendungsersatzes an den Wohnungsvermittler, sofern die gesetzlichen Voraussetzungen (Auslagen höher als eine Monatsmiete) vorliegen sollten."*

Weitere Voraussetzung ist, dass der Mietvertrag zustande kommt.

Mit der Beschränkung auf **nachgewiesene Auslagen** wird klargestellt, dass nur solche Aufwendungen erstattet werden müssen, die dem Makler in Erledigung des konkreten Auftrags entstanden sind. Die Abwälzung von anteiligen Kosten für sonstige Tätigkeiten des Maklers ist nicht möglich.

Auch ist es unzulässig, einen Wohnungssuchenden mit Kosten zu belasten, die dem Makler zwar hinsichtlich desselben Objekts, allerdings beim Kontakt mit anderen Mietinteressenten entstanden sind. Die Beweislast für den Aufwand und dafür, dass diese Kosten in Ausführung des Auftrags entstanden sind, trägt der Makler. Denkbare Kosten sind vor allem Inserats-, Telefon- und Faxgebühren sowie Porto und Reisekosten.

Der Makler kann eine **Vereinbarung** dahingehend treffen, dass bei Nichtzustandekommen eines Mietvertrags, d.h. bei erfolgloser Tätigkeit, die in Erfüllung des Auftrags **nachweisbar entstandenen Auslagen zu erstatten** sind (so auch § 652 Abs. 2 BGB). Eine Pauschalierung ist ausgeschlossen, das heißt, dass jeweils für den Einzelfall abgerechnet und nachgewiesen werden muss.

d) Koppelungsverbot (§ 3 Abs. 4 WoVermG)

Eine Vereinbarung, durch die der Auftraggeber sich im Zusammenhang mit dem Maklerauftrag verpflichtet, Waren zu beziehen oder Dienst- oder Werkleistungen in Anspruch zu nehmen, ist unwirksam (sog. Koppelungsverbot nach § 3 Abs. 4 WoVermG). Die Wirksamkeit des Maklervertrags selbst bleibt aber unberührt. Der Mietinteressent soll generell vor weiteren Aufwendungen geschützt werden, um den gewünschten Mietvertrag überhaupt abschließen zu können.

Nicht zulässige Koppelungsverträge sind z.B. Warenkauf, Umzugs- oder Renovierungsverträge, Finanzierungsverträge oder Versicherungsverträge.
Partner des Koppelungsgeschäfts sind einmal der Auftraggeber des Maklers, aber auch Dritte, solange der Zusammenhang mit dem Maklerauftrag besteht.

Die Voraussetzungen eines Kopplungsgeschäfts muss der Auftraggeber beweisen. Hierbei spricht jedoch eine tatsächliche Vermutung für den Zusammenhang mit dem Maklervertrag, wenn der zusätzliche Vertrag zeitgleich mit dem Maklervertrag abgeschlossen wird. Es wird dann vermutet, dass die Notlage des Wohnungssuchenden

ausgenutzt wird. Die Vermutung ist widerlegt, wenn die ernsthafte Möglichkeit eines rein zufälligen Zusammenhangs besteht.
Hat der Auftraggeber aufgrund eines unwirksamen Koppelungsgeschäfts an den Makler Leistungen erbracht, so kann er sie aus dem Gesichtspunkt der ungerechtfertigten Bereicherung zurückverlangen (§ 812 Abs. 1 Satz 1 Alt.1 BGB, § 5 WoVermG). Der Maklervertrag wird durch die Nichtigkeit des Koppelungsgeschäfts nicht berührt (§ 3 Abs. 4 Satz 2 WoVermG).

Eine Ausnahme der Nichtigkeit von Koppelungsgeschäften ist dann gegeben, wenn die Verpflichtung die Übernahme von Einrichtungs- oder Ausstattungsgegenständen des bisherigen Inhabers der Wohnräume zum Gegenstand hat (§ 3 Abs. 4 Satz 3 WoVermG). Zu den Einrichtungsgegenständen zählt insbesondere das Mobiliar. Durch die Einbeziehung von Ausstattungsgegenständen wird klargestellt, dass auch alle weiteren Gegenstände, die normalerweise erforderlich sind, um ein geordnetes Leben in der Wohnung zu ermöglichen, unter die Ausnahmevorschrift fallen. Einbezogen sind mithin insbesondere auch Küchengeräte, Gardinen und Teppiche. Die Gegenstände müssen sich nicht in den Wohnräumen befinden. Es kann sich auch um die Ausstattung von Nebenräumen handeln, sofern sie zur Wohnung gehören.

Wird für die überlassenen Gegenstände allerdings ein Preis verlangt, der mit dem Wert in einem auffälligen Mißverhältnis steht, ist der entsprechende Kaufvertrag nichtig (§ 4a Abs. 2 WoVermG - Inventarkauf).

5. Vertragsstrafe (§ 4 WoVermG)

Gem. § 4 WoVermG können der Wohnungsvermittler und der Auftraggeber vereinbaren, dass bei Nichterfüllung von vertraglichen Verpflichtungen eine Vertragsstrafe zu zahlen ist.

§ 4 WoVermG

Der Wohnungsvermittler und der Auftraggeber können vereinbaren, dass bei Nichterfüllung von vertraglichen Verpflichtungen eine Vertragsstrafe zu zahlen ist. Die Vertragsstrafe darf 10 Prozent des gemäß § 2 Abs. 1 vereinbarten Entgelts, höchstens jedoch 25 Euro nicht übersteigen.

Die Vertragsstrafe ist meist eine in Geld bestehende Leistung. Sie wird vereinbart, um die Erfüllung einer zuvor eingegangenen Vertragsverpflichtung zu sichern. Es handelt sich also um ein Druckmittel, das den Schuldner der Hauptverpflichtung von vornherein davon abhalten soll, diese Verpflichtung nicht zu erfüllen. Schadensersatzansprüche, die sich möglicherweise auch ergeben können, sind vor allem wegen ihrer unbestimmten Höhe nicht so schnell durchsetzbar. Dagegen steht die eingegangene Vertragsstrafe dem Verpflichteten unmissverständlich vor Augen.

Da das Strafversprechen abhängig von der Hauptverbindlichkeit ist, entfällt der Strafanspruch, wenn die Hauptverbindlichkeit erfüllt ist oder wenn sie ohne Verschulden des Vertragspartners unmöglich wird.

Um den Mietinteressenten vor überhöhten Forderungen zu schützen, ist die Vertragsstrafe auf 10 % der vereinbarten Maklerprovision, höchstens jedoch 25,- Euro begrenzt. Eine derartige **Höhe für die Vertragsstrafe** ist an sich nicht geeignet, die Einhaltung von Vertragspflichten zu sichern. Dementsprechend ist die Bedeutung der Vorschrift gering. Eine höhere Vertragsstrafe ist aber nicht möglich, eine entsprechende Vereinbarung ist unwirksam (§ 4 Satz 2 WoVermG).

Im Bereich der Wohnungsvermittlung findet sich die Vertragsstrafe in der Regel nur dort, wo eine Verpflichtung des Mietinteressenten zur Information des Maklers gesichert werden soll. Der Mietinteressent ist verpflichtet, sobald er anderweitig eine Wohnung angemietet hat, den Makler hierüber unverzüglich zu informieren. Unterlässt er diese Verpflichtung, zahlt er eine Vertragsstrafe in Höhe von 10 % der vereinbarten Provision, höchstens jedoch 25 Euro. Auch diese Möglichkeit hat in der Praxis wenig Bedeutung erlangt, da die Durchsetzung eines solchen Vertragsstrafeanspruchs durch den Makler in keinem Verhältnis zu dem Aufwand steht, den er durch den Beweis der Pflichtverletzung hätte.

Eine Bestimmung in **Allgemeinen Geschäftsbedingungen**, durch die dem Verwender für den Fall der Nichtabnahme oder verspäteten Abnahme der Leistung, des Zahlungsverzugs oder für den Fall, dass der andere Vertragsteil sich vom Vertrag löst, Zahlung einer Vertragsstrafe versprochen wird, ist unwirksam (§ 309 Nr. 6 BGB).

Es ist dagegen zulässig, durch AGB eine Vertragsstrafe dafür zu vereinbaren, dass der Interessent es unterlässt, den Makler darüber zu informieren, dass er bereits eine andere Wohnung angemietet hat. Die Vertragsstrafe ist aber auch in diesem Fall auf 10% der vereinbarten Provision, höchstens jedoch 25 Euro begrenzt.

Die **Vereinbarung von Schadensersatz** für den Fall, dass ein Vertragspartner gesetzliche oder vertragliche Pflichten verletzt, ist möglich. Solche vertraglichen Regelungen müssen sich allerdings auf konkrete Schadensersatzansprüche beziehen. Pauschalierungen sind dagegen unwirksan.

Danach ist eine Vereinbarung zwischen dem Makler und dem Mietinteressenten dahingehend möglich, dass letzterer die Provision auch dann bezahlen muss, wenn er den erhaltenen Nachweis an einen Dritten weitergibt und der Dritte den Mietvertrag abschließt.

Ob eine solche Klausel auch in AGB wirksam vereinbart werden kann, kann nicht abschließend beurteilt werden. Eine entsprechende Entscheidung des BGH vom 14.01.1987, IVa ZR 130/85, bezog sich auf den Nachweis zur Miete eines Gewerberaums. Hier war das WoVermG mit seinen Einschränkungen nicht anwendbar. Andererseits soll das WoVermG den als sozial schwächer eingestuften Wohnungsmieter nicht auch dann schützen, wenn er bewusst Vertragspflichten gegenüber dem Makler verletzt und diesen dadurch um die Möglichkeit bringt, die Wohnung, die der Auftraggeber nicht gemietet hat, eigenen Kunden anzubieten und so einen Provisionsanspruch zu erwerben.

6. Räumungsvereinbarung; Inventarkauf (§ 4a WoVermG)

Unter Ausnutzung der Wohnungsknappheit verlangten in der Vergangenheit häufig auszugswillige Mieter für die Räumung der bisher von ihnen bewohnten Wohnräume vom Mietinteressenten die Zahlung erheblicher Beträge, denen keine Leistung des bisherigen Mieters gegenüberstand. Durch die Einführung einer entsprechenden Verbotsnorm sind solche Vereinbarungen seit 1993 unwirksam (§ 4a Abs 1 Satz 1 WoVermG).

§ 4a WoVermG

(1) Eine Vereinbarung, die den Wohnungssuchenden oder für ihn einen Dritten verpflichtet, ein Entgelt dafür zu leisten, dass der bisherige Mieter die gemieteten Wohnräume räumt, ist unwirksam. Die Erstattung von Kosten, die dem bisherigen Mieter nachweislich für den Umzug entstehen, ist davon ausgenommen.

(2) Ein Vertrag, durch den der Wohnungssuchende sich im Zusammenhang mit dem Abschluss eines Mietvertrages über Wohnräume verpflichtet, von dem Vermieter oder dem bisherigen Mieter eine Einrichtung oder ein Inventarstück zu erwerben, ist im Zweifel unter der aufschiebenden Bedingung geschlossen, dass der Mietvertrag zustande kommt. Die Vereinbarung über das Entgelt ist unwirksam, soweit dieses in einem auffälligen Missverhältnis zum Wert der Einrichtung oder des Inventarstücks steht.

Der bisherige Mieter muss hierbei nicht selbst Vertragspartner oder Empfänger des Geldes sein. Anwendbar ist die Vorschrift auch auf solche Vereinbarungen, die der Eigentümer, Vermieter oder Verwalter mit dem Mietinteressenten schließt, wenn als Gegenleistung die Herbeiführung der Räumung oder die Durchsetzung eines Räumungsanspruchs gegen den bisherigen Mieter versprochen wird. Gleichgültig ist, ob der Wohnungssuchende selbst oder für ihn ein Dritter die Zahlung verspricht. Dieser Dritte muss allerdings auf Seiten des Wohnungssuchenden stehen, darf also nicht der Vermieter selbst sein.

Als Vertragstyp kommt hier die sog. Abstandsvereinbarung in Betracht. Der Begriff „Abstand“ wird als Oberbegriff für Zahlungen des Nachmieters an den Vormieter gebraucht. Im engeren Sinne ist die Abstandsvereinbarung ein Vertrag eigener Art, der eine Vergütung für das Freimachen der Wohnung zum Gegenstand hat.

Das WoVermG schützt ausschließlich den Wohnungssuchenden, der die Wohnung selbst beziehen will, nicht aber den Investor (OLG Dresden vom 02.04.1996, 16 U 1840/95).

Von dem in § 4a Abs. 1 Satz 1 WoVermG genannten Verbot **ausgenommen** ist eine Vereinbarung, wonach dem scheidenden Mieter die **Umzugskosten** ersetzt werden. Hier sind nur die Kosten berücksichtigt, welche im unmittelbaren Zusammenhang mit der Räumung der Wohnung und dem Bezug einer neuen Wohnung entstehen. Die Vorschrift ist eng auszulegen.

Nach dem eindeutigen Wortlaut des § 4a Abs. 1 Satz 2 WoVermG können nur solche Kosten erfasst werden, die vom ausziehenden Mieter gerade auf den Umzug verwendet werden. Kosten, die demgegenüber schon vorher, z. B. Maklerkosten beim damaligen Einzug, angefallen waren und sich nun ggf. bei wirtschaftlicher Betrachtung nicht „amortisiert" haben, können demgegenüber schon rein sprachlich nicht „für" den Umzug entstehen. Es geht bei der Anwendung von § 4a WoVermG auch nicht darum, ob dem alten Mieter durch den Auszug der wirtschaftliche Vorteil von ihm aufgewandter Kosten entgeht und hierdurch ggf. ein Ungleichgewicht zu seinen Lasten entsteht. Die Vorschrift soll nicht die Belange des „alten" Mieters schützen, sondern die des neuen (LG Bonn vom 11.06.1997, 5 S 22/97).

Ein Vertrag, durch den der Mietinteressent sich verpflichtet, von dem Vermieter oder dem bisherigen Mieter Einrichtung oder **Inventar zu erwerben**, soll erst dann wirksam werden, wenn der Mietvertrag tatsächlich zustande kommt. Dies wird dadurch erreicht, dass die entsprechende Vereinbarung unter der aufschiebenden Bedingung geschlossen wird, dass der beabsichtigte Mietvertrag ebenfalls zustande kommt. Dies entspricht aus objektiver Sicht den berechtigten Interessen des Mietinteressenten, der kein Interesse an den Gegenständen in der Wohnung haben kann, wenn er sie später nicht mietet.

Eine solche Vereinbarung ist allerdings nicht in jedem Falle unwirksam, bis der Mietvertrag zustande kommt. Denkbar ist auch, dass der Wohnungssuchende eine andere Wohnung findet, die ihm besser zusagt, er aber trotzdem den erworbenen Einrichtungsgegenstand behalten möchte.

Es stellt sich daher die Frage nach der Beweislast: Beruft sich der Mietinteressent, der später die Wohnung nicht erhält, darauf, dass der Kauf des Einrichtungsgegenstandes nur dann wirksam sein sollte, wenn der Mietvertrag zustande kommt, so muss der scheidende Mieter vortragen und beweisen, dass dieser Kauf unabhängig vom Zustandekommen des Mietvertrags wirksam sein sollte.

Unter „Einrichtungen" im Sinne von § 4a Abs. 2 Satz 1 WoVermG werden bewegliche Sachen verstanden, die mit der Mietsache körperlich verbunden werden, sich aber auch wieder von ihr trennen lassen: Dies schließt nicht aus, dass sie zu wesentlichen Bestandteilen der Mietsache werden können, wie z. B. eine Einbauküche, die Sanitärobjekte im Bad, Fliesen, Parkettfußboden etc. Bei „Inventar" handelt es sich um die beweglichen Einrichtungsgegenstände. Unberücksichtigt bleiben etwa Kosten für Renovierungen, Instandsetzungen und Umbauten. Insoweit ist § 4a Abs. 2 WoVermG lückenhaft (vgl. BT-Drs. 12/3254, Seite 46). Die Vorschrift stellt zwar gewisse bisher bekannte Umgehungsweisen unter die Sanktion der Unwirksamkeit des überhöhten Entgelts, kann aber nur einen kleinen Teil der möglichen Fälle erfassen.

Deshalb ist es gerechtfertigt, die Vorschrift in Fällen, in denen sich der bisherige Mieter vom Mietinteressenten für andere Leistungen als die Überlassung einer Einrichtung oder eines Inventarstücks ein überhöhtes Entgelt zahlen lässt, entsprechend anzuwenden (BGH vom 23.04.1997, VIII ZR 212/96).

Die **Vereinbarung** über das Entgelt ist **unwirksam**, soweit dieses in einem auffälligen **Missverhältnis zum Wert der Einrichtung** oder des Inventarstücks steht (§ 4 a Abs. 2 Satz 2 WoVermG).

Der Wert des betreffenden Inventars ist nach den Gegebenheiten des Marktes zu bemessen. Auf den Umstand, dass der Wohnungssuchende häufig kein Interesse an der Übernahme hat und der Wert für ihn subjektiv daher gegen Null tendiert, kommt es nicht an, da die Belange des weichenden Mieters, der im Regelfall das Inventar loswerden will, weil er es in der neuen Wohnung nicht verwenden kann, ebenfalls berücksichtigt werden müssen. Bei der Wertermittlung ist von dem Neupreis auszugehen und von ihm eine altersentsprechende Abschreibung vorzunehmen (vgl. OLG Hamburg vom 02.05.1997, 10 U 77/96).

Nach der Rechtsprechung des BGH ist ein auffälliges Missverhältnis zu bejahen, wenn das übliche Entgelt um mehr als 50 % überschritten wird. Die Preisvereinbarung ist dann allerdings nicht insgesamt unwirksam; vielmehr bleibt sie mit dem rechtlich unbedenklichen Teil aufrechterhalten (BGH vom 23.04.1997, VIII ZR 212/96).

Bei der Bewertung der Gegenstände trifft die Beweislast in der Regel den Mieter, denn er will aus dem behaupteten auffälligen Missverhältnis Rechte herleiten. Damit wird er vor erhebliche Probleme gestellt. Er kann nicht wissen, wann die Gegenstände konkret und zu welchem Preis angeschafft worden sind, sondern ist insoweit auf Vermutungen und Schätzungen angewiesen. Deshalb muss vorab der die Gegenstände verkaufende Mieter Zeitpunkt und Preis der Anschaffung, z.B. durch Vorlage der Rechnung, darlegen.

7. Rückforderung von Leistungen (§ 5 WoVermG)

Ein dem Wohnungsvermittler nicht zustehendes Honorar oder anderes Entgelt kann zurückgefordert werden (vgl. § 5 Abs. 1 WoVermG). Gemeint sind damit vor allem der Provisionsanspruch sowie Zusatzleistungen, wie die Auslagenerstattung (§ 3 Abs. 3 WoVermG).

§ 5 WoVermG

(1) Soweit an den Wohnungsvermittler ein ihm nach diesem Gesetz nicht zustehendes Entgelt, eine Vergütung anderer Art, eine Auslagenerstattung, ein Vorschuss oder eine Vertragsstrafe, die den in § 4 genannten Satz übersteigt, geleistet worden ist, kann die Leistung nach den allgemeinen Vorschriften des bürgerlichen Rechts zurückgefordert werden; die Vorschrift des § 817 Satz 2 des Bürgerlichen Gesetzbuchs ist nicht anzuwenden.

(2) Soweit Leistungen auf Grund von Vereinbarungen erbracht worden sind, die nach § 3 Abs. 2 Satz 2 oder § 4a unwirksam oder nicht wirksam geworden sind, ist Absatz 1 entsprechend anzuwenden.

Der Anspruch richtet sich auf das gesamte gezahlte Entgelt einschließlich eventuell erwirtschafteter Zinsen, die als Nutzungen herauszugeben sind (§ 818 Abs. 1 BGB). Der Kunde muss nachweisen, dass der Vermittler tatsächlich Zinsen erlangt hat, eine gesetzliche Verzinsung findet nicht statt (vgl. Baader/Gehle § 4 Rn. 10).

Im Hinblick auf seinen Aufwand steht dem Makler keine Abzugsberechtigung zu. Allgemeine Betriebskosten stehen nicht im ursächlichen Zusammenhang, da sie auch ohne Rücksicht auf das betreffende Geschäft entstanden wären (BGH vom 23.10.1980, IVa ZR 45/80). Ein Rückforderungsanspruch steht dem Wohnungssuchenden auch dann zu, wenn er wusste, dass er zur Zahlung nicht verpflichtet war (§ 5 Abs. 1 Satz 1, 2. Halbsatz WoVermG). Hier trägt das Gesetz dem Schutz von Wohnungssuchenden Rechnung, die – obwohl ihnen die Rechtslage bekannt ist/war – „genötigt" sind, Zahlungen zu leisten, um an eine Wohnung zu kommen.

Nach § 5 Abs. 2 WoVermG wird der Rückforderungsanspruch erstreckt auf:

- *eine überhöhte Provision (§ 3 Abs. 2 Satz 2 WoVermG)*
- *eine unzulässige Abstandszahlung (§ 4 a Abs. 1 Satz 1 WoVermG)*
- *eine überhöhte Ablösungzahlung (§ 4 a Abs. 2 Satz 1 und 2 WoVermG).*

Es gilt eine Verjährungsfrist von 4 Jahren, die bereits ab Zahlung zu laufen beginnt, § 5 Abs. 1 S. 2 WoVermG.

8. Angebote, Anzeigen (§ 6 WoVermG)

Wohnräume dürfen nur angeboten werden, wenn dazu der Auftrag vom Vermieter oder einem anderen Berechtigten vorliegt (§ 6 Abs. 1 WoVermG). Unter „Anbieten" ist jede Maklertätigkeit oder Werbung, die die Aufmerksamkeit des Publikums auf eine Wohnung richten soll, zu verstehen.

§ 6 WoVermG

(1) Der Wohnungsvermittler darf Wohnräume nur anbieten, wenn er dazu einen Auftrag von dem Vermieter oder einem anderen Berechtigten hat.

(2) Der Wohnungsvermittler darf öffentlich, insbesondere in Zeitungsanzeigen, auf Aushängetafeln und dergleichen, nur unter Angabe seines Namens und der Bezeichnung als Wohnungsvermittler Wohnräume anbieten oder suchen; bietet er Wohnräume an, so hat er auch den Mietpreis der Wohnräume anzugeben und darauf hinzuweisen, ob Nebenleistungen besonders zu vergüten sind.

Durch die Verbotsnorm soll unterbunden werden, dass Wohnungsvermittler Wohnräume anbieten, von denen sie zufällig durch Dritte erfahren oder die sie aus Zeitungen entnommen haben, ohne dass sie vom Berechtigten einen entsprechenden Auftrag haben. Dadurch sollen dem Wohnungssuchenden Zeit und Unkosten für vergebliche Besichtigungen von Wohnräumen erspart werden (BT-Drs. VI/1549, Seite 13).

Ein ausdrücklicher Auftrag nicht nur vom Mieter, sondern auch vom Vermieter ist zwingend erforderlich. Vermieter ist in der Regel der Eigentümer, im Einzelfall kann es auch der Hauptmieter sein, der einen Untermieter sucht. Berechtigt ist daneben jeder, der vom Vermieter die Zustimmung zur Erteilung des Maklerauftrags erhält, z.B. also auch der Hausverwalter. Vorsicht ist hier bei Aufträgen von Mietern, die einen Nachmieter suchen, angebracht. Häufig ist der Vermieter hierüber gar nicht in Kenntnis gesetzt, so dass die Berechtigung, einen Makler einzuschalten, nicht vorliegt. Der Makler sollte sich hier durch Nachfrage absichern. Liegt aber eine Ermächtigung oder eine Verpflichtung zur Nachmietersuche vor, schließt diese in der Regel auch das Recht zur Beauftragung eines Maklers ein (OLG Hamburg vom 20.10.1976, 2 Ss 270/76).

Es kommt nicht selten vor, dass der Vermieter mit einer vorzeitigen Entlassung des Mieters aus dem Mietverhältnis einverstanden ist, wenn der Mieter einen geeigneten Nachmieter stellt. Liegt ein solches Einverständnis vor, kann sich der Mieter selbstverständlich eines Maklers bedienen.

Verstößt der Makler gegen die Bestimmungen des § 6 Abs. 1 WoVermG und bietet eine Wohnung ohne entsprechenden Auftrag an, stellt dies eine **öffentlich-rechtliche Ordnungswidrigkeit** dar, die mit einer Geldbuße bis zu 2.500 Euro geahndet werden kann (§ 8 Abs. 1 Nr. 8 WoVermG).

In zivilrechtlicher Hinsicht vertritt der BGH jedoch die Auffassung, dass der Maklervertrag ungeachtet eines Verstoßes gültig bleibt, so dass im Falle des Abschlusses des Hauptvertrags der Makler von seinem Auftraggeber die vereinbarte Provision verlangen kann (BGH vom 25.07.2002, III ZR 113/02). Denn nach dem Sinn und Zweck des § 6 Abs. 1 WoVermG sollen dem Wohnungssuchenden Zeit und Kosten für vergebliche Besichtigungen von Wohnräumen erspart bleiben. Dieser Zweck sei bei einer Tätigkeit ohne Maklerauftrag jedoch nicht gefährdet. War nämlich die Besichtigung der Wohnung erfolglos, weil der Vermieter die Wohnung dem Makler nicht an die Hand gegeben hatte, so erhält der Vermittler schon nach allgemeinen Grundsätzen keine Vergütung. Hat dagegen der Nachweis zum Abschluss eines Mietvertrags geführt, so hat sich die Gefahr eines unnützen Zeit- und Kostenaufwands, die das Gesetz vermeiden will, im konkreten Fall nicht verwirklicht. Die Unwirksamkeit des Provisionsversprechens, obwohl dem Wohnungssuchenden eine vollwertige Leistung erbracht wurde, könnte nur dem generalpräventiven Zweck dienen, dem Makler durch eine solche Nichtigkeitssanktion von vornherein jeden Anreiz für einen Wohnungsnachweis ohne Vermieterauftrag zu nehmen. Dieser Zweck werde jedoch bereits in ähnlicher Weise durch die Bußgeldandrohung erreicht.

Der Wohnungsvermittler darf Wohnräume **nur unter Angabe seines Namens und der Bezeichnung als Wohnungsvermittler** anbieten oder suchen. Bietet er Wohnräume an, so hat er auch den Mietpreis anzugeben und darauf hinzuweisen, ob Nebenleistungen besonders zu vergüten sind, § 6 Abs. 2 WoVermG. Chiffre-Anzeigen sind unzulässig.

Bei natürlichen Personen gilt:

- *Jede Abkürzung des Namens ist unzulässig.*
- *Wird ein Doppelname als Familienname geführt, so ist dieser in voller Länge anzugeben.*
- *Vornamen müssen nicht beigefügt werden.*

Bei eingetragenen Firmen gilt:

- *Die Gesellschaftsform (z.B. GmbH, KG) ist stets anzuführen.*
- *Die Abkürzung eines Firmennamens (z.B. ABC-GmbH) ist nur dann zulässig, wenn diese im Handelsregister eingetragen oder in der Bevölkerung allgemein bekannt ist. An den Bekanntheitsgrad der Abkürzung sind dabei hohe Anforderungen gestellt.*

Das Wort „Wohnungsvermittler" muss nicht ausdrücklich verwendet werden. Ergibt sich aus dem Firmennamen nicht die Maklereigenschaft, so ist dies durch Zusätze wie „Immobilien", „Grundstücksvermittlung", „Hausmakler" und ähnlichen Bezeichnungen kenntlich zu machen. Nicht ausreichend wird mit der Bezeichnung „Finanz- und Vermögensberater", „Unternehmensberater" oder „Wirtschaftsberater" auf die Maklereigenschaft hingewiesen.

Der Wohnungsmakler muss in öffentlichen Anpreisungen bei Wohnraummietangeboten grundsätzlich den **Mietpreis angeben**. Hieran werden seitens der Rechtsprechung strenge Anforderungen gestellt. Das WoVermG lässt auch keine Einschränkung je nach Auftrag des Vermieters zu, sondern verlangt schlechthin die Angabe des Mietpreises für jede angebotene Wohnung. Wenn der Mietpreis überhaupt nicht angegeben werden kann, muss der Wohnungsvermittler von einem öffentlichen Angebot Abstand nehmen. Diese Anforderung soll eine gewisse Markttransparenz sicherstellen. Deshalb ist auch die Angabe einer „ab-Miete" oder einer Miete „von ... bis" nicht möglich.
Ebenso wäre es unzulässig, nur Hauptpreislagen oder ca.-Preise zu nennen.
Unzulässig ist es insofern z.B. mit „Mietpreis auf Anfrage" zu werben.
Hinweis: Anders ist die Rechtslage im Verkaufsfall zu beurteilen.

Probleme entstehen bei dem Angebot einer Vielzahl von Wohnungen in einer Sammelanzeige.

Eine Vereinfachung des Inserats ist nur in folgender Form denkbar:

- *Wohnung an der S-Straße*
- *1-Zimmer-Wohnungen*
- *300/350/400 Euro*
- *jeweils zzgl. Nebenkosten*

Der Mietpreis ist der vom Vermieter verlangte Mietzins, so dass es sich um eine Netto- oder Bruttomiete handeln kann; in beiden Fällen ist jedoch der Endpreis mitzuteilen und nicht etwa nur der Quadratmetermietzins (BGH vom 30.03.1988, I ZR 209/86).

Bei Wohnungsanzeigen ist neben dem Mietpreis auch darauf hinzuweisen, ob **Nebenkosten** besonders zu vergüten sind (§ 6 Abs. 2 WoVermG). Es braucht jedoch nicht die Höhe der Nebenkosten (auch nicht in einem Pauschbetrag) angegeben zu werden. Es reicht z.B. die Abkürzung „NK".

Schließt die angegebene Miete die Nebenkosten ein, genügt die Angabe „Miete Euro 500,-" ohne den Zusatz „einschl. NK". Dies ist jedoch nicht unstreitig.

Treten Nebenkosten hinzu, ist die Werbung mit „Miete Euro 500,- zzgl. NK" zulässig. Zu den „NK" zählt nicht das Wohnungsvermittlungsentgelt.
Wird mit „Kaltmiete Euro..." inseriert, ist der Zusatz „zzgl. NK" erforderlich, da sich allein aus dem Wort „Kaltmiete" noch nicht ergibt, dass noch NK hinzutreten. Dasselbe gilt umgekehrt für „Warmmiete Euro...". Auch hier muss es heißen: „zzgl. NK".

Wettbewerbswidrig sind Anzeigen mit „Miete Euro 600,- excl.".

Statt mit „U" oder „Uml." als Abkürzung für „Umlagen" sollte lieber - um Irreführungen zu vermeiden - mit „NK" geworben werden.

Die **Kaution** ist eine Sicherheitsleistung des Mieters für Ansprüche des Vermieters aus dem Mietverhältnis. Damit ist sie weder Bestandteil des Mietpreises noch Nebenleistung im Sinne von § 6 Abs. 2 WoVermG und muss daher bei Angeboten nicht angegeben werden.

Muss eine **Garage** mit der Wohnung angemietet werden, ist ein Gesamtpreis zu bilden (§ 1 PAngV). Dies gilt auch für Vermietungsangebote.

Zulässig ist es z.B. zu werben mit:

„400 Euro + 25 Euro Garage = 425 Euro + Nebenkosten" oder
„425 Euro (inkl. Garage) + Nebenkosten"

Unzulässig ist es dagegen zu werben mit:

„400 Euro + 25 Euro Garage + Nebenkosten".

Eine **Hausverwaltungsgesellschaft**, die in einer Zeitung Mietwohnungen des von ihr selbst verwalteten Wohnungsbestandes anbietet, braucht keine Mietpreise anzugeben, da sie kein Wohnungsvermittler im Sinne des Wohnungsvermittlungsgesetzes ist.

Die Nichtbeachtung der Anforderung an die Gestaltung von Angeboten und Anzeigen wird von der Rechtsprechung als **Wettbewerbsverstoß** angesehen. Dies folgt daraus, dass sich der Wettbewerbsverletzer gegenüber seinen gesetzestreuen Konkurrenten einen Vorsprung verschafft und die Gefahr besteht, dass die Verbraucher über das Vorliegen eines Auftrags irregeführt werden.

Der Makler muss daher – außer der Möglichkeit, ein Bußgeld zu kassieren, auch mit kostenpflichtigen Abmahnungen von Mitbewerbern oder Abmahnvereinen rechnen.

Ebenso wie § 3 WoVermG ist § 6 WoVermG eine öffentlich-rechtliche Vorschrift, die nur auf „gewerbsmäßige" Vermittler Anwendung findet, § 7 WoVermG.
Verstöße gegen § 6 WoVermG stellen **Ordnungswidrigkeiten** dar, die mit Geldbußen bis zu 2.500 Euro geahndet werden können (§ 8 Abs. 1 Nr. 3 und 4, Abs. 2 WoVermG).

Teil B. Mietrecht (Breiholdt)

I. Wohnraummiete

1. Wohn- oder Gewerberaummietverhältnis?

Das Bürgerliche Gesetzbuch enthält besondere Regelungen für Mietverhältnisse über Wohnraum. Im Mietvertrag verpflichtet sich der Vermieter, dem Mieter die Wohnung zur Benutzung zu überlassen, der Mieter verpflichtet sich seinerseits, diese Benutzung nur im vertraglich festgelegten Rahmen auszuüben und dafür einen bestimmten Mietpreis zu zahlen. Ob ein Wohn- oder Gewerberaummietverhältnis vorliegt, ist jeweils im Einzelfall zu prüfen, hierfür hat die Rechtsprechung Abgrenzungskriterien aufgestellt: Wohnraummiete liegt in der Regel vor, wenn die Räume aufgrund eines Vertrages entgeltlich zum Zwecke des privaten Aufenthaltes des Mieters oder Angehöriger überlassen werden. Nur wenn diese Zweckbestimmung gegeben ist, handelt es sich um einen Wohnraummietvertrag. Werden die Räume daher beispielsweise zur Weitervermietung an Dritte vermietet, so handelt es sich um ein gewerbliches Mietverhältnis. Dies gilt selbst dann, wenn ein gemeinnütziger Verein, der satzungsmäßig keine eigenen wirtschaftlichen Interessen verfolgt, zum Wohnen geeignete Räume zum Zwecke der Untervermietung an Vereinsmitglieder oder Dritte anmietet. Entscheidend ist grundsätzlich die im Mietvertrag bestimmte Zweckbestimmung, die ggf. durch Auslegung unter Berücksichtigung sämtlicher Umstände des Einzelfalles zu ermitteln ist.

Achtung:

Mietet eine juristische Person, wie beispielsweise eine GmbH, ein Reihenhaus an, um es teils als Büro für ihren Geschäftsbetrieb zu nutzen und teils ihrem Geschäftsführer als Wohnung zur Verfügung zu stellen, handelt es sich dem Wesen nach um einen Gewerberaummietvertrag (BGH vom 16.07.2008, VIII ZR 282/07).

a) Mischmietverhältnis

Darf der Mieter die Räume durch einen einheitlichen Mietvertrag sowohl zu Wohn- als auch zu Gewerbezwecken nutzen, wie dies z.B. bei einer Gaststätte mit anliegender Wohnung gegeben sein kann, so liegt ein sog. Mischmietverhältnis vor. Für diesen Fall ist zunächst zu klären, ob die Vorschriften über die Wohnraummiete oder die der Geschäftsraummiete anwendbar sind. Unzulässig ist es, bezüglich der zu Wohnzwecken genutzten Räume Wohnraummietrecht und bezüglich der übrigen Räume Gewerberaummietrecht anzuwenden.

Nach der Überwiegenstheorie des BGH ist zu prüfen, in welchem Bereich das Mietverhältnis seinen Schwerpunkt hat. Maßgeblich ist der „wahre" Vertragszweck, also der Wille der Parteien bei Mietvertragsabschluss. Ist dieser nicht mehr feststellbar oder nicht eindeutig, muss auf objektive Kriterien zurückgegriffen werden (wie z.B. das Verhältnis der Flächen oder das Verhältnis der Miete zueinander).

b) Wohnung und Garage

In der Praxis tauchen oft Probleme bei der Beurteilung der Frage auf, ob im Falle der Vermietung von Wohnraum und Garage in zwei getrennten Vertragsformularen dennoch von einem einheitlichen Mietverhältnis mit überwiegender Wohnraumnutzung auszugehen ist. Mietet der Wohnraummieter eine auf dem Hausgrundstück belegene Garage von seinem Vermieter hinzu, so kann darin selbst dann, wenn dies erst nach Jahren geschieht und eine ausdrückliche Einbeziehung in den bisherigen Wohnraummietvertrag nicht erfolgt ist, eine Ergänzung des bisherigen Wohnraummietvertrags gesehen werden (BGH vom 12.10.2011, VIII ZR 251/10).

Beachte:

Dies gilt jedoch nicht, wenn die Parteien unterschiedliche Kündigungsfristen vereinbart haben und/oder die Unabhängigkeit des einen Vertrags von dem anderen klargestellt ist. Im Mietvertrag sollte deshalb geregelt sein, ob die Garage Bestandteil des Wohnungsmietverhältnisses sein soll.

2. Formularmietvertrag oder Individualvereinbarung

In aller Regel wird ein Mietverhältnis unter Verwendung eines Formularvertrages ausgestaltet, was zur Folge hat, dass die Regelungen der §§ 305 ff. BGB (ehemaliges Gesetz zur Regelung des Rechts der allgemeinen Geschäftsbedingungen, AGBG) Anwendung finden. Zweck dieser Vorschriften ist der Verbraucherschutz, insbesondere soll der Vertragspartner des Formularverwenders gegen unbillige, unklare und überraschende Klauseln geschützt werden.

a) Allgemeine Geschäftsbedingungen

Nach der Legaldefinition des § 305 Abs. 1 BGB sind „allgemeine Geschäftsbedingungen" alle für eine Vielzahl von Verträgen vorformulierten Vertragsbedingungen, die eine Vertragspartei der anderen Vertragspartei bei Abschluss eines Vertrages stellt, wobei gleichgültig ist, ob die Bestimmungen einen äußerlich gesonderten Bestandteil des Vertrages bilden oder in die Vertragsurkunde selbst aufgenommen werden, welchen Umfang sie haben, in welcher Schriftart sie verfasst sind und welche Form der Vertrag hat (BGH vom 19.05.2006, III ZR 437/04).
Durch die §§ 305 ff. BGB wird die Vertragsfreiheit bei Formularverträgen eingeschränkt: So sind die Vorschriften bereits dann anwendbar, wenn die vorgegebenen Vertragsbedingungen für eine mehrfache Verwendung schriftlich aufgezeichnet oder in sonstiger Weise fixiert sind, wobei eine schriftliche Aufzeichnung nicht zwingend erforderlich ist. Ausreichend ist bereits ein„Speichern im Kopf des Verwenders", so dass auch handschriftliche Zusätze im Mietvertrag dann als allgemeine Geschäftsbedingungen gewertet werden können, wenn diese mit Wiederholungsabsicht hand- oder maschinenschriftlich eingefügt sind. Dabei reicht schon eine dreimalige Verwendungsabsicht aus.

b) Individualvereinbarung

Zu unterscheiden vom Formularmietvertrag ist die Individualvereinbarung, die dann gegeben ist, wenn die Parteien die Vertragsklausel ausgehandelt haben. Maßgebend ist, ob die Klausel vom Verwender ernsthaft zur Disposition gestellt worden ist, so dass der jeweilige Vertragspartner – in der Regel der Mieter – die Möglichkeit hat, auf die Vertragsbedingungen Einfluss zu nehmen. Ein bloßes Erläutern oder Erörtern der Vertragsklauseln ist allerdings nicht ausreichend, der BGH spricht von „gegenseitigem Nachgeben".

c) Transparenzgebot, § 307 BGB

Grundsätzlich müssen in einem Formularmietvertrag die Rechte und Pflichten eines jeden Vertragspartners klar, nachvollziehbar und verständlich dargestellt werden. Von besonderer Bedeutung ist dabei das in § 307 BGB normierte Transparenzgebot:
Der Verwender von allgemeinen Geschäftsbedingungen ist verpflichtet, die Rechte und Pflichten des jeweils anderen Vertragspartners eindeutig und unmissverständlich darzustellen, damit dieser sich bei Vertragsabschluss hinreichend über die rechtliche Tragweite der einzelnen Vertragsbedingungen informieren, insbesondere seine zukünftigen finanziellen Verpflichtungen begreifen und übersehen kann. Hieran kann es beispielsweise fehlen, wenn die mietvertragliche Klausel lediglich eine Verweisung auf eine nicht abgedruckte gesetzliche Bestimmung enthält. Insbesondere auch unklare, widersprüchliche oder unverständliche Klauseln sind unwirksam.

Praxistipp:

Sofern vorformulierte Vertragsklauseln zwischen den Parteien im Einzelnen ausgehandelt worden sind oder sogar Veränderungen an einzelnen Vertragstexten vorgenommen wurden, empfiehlt es sich, die ursprünglichen Vertragsentwürfe, etwaig geänderte Vertragstexte und den dazugehörigen Schriftwechsel aufzubewahren bzw. das tatsächliche Aushandeln durch ein Protokoll über den Verlauf der Vertragsverhandlungen zu dokumentieren.

3. Form des Mietvertrags

Mietverträge können grundsätzlich mündlich, schriftlich und in notariell beurkundeter Form abgeschlossen werden. Wird die Schriftform nicht eingehalten, so ist der Mietvertrag nicht unwirksam, er gilt als auf unbestimmte Zeit geschlossen; eine Kündigung ist jedoch frühestens zum Ablauf eines Jahres nach Überlassung der Wohnung zulässig, § 550 BGB.

a) Schriftform

Aus Gründen der Rechtssicherheit und -klarheit sollte stets eine schriftliche Mietvertragsurkunde erstellt werden, die die einzelnen Rechte und Pflichten der Vertragsparteien genau regelt. Es sollten dabei jedenfalls die wesentlichen Bestandteile des Mietvertrages in der Urkunde aufgenommen sein, wie:

- die genaue Bezeichnung der Vertragsparteien
- die Belegenheit der Wohnung, z.B. EG links, 1. OG rechts
- die vereinbarte oder bestimmbare Miete
- der Beginn des Mietverhältnisses
- die Unterschriften der Vertragspartner.

Wichtig:

Besteht der Vertrag aus mehreren Blättern, müssen diese nicht zwingend körperlich miteinander verbunden sein; vielmehr ist es ausreichend, wenn sich deren Einheit aus anderen Umständen, wie z.B. der fortlaufenden Paginierung der Blätter, fortlaufender Nummerierung der einzelnen Bestimmungen, einheitlicher graphischer Gestaltung des Textes oder inhaltlichen Zusammenhang zweifelsfrei ergibt.

b) Nachtragsurkunde

Im Falle der Abänderung oder Ergänzung einer vertraglichen Bestimmung ist die gesetzliche Schriftform nur dann gewahrt, wenn die entsprechende Nachtragsurkunde auf den ursprünglichen Mietvertrag Bezug nimmt, beispielsweise durch die Bezeichnung des Mietobjektes, der Parteien und des Datums des Ursprungsvertrages. Zudem muss deutlich werden, dass es im Übrigen bei den ursprünglichen Vereinbarungen des Mietvertrages verbleiben soll.

4. Mietstruktur

Die Entrichtung der Miete ist die eigentliche Gegenleistung des Mieters für die Gebrauchsüberlassung der Wohnung und damit eine Hauptleistungspflicht aus dem Mietvertrag. Bei Mietverhältnissen über nicht preisgebundene Wohnungen haben die Vertragsparteien grundsätzlich die Möglichkeit, Art und Höhe der Miete frei auszuhandeln. Eine Begrenzung nach oben besteht allerdings insoweit, als die „ortsübliche Vergleichsmiete" nicht beliebig weit überschritten werden darf. Die Grenze ist dort erreicht, wo die Vorschriften zum Verbot der Mietpreisüberhöhung (§ 5 WiStG) und des Mietwuchers (§ 302 a StGB) greifen.
Die Mietstruktur ergibt sich aus den von den Mietparteien getroffenen vertraglichen Vereinbarungen, es gibt unterschiedliche Bezeichnungen für die Grundmiete:

a) Bruttomiete

Eine Bruttomiete (Bruttowarm- oder Inklusivmiete) ist vereinbart, wenn alle Betriebs- und Heizkosten in der Miete enthalten sind, also nicht gesondert ausgewiesen werden. Steigen die Nebenkosten, so ist dies grundsätzlich das Risiko des Vermieters.

Wichtig:

Zu beachten ist allerdings die Heizkostenverordnung, die zwingend vorschreibt, dass die Heiz- und Warmwasserkosten verbrauchsabhängig abgerechnet werden müssen. Daher ist eine Bruttomiete praktisch nur noch als Bruttokaltmiete zulässig, in der also nur noch die sog. „kalten" Betriebskosten enthalten sind (vgl. hierzu BGH vom 19.07.2006, VIII ZR 212/05)

b) Bruttokaltmiete

Hierunter ist die Bruttomiete ohne Heizkosten zu verstehen, d.h. die Betriebskosten sind in der Miete enthalten, die Heizkosten nicht.

c) Teilinklusivmiete

Anders, als bei der Bruttomiete sind bei der Teilinklusivmiete nicht alle Betriebskosten in der Miete enthalten. Mindestens für eine Betriebskostenart leistet der Mieter abrechenbare Vorauszahlungen oder er zahlt eine Pauschale.

d) Nettokaltmiete

Eine Nettokaltmiete (oder auch Grundmiete) ist vertraglich vereinbart, wenn sowohl die Betriebskosten als auch die Heizkosten aus der Miete heraus gerechnet sind und diese neben der Miete in Rechnung gestellt werden, und zwar dadurch, dass entweder die Betriebskosten als Pauschale erhoben oder eine Betriebskostenvorauszahlung vereinbart wird, über die der Vermieter nach Ablauf der Abrechnungsperiode abrechnen muss.

e) Nebenkosten

Nebenkosten hat der Mieter in der Regel nur dann neben der vereinbarten Grundmiete zu zahlen, wenn im Mietvertrag eindeutige und klare Regelungen vereinbart sind. Eine gesetzliche Vereinbarung zur Zahlung der Betriebskosten gibt es nicht (vgl. hierzu das Kapitel „Betriebskosten und ihre Abrechnung").

f) Fälligkeit der Miete

Das Mietrechtsreformgesetz hat die zuvor über Jahrzehnte geübte Praxis übernommen, wonach die Miete im Voraus, spätestens am dritten Werktag eines jeden Monats an den Vermieter zu entrichten ist, § 556b Abs. 1 BGB.
Für die Rechtzeitigkeit der Mietzahlung kommt es grundsätzlich nur darauf an, dass die Leistungshandlung, also die Zahlung, fristgerecht vorgenommen wird, beispielsweise der Überweisungsauftrag rechtzeitig vor Fristablauf bei der Bank eingeht. Anders ist dies jedoch dann, wenn im Mietvertrag – was der Regelfall ist – auf die Rechtzeitigkeit der Gutschrift auf dem Konto des Vermieters abgestellt wird.

5. Mietsicherheiten

Eine gesetzliche Verpflichtung zur Erbringung einer Mietsicherheit besteht nicht. Es ist daher im Mietvertrag eine entsprechende Regelung zu vereinbaren. Etwas anderes gilt allerdings für den Fall, dass der Mieter, der keine Mietkaution gestellt hat, verstirbt: Hier kann der Vermieter gemäß § 563 b Abs. 3 BGB eine Kaution von der das Mietverhältnis fortsetzungsberechtigten Person (wie z.B. den überlebenden Ehegatten) verlangen.

Die Höhe der Mietsicherheit ist beschränkt auf drei Monatskaltmieten; die als Pauschale bzw. als Vorauszahlung ausgewiesenen Nebenkosten bleiben bei der Berechnung unberücksichtigt, § 551 BGB. Die Beschränkung der Kautionshöhe gilt auch dann, wenn verschiedene Arten von Sicherheitsleistungen, wie z.B. Barkaution und Bürgschaft erbracht werden. Diese müssen der Höhe nach zusammengerechnet werden (sog. Kumulationsverbot). Es darf deshalb nicht gleichzeitig eine Barkaution von drei Monatsmieten und zusätzlich eine Bankbürgschaft vereinbart werden. Etwas anderes kann ausnahmsweise dann einmal gelten, wenn ein Dritter freiwillig und unaufgefordert dem Vermieter gegenüber eine Bürgschaft unter der Bedingung leistet, dass ein Mietvertrag zustande kommt und der Mieter hierdurch nicht erkennbar belastet wird, z.B. bei einer Studentenwohnung. Dies wird allerdings stets der Ausnahmefall bleiben.

Wird gegen die gesetzliche Regelung in Bezug auf den Höchstbetrag verstoßen, führt dies in aller Regel nicht zur vollständigen Unwirksamkeit der Kautionsabrede; vielmehr bleibt diese in der gesetzlich zulässigen Höhe wirksam. Entsprechendes gilt bei einer Mietbürgschaft, die die Begrenzung auf die dreifache Monatsmiete nicht aufweist. Übersteigt die mietvertragliche Vereinbarung die zulässige Kautionshöhe, so ist sie auf das zulässige Maß zu reduzieren.

a) Art der Sicherheitsleistung

Grundsätzlich sind alle denkbaren Formen der Sicherheitsleistung möglich. Üblich sind vor allem die Barkaution, die Übergabe eines (verpfändeten) Sparbuchs oder auch die Bürgschaft.

aa) Barkaution

Die gängigste Sicherheitsleistung ist die Barkaution, bei der der Vermieter eine bestimmte Geldsumme überwiesen oder bar ausgezahlt erhält. Zu beachten ist, dass das Gesetz dem Mieter gestattet, die Barkaution in drei gleichen Monatsraten zu leisten. Der Vermieter hat die ihm überlassene Barkaution bei einem Kreditinstitut zu dem für

Spareinlagen mit dreimonatiger Kündigungsfrist üblichen Zinssatz anzulegen. Die Zinserträge stehen allein dem Mieter zu, dies auch dann, wenn ein höherer als der übliche Zinssatz bei Sparbüchern erzielt wird.

Beachte:

Der Mieter ist berechtigt, die Zahlung der Kaution davon abhängig zu machen, dass der Vermieter ihm auf Anfrage ein insolvenzfestes Konto benennt. Nicht ausreichend ist die vom Vermieter erklärte Verpflichtung, den Betrag nach Eingang auf seinem Konto entsprechend anzulegen, da ansonsten eine vom Gesetz nicht vorgesehene Lücke der Insolvenzfestigkeit besteht (BGH vom 13.10.2010, VIII ZR 98/10).

bb) Bürgschaft

Früher nur im Gewerberaummietrecht üblich, wird auch in der Wohnraummiete oftmals vom Vermieter die Gestellung einer Bürgschaft verlangt. Mal sind es die Banken die bürgen, aber auch Verwandte oder Arbeitgeber des Mieters.

Bei der Bürgschaft erhält der Vermieter zunächst nur die der Schriftform unterliegende Verpflichtungserklärung des Bürgen. Der Vermieter ist im Übrigen gut beraten, die Bürgschaft unbedingt, unbefristet, unwiderruflich, selbstschuldnerisch und, soweit es sich um eine Bankbürgschaft handelt, auch als Bürgschaft auf erstes Anfordern, zu vereinbaren. Letzteres bedeutet, dass der Bürge im Fall seiner Inanspruchnahme ohne Wenn und Aber sofort an den Vermieter zahlen muss.

cc) Sparbuch

Möglich ist auch die Mietsicherheit in Form der Übergabe eines Sparbuches zu vereinbaren, wobei rechtlich zwei Gestaltungen gewählt werden können:

- Dem Vermieter wird ein auf den Namen des Mieters lautendes Sparbuch mit Sperr- oder Pfändungsvermerk zu seinen Gunsten übergeben, wobei die Verpfändung des Sparguthabens einer Anzeige an die Bank oder Sparkasse bedarf oder
- Der Vermieter erhält ein auf den Namen des Mieters lautendes Sparbuch ohne einen Verpfändungs- oder Sperrvermerk. Dies dürfte rechtlich als sog. Sicherungsabtretung der Forderung an den Vermieter zu bewerten sein.

Auch andere Anlageformen sind denkbar: In Betracht kommen beispielsweise Anlagen, wie Aktien oder festverzinsliche Wertpapiere, die mit einem Kapitalmarktrisiko verbunden sind. Realisiert sich der erwartete Gewinn allerdings nicht oder tritt sogar ein Vermögensverlust ein, so kann der Mieter grundsätzlich weder das eingesetzte Kapital noch eine Mindestverzinsung zurückverlangen. Auch der Vermieter riskiert, dass sich die Mietsicherheit verringert bzw. er dieser ganz verlustig geht, so dass diese Anlageform nicht vereinbart werden sollte.

b) Nichterbringung der Sicherheit

Die Eigenart der vom Mieter übernommenen Verpflichtung zur Leistung einer Mietsicherheit verbietet es, dass der Mieter gegen den Kautionsanspruch des Vermieters wegen behaupteter Mängel der Mietsache oder wegen behaupteter Gegenforderungen aufrechnet oder ein Zurückbehaltungsrecht ausübt. Dies ergibt sich aus dem Sinn und Zweck der Kautionsabrede: Danach soll die Mietsicherheit ihrer Natur nach sicherstellen, dass der Vermieter wegen etwaiger Forderungen bis zur Höhe des Sicherungsbetrages ohne Rücksicht auf eine mögliche Insolvenz des Mieters Befriedigung erlangen kann. Dieser Sicherungszweck wird aktuell mit Beginn des Mietverhältnisses, er würde durch die Ausübung eines Zurückbehaltungsrechts vereitelt.

Beachte:

Im Rahmen des sog. Mietrechtsänderungsgesetzes plant der Gesetzgeber derzeit eine bessere Handhabung gegen Einmietbetrüger. So soll in § 569 BGB ein weiterer Kündigungsgrund geschaffen werden, wonach bereits bei Verzug mit der Zahlung von zwei Kautionsraten die fristlose Kündigung des Mietverhältnisses ohne vorherige Abmahnung erklärt werden kann. Für das Gewerberaummietrecht hat der Bundesgerichtshof dies bereits in seiner Entscheidung vom 21.03.2007 (XII ZR 36/05) zugelassen.

c) Verwendung und Rückzahlung der Kaution

Während der Mietzeit ist die Inanspruchnahme der Kaution durch den Vermieter nur wegen unstreitiger, rechtskräftig festgestellter oder offensichtlich begründeter Forderungen zulässig. Nach berechtigter Verwertung der Mietsicherheit **während** des Mietverhältnisses ist der Mieter grundsätzlich zu deren Wiederauffüllung verpflichtet.

Nach Beendigung des Mietverhältnisses hat der Vermieter die geleistete Sicherheit zurückzugeben oder zu verwerten. Dabei billigt die Rechtsprechung dem Vermieter eine Abrechnungsfrist zu, die bis zu sechs Monaten nach Rückgabe der Wohnung betragen kann, je nach Art und Umfang möglicher Ansprüche des Vermieters. In der Praxis fertigt der Vermieter häufig eine Gesamtabrechnung, an deren Ende er die Kaution inklusive der aufgelaufenen Zinsen verrechnet mit Schadensersatzansprüchen wegen nicht durchgeführter Schönheitsreparaturen, rückständigen Mieten oder auch Salden aus Nebenkostenabrechnungen. Nach gefestigter Rechtsprechung darf der Vermieter auch einen angemessenen Einbehalt für eine noch zu erwartende Nachzahlung aus der Nebenkostenabrechnung vornehmen. Die Reihenfolge der von der Aufrechnung betroffenen Forderungen ergibt sich aus dem Gesetz. Danach erfasst die Aufrechnung im Zweifel diejenige, die dem Vermieter geringere Sicherheit bietet. Der Mieter seinerseits muss überprüfen, ob die vom Vermieter in der Kautionsabrechnung angegebenen Forderungen zu Recht bestehen.

d) Übergang der Kaution (Eigentümerwechsel)

Eine einschneidende Änderung hat das Mietrechtsreformgesetz bei einem Eigentümerwechsel gemäß § 566 a BGB vorgesehen: Danach haftet der Erwerber bei einem Verkauf des Mietobjektes nach dem 1.9.2001 auf Rückzahlung der Mietsicherheit unabhängig von der Frage, ob er die Kaution tatsächlich erhalten hat, oder nicht (BGH, Urteil vom 1.6.2011, VIII ZR 304/10). Gelingt es dem Mieter bei Beendigung des Mietverhältnisses allerdings nicht, die Kaution vom Erwerber zurückzuerlangen (beispielsweise bei Vermögensverfall des Erwerbers), so ist der bisherige Eigentümer zur Zahlung verpflichtet.

6. Betriebskosten und ihre Abrechnung

Nach dem Gesetz trägt der Vermieter die Betriebskosten. Regelmäßig wird jedoch zwischen den Vertragsparteien vereinbart, dass der Mieter die Betriebskosten zusätzlich zur Miete übernimmt. Dafür ist es unerlässlich, dass der Mietvertrag eine ausdrückliche Regelung enthält, wonach Nebenkosten zusätzlich zur Miete berechnet und vom Mieter bezahlt werden.

a) Vertragliche Grundlage der Umlage

In der Regel vereinbaren die Vertragsparteien, dass der Mieter die Betriebskosten im Sinne des § 2 Betriebskostenverordnung (BetrkVO) trägt. Hierzu zählen:
- Laufende öffentliche Lasten
- Kosten der Wasserversorgung
- Kosten der Entwässerung
- Heiz- und Warmwasserkosten
- Aufzugskosten
- Straßenreinigung und Müllabfuhr
- Hausreinigung und Ungezieferbekämpfung
- Gartenpflege
- Hausbeleuchtung
- Schornsteinreinigung
- Sach- und Haftpflichtversicherung
- Hauswartkosten
- Antennen- und Kabelfernsehkosten
- Kosten der maschinellen Wascheinrichtung
- „Sonstige Betriebskosten"

Praxistipp:

Der Vermieter ist gut beraten, im Mietvertrag bereits die „Sonstigen Betriebskosten" genau zu definieren, also auch solche Betriebskostenpositionen aufzuführen, die ggf. bei Mietvertragsabschluss noch gar nicht anfallen. Hierzu können zählen beispielsweise die Kosten für die Wartung von Rauchwarnmeldern, Revision von Elektroanlagen, Gasgeräten, brandschutztechnischen Einrichtungen sowie weiterer installierter Haustechnik, aber auch Dachrinnenreinigungskosten oder Dachrinnenbeheizungskosten.

Soweit die Vertragsparteien zur Abgeltung der Betriebskosten eine <u>monatliche Pauschale</u> durch den Mieter vereinbart haben, sind mit der Zahlung des Pauschalbetrages die Betriebskosten abgegolten. Eine Abrechnung über die Betriebskosten unterbleibt. Ob diese Pauschale zur Deckung der Kosten ausreicht, steht im Risiko des Vermieters. Eine Anhebung der Betriebskostenpauschale für die Zukunft ist nur unter der Voraussetzung einer entsprechenden Vereinbarung im Mietvertrag (sog. Erhöhungsklausel) und bei entsprechendem Nachweis von Kostensteigerungen möglich. Ermäßigen sich die Betriebskosten, so ist die Betriebskostenpauschale entsprechend herabzusetzen.

Haben die Mietvertragsparteien hingegen vereinbart, dass auf die künftige Betriebskostenbelastung des Mieters Vorauszahlungen erhoben werden, ist der Vermieter verpflichtet, nach Ablauf der Abrechnungsperiode über die tatsächlich angefallenen Betriebskosten Abrechnung zu legen. Waren die Kosten höher als die Vorauszahlungen, so muss der Mieter nachzahlen; umgekehrt hat er ein Guthaben. Die Höhe der Vorauszahlungen richtet sich dabei grundsätzlich nach den zu erwartenden Betriebskosten: Ergibt sich bei der Abrechnung eine hohe Rückzahlung, kann der Vermieter den monatlichen Vorauszahlungsbetrag auf eine angemessene Höhe herabsetzen. Im umgekehrten Fall kann der Vermieter die Vorauszahlungsbeträge nach oben hin anpassen.

b) Neu entstehende Betriebskosten

Möglich ist auch, dass sich der Vermieter das Recht vorbehält, neu entstehende Betriebskosten auf den Mieter umzulegen. Unabdingbare Voraussetzung hierfür ist, dass die betreffende Betriebskostenart bereits im Katalog der im Mietvertrag aufgeführten umlagefähigen Betriebskosten enthalten ist.

c) Umlageschlüssel

In aller Regel ist bereits im Mietvertrag vereinbart, nach welchem Maßstab die vom Mieter zu tragenden Nebenkosten verteilt werden. Die gebräuchlichsten Umlageschlüssel orientieren sich entweder an der Wohnungsgröße, der Personenzahl oder der Anzahl der Wohneinheiten. Soweit der Umlageschlüssel im Einzelfall unbillig ist, ist der Vermieter nach Treu und Glauben verpflichtet, einen neuen sachgerechten Verteilerschlüssel zu bestimmen. Ist im Mietvertrag kein Umlageschlüssel vereinbart, sind die Betriebskosten gemäß § 556 a BGB nach dem **Anteil der Wohnfläche** umzulegen. Betriebskosten, die von einem erfassten Verbrauch oder einer erfassten Verursachung durch den Mieter abhängen (z.B. Wasser oder Strom), sind nach Verbrauch abzurechnen.

Auch die Zusammenfassung eines Gebäudekomplexes zu einer **Wirtschaftseinheit** ist zulässig (BGH vom 20.10.2010, VIII ZR 73/10).

Ein **Vorwegabzug** der Kosten für Gewerbeflächen ist nach Auffassung des BGH nicht erforderlich, wenn die auf die Gewerbeflächen entfallenden Kosten nicht zu einer ins Gewicht fallenden Mehrbelastung der Wohnraummieter führen. Für eine etwaige Mehrbelastung trägt der Mieter die Beweislast (BGH vom 25.10.2006, VIII ZR 251/05). Für die **Aufzugskosten** hat der BGH eine auch nur formularvertragliche Beteiligung des Erdgeschossmieters für zulässig erachtet, dies auch dann, wenn dem Mieter weder ein Keller- noch ein Dachgeschossraum zur Nutzung oder Mitbenutzung zur Verfügung steht, er also von dem Fahrstuhl keinen spürbaren Nutzen hat.

Haben die Parteien eine Bruttomiete oder eine Betriebskostenpauschale vereinbart, hat der Vermieter gemäß § 556 a Abs. 2 BGB die Möglichkeit, durch Erklärung in Textform zu bestimmen, dass einzelne Betriebskosten künftig nach einem Maßstab umgelegt werden, der dem erfassten, unterschiedlichen Verbrauch oder der erfassten unterschiedlichen Verursachung Rechnung trägt (wie z.B. Strom-, Wasser- oder Heizkosten). Diese Erklärung ist nur vor dem Beginn eines Abrechnungszeitraumes zulässig. Waren die Kosten bisher in der Miete enthalten, so ist diese entsprechend herabzusetzen.

d) Wirtschaftlichkeitsgebot

Dem Gebot der Wirtschaftlichkeit kommt mit dem ständigen Ansteigen der Nebenkosten, insbesondere der Energiekosten (Stichwort: „Zweite Miete") eine immer größere Bedeutung zu. Es erlegt dem Vermieter eine gewissenhafte Abwägung aller Umstände auf: Sein Handeln ist am Maßstab einer ordentlichen, sorgfältigen Geschäftsführung zu messen. Dabei ist der Standpunkt eines vernünftigen Wohnungsvermieters maßgebend, der im Rahmen eines gewissen Ermessenspielraums ein wirtschaftlich vertretbares Kosten-/Nutzenverhältnis im Auge behält. Dabei bedeutet sparsame Wirtschaftsführung bzw. Einhaltung des Wirtschaftlichkeitsgebotes nicht, dass jeweils die billigste Lösung gewählt werden muss, denn es kommt ebenso auf die Leistungsfähigkeit und Verlässlichkeit des jeweiligen Anbieters an; zudem ist dem Vermieter ein gewisser Beurteilungsspielraum zuzubilligen. Sind die Betriebskosten von ihrer Art her unwirtschaftlich (z.B. Anstellung eines Hausmeisters, obwohl dessen typische Tätigkeiten bereits von Dritten durchgeführt werden), so müssen sie insgesamt gestrichen werden. Betriebskosten, deren Höhe den genannten Grundsätzen nicht entsprechen, die also insoweit unwirtschaftlich sind, sind auf das zulässige Maß im Vergleich mit marktüblichen Konditionen zu reduzieren (z.B. erhöhte Versicherungsprämien oder zu hohe Hausreinigungskosten). Reklamiert der Mieter einen Verstoß gegen das Wirtschaftlichkeitsgebot, muss er zunächst konkret rügen, inwiefern der Vermieter bei einzelnen Betriebskosten unwirtschaftlich gehandelt hat. Allein der Verweis auf eine Überschreitung der Durchschnittswerte eines überörtlichen Betriebskostenspiegels reicht nicht aus (BGH vom 6.7.2011, VIII ZR 340/10).

e) Betriebskostenabrechnung

Erst eine formell ordnungsgemäße Betriebskostenabrechnung führt zur Fälligkeit einer sich daraus ergebenden (Nach-) Forderung des Vermieters an den Mieter. Dabei setzt eine formell ordnungsgemäße Abrechnung nach ständiger Rechtsprechung des BGH als Mindestangaben eine Zusammenstellung der Gesamtkosten, die Angabe und Erläuterung der zugrunde gelegten Verteilerschlüssel, die Berechnung des Anteils des Mieters sowie den Abzug seiner Vorauszahlungen voraus.

Wichtig:

Für eine formell ordnungsgemäße Betriebskostenabrechnung ist es erforderlich, dass für jede einzelne Betriebskostenposition die Gesamtkosten ausgewiesen werden. Die Angabe der um einen Kürzungsbetrag bereinigten Kosten genügt nicht. Der Vermieter kann also nicht von dem ihm in Rechnung gestellten bzw. entstandenen Gesamtkosten etwaig nicht umlagefähige Kostenteile vorweg abziehen, ohne diesen (Rechen-) Schritt in der Betriebskostenabrechnung offen zu legen (BGH vom 14.02.2007, VIII ZR 1/06). Entsprechendes gilt, wenn dem Vermieter Gesamtkosten für größere Einheiten als die Abrechnungseinheit in Rechnung gestellt werden (Beispiel: Der Hauswart wird für mehrere Objekte des Vermieters aufgrund eines einheitlichen Anstellungsvertrages tätig). Auch hier müssen die Gesamtkosten und der Umlageschlüssel mitgeteilt werden, mit dem der Vermieter den Gesamtbetrag zunächst auf die Abrechnungseinheiten „herunterrechnet". Gleiches gilt auch für die sog. gemischten Kosten, die Kostenteile enthalten, die nicht zu den umlagefähigen Betriebskosten gehören (wie beispielsweise Instandsetzungs- oder Verwaltungskosten, die der Vermieter als Teil der Hausmeisterkosten in Rechnung gestellt bekommt). Der Vermieter ist gehalten, in der Abrechnung darzustellen, um welchen Anteil die Gesamtkosten bereinigt wurden (BGH vom 11.09.2007, VIII ZR 1/07). Fehlt die Angabe der Gesamtkosten nur bei einzelnen Kostenarten, die unschwer heraus gerechnet werden können, ist die Abrechnung nur hinsichtlich dieser Kostenarten formell unwirksam, im Übrigen wirksam.

f) Ausschluss- und Einwendungsfrist

Für den Vermieter ist es wegen des in § 556 Abs. 3 BGB vorgesehenen Ausschlusses wichtig, dass er innerhalb der einjährigen Abrechnungsfrist dem Mieter eine formell ordnungsgemäße Abrechnung übermittelt. Die Betriebskostenabrechnung muss dem

Mieter bis spätestens zum Ablauf des 12. Monats nach Ende des Abrechnungszeitraumes übersandt und zugegangen sein. Der Abrechnungszeitraum ist dabei in der Regel das Kalenderjahr. Versäumt der Vermieter diese Frist oder kann er den rechtzeitigen Zugang der Abrechnung beim Mieter nicht beweisen, ist er mit der Geltendmachung einer Nachforderung aus der Betriebskostenabrechnung ausgeschlossen.

Innerhalb der gesetzlichen Abrechnungsfrist kann der Vermieter eine zunächst fehlerhaft erstellte Betriebskostenabrechnung zu Lasten des Mieters korrigieren und den Differenzbetrag nachfordern. Dies gilt auch dann, wenn er das zunächst fehlerhaft berechnete Guthaben bereits vorbehaltlos ausgezahlt hat (BGH vom 12.01.2011, VIII ZR 269/09).

Praxistipp:

Vorsichtigen Vermietern ist anzuraten, die Betriebskostenabrechnung entweder persönlich unter Zeugen, durch den Hausmeister oder durch Einwurf/Einschreiben zustellen zu lassen, um so den Nachweis der Zustellung gerichtsfest erbringen zu können.

Eine Ausnahme von der sog. Ausschlussfrist gilt für den Fall, dass der Vermieter die verspätete Übersendung der Betriebskostenabrechnung nicht zu vertreten hat. Als Fälle entschuldigter Verspätung kommen beispielsweise Verzögerungen des Abrechnungsdienstes oder Streitigkeiten mit Lieferanten über Rechnungen etc. in Betracht. Zu beachten ist, dass der Vermieter nach Wegfall des Abrechnungshindernisses gehalten ist, die Nachforderung innerhalb von drei Monaten zu erheben (BGH vom 05.07.2006, VIII ZR 220/05).

Auch den Mieter trifft eine Frist: Gemäß § 556 Abs. 3 BGB kann er Einwendungen gegen die Betriebskostenabrechnung nicht mehr geltend machen, die er dem Vermieter nicht spätestens bis zum 12. Monat nach Zugang der Abrechnung mitgeteilt hat. Voraussetzung für die Ingangsetzung der Einwendungsfrist ist allerdings der Zugang einer den formellen Anforderungen genügenden Betriebskostenabrechnung (BGH vom 15.03.2011, VIII ZR 243/10).

g) Rückzahlung der Betriebskostenvorauszahlungsbeträge

Rechnet der Vermieter nicht innerhalb einer angemessenen Frist über die Betriebskostenvorauszahlungsbeträge ab, kann der Mieter im beendeten Mietverhältnis Zahlungsklage auf Erstattung der gesamten, nicht abgerechneten Betriebskostenvorauszahlungsbeträge erheben. Einer vorherigen Klage auf Abrechnung bedarf es nicht. Der Vermieter kann während der Zahlungsklage oder auch erst nach rechtskräftigem Zahlungsurteil abrechnen. Auf eine Schätzung braucht der Mieter sich grundsätzlich nicht einzulassen. Dieses Recht steht dem Mieter während des laufenden Mietverhältnisses nicht zu; hier kann er jedoch ein Zurückbehaltungsrecht an den Betriebskostenvorauszahlungsbeträgen geltend machen.

h) Belegeinsicht

Der Mieter kann zur Kontrolle Einsicht in die dazugehörigen Unterlagen nehmen. Ein Anspruch des Mieters auf Übersendung von Fotokopien auch gegen Übernahme der Kosten besteht grundsätzlich nicht, es sei denn, dass es dem Mieter nicht zugemutet werden kann, extra zu einer Belegeinsicht beim Vermieter anzureisen (z.B. dann, wenn die Mietwohnung in Hamburg ist und der Vermieter in Bremen wohnt).

i) Betriebskostenabrechnung bei Vermieterwechsel

Nach einem Eigentumswechsel tritt der neue Eigentümer in die Vermieterstellung ein. Aus Praktikabilitätsgründen bleibt nach der Rechtsprechung des BGH der frühere Vermieter für zu diesem Zeitpunkt bereits abgeschlossene Abrechnungsperioden zuständig, da er die Kosten getragen und die Vorauszahlungsbeträge erhalten hat, so dass ihm ein Nachforderungsanspruch zusteht bzw. er ein Guthaben auskehren muss. Für die bei Eigentumswechsel laufende Abrechnungsperiode ist hingegen der neue Eigentümer zuständig, der ggf. mit dem bisherigen Vermieter zusammen wirken muss.

Eine Ausnahme gilt allerdings für den Fall, wenn die Eigentumsumschreibung im laufenden Abrechnungsjahr erfolgt und der Mieter noch vor der Umschreibung (Eintragung im Grundbuch) ausgezogen ist. Dann bleibt es wiederum bei der Abrechnungspflicht des früheren Eigentümers, der sämtliche Vorauszahlungen bekommen hat (BGH vom 04.04.2007, VIII ZR 219/06). Dass die Abrechnung erst nach Ablauf der Abrechnungsperiode erfolgen kann und gegebenenfalls auch nur unter Zusammenwirken mit dem späteren Eigentümer, ändert hieran nichts.

Praxishinweis:

Bei Veräußerung eines Mietobjektes sollten die Vertragsparteien bereits im Kaufvertrag vereinbaren, dass der Erwerber die Betriebskostenabrechnungen auch für diejenigen Mieter erstellt, die noch vor Eigentumsumschreibung ausgezogen sind. Folglich sollte er die Pflicht zur Auskehr der Gutschrift übernehmen bzw. den Anspruch auf Zahlung einer Nachforderung durch Abtretung erhalten. Da der Erwerber die Abrechnung wegen des

Kaufvertrages namens und in Vollmacht des weichenden Vermieters erbringt, wird der Mieter die Abrechnung in diesen Fällen nur schwerlich zurückweisen können. Versäumen die Kaufvertragsparteien eine solche Vereinbarung, muss nach der Rechtsprechung des BGH wie folgt abgerechnet werden: Der bisherige Vermieter für die ausgezogenen Mieter und der neue Vermieter für die übrigen Mieter, was äußerst umständlich und wenig interessengerecht ist.

7. Tierhaltung

Die Haustierhaltung stellt nach wie vor einen großen Streitpunkt zwischen Mieter und Vermieter dar. Da es eine spezielle gesetzliche Regelung im Mietrecht nicht gibt, kommt es in erster Linie darauf an, was die Vertragsparteien im Mietvertrag vereinbart haben.

a) Formularmäßiges Tierhaltungsverbot

Enthält der Mietvertrag das uneingeschränkte Verbot jeglicher Tierhaltung, ist diese Vereinbarung unwirksam, da hierdurch auch die Haltung von Kleintieren, wie z.B. Zierfischen, Wellensittichen, Goldhamstern oder Mäusen, verboten wäre. Grundsätzlich darf der Mieter Kleintiere dieser Art halten.

b) Eingeschränktes Verbot der Tierhaltung

Wird hingegen im Mietvertrag die Tierhaltung unter Ausschluss der Kleintiere durch eine Formularklausel untersagt, ist diese Regelung nach der herrschenden Auffassung wirksam. So ist beispielsweise die mietvertragliche Klausel: „*Dem Mieter ist es verboten, Hunde und Katzen zu halten*" wirksam. Dem Mieter bleibt die Kleintierhaltung gestattet, so dass das Grundrecht auf freie Entfaltung der Persönlichkeit nicht verletzt wird. Eine Ausnahme hiervon gilt allerdings dann, wenn der Mieter z.B. einen Blindenhund benötigt.

c) Tierhaltungsverbot mit Erlaubnisvorbehalt

Wirksam ist auch die häufig in Mietverträgen anzutreffende Regelung, wonach Haustiere nur mit der Zustimmung des Vermieters gehalten werden dürfen. Nach einem Rechtsentscheid des OLG Hamm (WM 1981, Seite 53) steht es dem Vermieter grundsätzlich frei, ob er die Tierhaltung duldet oder nicht; seine Entscheidung muss sich aber Einzelfall bezogen und stets an sachlichen Kriterien ausrichten. Solche Kriterien können beispielsweise sein die ablehnende oder auch ängstliche Reaktionen der Mitbewohner auf die Tierhaltung sowie die Gefahr, dass andere Mieter im Hause ebenfalls entsprechende Tiere halten wollen oder aber auch nur das beabsichtigte Halten von Kampfhunden bzw. gefährlichen Tieren (wie z.B. Gift- und Würgeschlangen, giftige Spinnen, Skorpione oder Krokodile).

d) Fehlen einer Vertragsabrede

Findet sich im Mietvertrag keine Vereinbarung, so darf der Mieter, ohne die Erlaubnis beim Vermieter einholen zu müssen, jedenfalls Kleintiere halten. Dazu gehören Ziervögel, Zwergkaninchen, Goldhamster, Mäuse und Meerschweinchen. Anderes gilt jedoch im Hinblick auf die Haltung von Katzen und Hunden: Kaum eine Rechtsfrage ist so umstritten wie die Frage, ob sich die Hunde- und/oder Katzenhaltung noch im Rahmen des „bestimmungsgemäßen Gebrauchs der Mietsache" hält. Nach der wohl herrschenden Rechtsauffassung benötigt der Mieter jedenfalls in städtischen Wohngebieten oder in einem Mehrfamilienhaus die Erlaubnis des Vermieters für eine beabsichtigte Hunde- oder Katzenhaltung.

e) Widerruf der Zustimmung

Hat der Vermieter die Erlaubnis zur Tierhaltung erteilt, so kann er sie grundsätzlich nicht einseitig widerrufen. Etwas anderes gilt dann, wenn der Vermieter für den Widerruf besondere Gründe anführen kann. Ein solch wichtiger Grund kann beispielsweise gegeben sein, wenn das Tier die übrigen Hausbewohner belästigt, gefährdet oder besondere Ruhestörungen verursacht und der Mieter diese Störungen nicht beseitigt. Auch der Gestank durch unsaubere Tierhaltung kann den Widerruf begründen.

Hat der Vermieter die Tierhaltung wirksam untersagt bzw. die Erlaubnis widerrufen und weigert sich der Mieter, das Tier abzuschaffen, kann der Vermieter auf Unterlassung klagen. Im Einzelfall kann sogar auch eine fristlose Kündigung des Mietverhältnisses gerechtfertigt sein

8. Untermiete im Wohnraummietverhältnis

Die Frage, ob ein Vermieter die Erlaubnis zur Untervermietung erteilen muss, ist häufig ein Streitpunkt und endet nicht selten vor den Gerichten. Obwohl das Gesetz hierzu in den §§ 540 und 553 BGB deutliche Regelungen vorsieht, gibt es gleichwohl immer wieder Auslegungsprobleme. Grundsätzlich gilt:
Der Mieter darf einem Dritten die Mieträume ganz oder zum Teil zur selbständigen Nutzung nur mit Erlaubnis des Vermieters überlassen. Dabei ist zu unterscheiden zwischen der Überlassung der **gesamten** Wohnung an einen Dritten (§ 540 BGB) und der **Teilüberlassung**, für die die spezielle Regelung des § 553 BGB zum Zuge kommt. Weiter muss abgegrenzt werden zu der Aufnahme von Angehörigen und Besuchern, denn dieser Personenkreis fällt grundsätzlich nicht unter den Begriff der Gebrauchsüberlassung des § 540 Abs. 1 BGB.

a) Vollständige Wohnraumüberlassung

Die Untervermietung des gesamten Wohnraums an einen Dritten bedarf der Erlaubnis des Vermieters. Wird die vom Mieter erbetene Erlaubnis erteilt, so darf dieser mit der Mietsache entsprechend verfahren. Die Erlaubnis kann auch befristet werden.

Der Mieter hat keinen Anspruch auf die Erteilung der Erlaubnis zur Untervermietung der Wohnung insgesamt. Der Vermieter ist daher berechtigt, eine Anfrage des Mieters abzulehnen. In diesem Fall kann der Mieter allerdings von seinem Sonderkündigungsrecht gemäß § 540 Abs. 1 S. 2 BGB Gebrauch machen und das Mietverhältnis mit einer Frist von drei Monaten kündigen, was dann ein scharfes Schwert darstellt, wenn der Wohnraummietvertrag beispielsweise einen zeitlich befristeten Kündigungsausschluss vorsieht oder ein echter Zeitmietvertrag vereinbart wurde.

Das Sonderkündigungsrecht des Mieters aus § 540 BGB kann nicht durch einen formularvertraglichen Ausschluss beseitigt werden. Es setzt voraus, dass der Mieter beim Vermieter um die Erteilung der Erlaubnis zur Untervermietung nachgesucht hat. Dabei muss er jedenfalls die Person des Untermieters namentlich benennen.
Eine Mitteilung über die Person des Untermieters ist allerdings dann entbehrlich, wenn der Vermieter eine Untervermietung <u>generell</u> abgelehnt hat. Wegen des Sonderkündigungsrechts sollte der Vermieter sich also davor hüten, voreilig Erklärungen abzugeben.

b) Teilweise Wohnraumüberlassung

Entsteht für den Mieter nach Abschluss des Mietvertrages ein berechtigtes Interesse daran, einen Teil der Wohnung einem Dritten zum Gebrauch zu überlassen, so kann er vom Vermieter die Erlaubnis hierzu verlangen. Dafür genügen einleuchtende Gründe wirtschaftlicher, persönlicher oder auch familiärer Natur. Voraussetzung ist ferner, dass der Mieter dem Vermieter die Person und Adresse des Dritten benennt und die Wohnung auch weiterhin selbst zu Wohnzwecken (mit) nutzt.

Anders als bei der beabsichtigten Voll-Überlassung der Wohnung an einen Dritten muss der Vermieter die Genehmigung erteilen, es sei denn, in der Person des Untermieters liegt ein wichtiger Grund vor (insbesondere persönliche Unzuverlässigkeit oder beabsichtigte Änderung des Mietzwecks), der Wohnraum übermäßig belegt würde oder dem Vermieter die Überlassung aus sonstigen Gründen nicht zugemutet werden kann (z.B. bei alsbaldiger Beendigung des Mietverhältnisses des Hauptmieters).

c) Untermietzuschlag

Nach § 553 Abs. 2 BGB kann der Vermieter die Erlaubnis zur Überlassung von der Bereitschaft des Mieters zur Zahlung einer höheren Miete abhängig machen, wenn ihm die Überlassung nur bei einer angemessenen Erhöhung der Miete zuzumuten ist. Es handelt sich dabei um eine Vertragsanpassung wegen eines erweiterten Mietgebrauchs.

d) Lebensgefährte als Untermieter

Wie der Bundesgerichtshof im Jahr 2003 entschieden hat, ist auch der Lebensgefährte des Mieters als „Dritter" im Sinne der §§ 540 und 553 BGB anzusehen. Der Vermieter müsse gerade – so der BGH – wegen der weitreichenden Konsequenzen der Bildung einer Lebensgemeinschaft in der Wohnung über diejenigen Personen, die mit dem Mieter einen auf Dauer angelegten Haushalt begründen wollen, informiert werden, dies vor allem vor dem Hintergrund, dass diese gemäß § 563 BGB das Recht erwerben, bei einem etwaigen Versterben des Mieters in den Mietvertrag einzutreten. Vom Mieter ist daher auch eine Genehmigung für die Aufnahme des Lebensgefährten beim Vermieter einzuholen.

e) Besuch

Klar ist, dass der Mieter ohne Erlaubnis des Vermieters in seiner Wohnung Besuch empfangen kann und darf. Auf die Anzahl der Besucher und die Häufigkeit der Besuche kommt es dabei grundsätzlich nicht an. Vielmehr kann der Mieter auch dem Besucher einen Wohnungs- und Haustürschlüssel aushändigen. Besucher ist nach allgemeiner Auffassung, wer aufgrund besonderer persönlicher Beziehungen den Mieter aufsucht und sich für eine vorübergehende Zeit in der Wohnung aufhält, ohne dafür ein Entgelt zu zahlen. Zeitliche Grenzen lassen sich hierbei nur schwer ziehen. Bei einer Besuchszeit von etwa 4 bis 6 Wochen dürfte jedoch eine Vermutung dafür sprechen, dass die Aufnahme des Dritten auf Dauer angelegt ist. Es wäre dann Mietersache darzutun, dass es sich gleichwohl nur um einen vorübergehenden Aufenthalt handelt.

f) Rechtsfolgen der unerlaubten Untervermietung

Die Überlassung der Mietwohnung an einen Dritten über einen längeren Zeitraum stellt eine unerlaubte Untervermietung dar, wenn die Genehmigung des Vermieters fehlt (BGH vom 02.02.2011, VIII ZR 74/10). Verlegt der Mieter daher seinen Lebensmittelpunkt an einen anderen Ort und überlässt er die Wohnung einem Dritten, so kann das Mietverhältnis durch den Vermieter mit der fristlosen, hilfsweise fristgemäßen Kündigung beendet werden. Voraussetzung ist jedoch stets eine zuvor gegenüber dem Mieter erklärte Abmahnung, die inhaltlich die Androhung der Kündigung für den Fall der weiteren unerlaubten Nutzung durch den Untermieter enthalten muss.

Die auf die Kündigung zu stützende Räumungsklage erweist sich allerdings nur dann als scharfes Schwert, wenn der Vermieter den Tatbestand der unerlaubten Gebrauchsüberlassung im Räumungsprozess auch beweisen kann. Deshalb ist der Vermieter in einem gerichtlichen Verfahren in der Regel gut beraten, sowohl den Hauptmieter als auch den Untermieter gemeinsam auf Räumung/Herausgabe der Wohnung zu verklagen.

9. Gewährleistung

Wenn nach der Überlassung der Wohnung an den Mieter Mängel auftreten, greifen die Gewährleistungsvorschriften der §§ 536 bis 536b BGB. Nach dem Gesetz ist eine Wohnung dann mangelhaft, „wenn sie einen Fehler hat, der ihre Tauglichkeit zum vertragsgemäßen Gebrauch aufhebt, oder wenn ihr eine zugesicherte Eigenschaft fehlt, oder wenn eine solche Eigenschaft später wegfällt". Es muss sich um einen **erheblichen Mangel** handeln, der zu einer Gebrauchsbeeinträchtigung führt. Typische Mängel, die in der alltäglichen Praxis immer wieder auftreten können, sind Feuchtigkeitserscheinungen, Schimmel, Lärmstörungen durch Baulärm oder musizierende Nachbarn, Flächenabweichungen ab 10 %, Fogging, undichte Fenster usw.

a) Mietminderung

Die Minderung tritt automatisch kraft Gesetzes ein. Die Höhe der Mietminderung richtet sich grundsätzlich nach dem Umfang der tatsächlichen Beeinträchtigung. Dies bedeutet, je stärker sich der Mangel auf die Gebrauchstauglichkeit der Wohnung auswirkt, umso größer ist der Anteil der Miete, der vom Mieter einbehalten werden darf. Dabei ist bei der Berechnung der Mietminderung die Bruttomiete, d.h. die Nettokaltmiete zzgl. Betriebs- und Heizkosten, zugrunde zu legen. Dies gilt auch dann, wenn der zur Minderung führende Mangel auf einer Abweichung der Wohnfläche von der im Mietvertrag angegebenen Fläche um mehr als 10 % beruht.

b) Ausschluss des Minderungsrechts

Das Mietminderungsrecht ist ausgeschlossen, wenn

- der Mieter den Mangel bei Vertragsabschluss kannte;
- der Mangel dem Mieter bei Vertragsabschluss infolge grober Fahrlässigkeit unbekannt geblieben ist und der Vermieter ihn nicht arglistig verschwiegen hat;
- der Mieter den Mangel bei Wohnungsübergabe kannte und sich seine Rechte bei der Abnahme nicht vorbehalten hat;
- der Mieter einen im Laufe der Mietzeit aufgetretenen Mangel dem Vermieter nicht unverzüglich anzeigt und der Vermieter infolgedessen keine Abhilfe schaffen kann.

Eine Mietminderung wegen verborgener Mängel ist hingegen nicht ausgeschlossen, selbst wenn der Mieter die Räume „wie besichtigt" übernommen hat.

Wichtig:

Entdeckt der Mieter einen Mangel, so hat er diesen unverzüglich dem Vermieter anzuzeigen (sog. Mängelanzeige). Angaben zum Maß der Gebrauchsbeeinträchtigung oder zur Mängelursache braucht er hingegen nicht zu machen (BGH vom 25.10.2011, VIII ZR 125/11).

c) Zurückbehaltungsrecht

Steht dem Mieter die Einrede des nicht erfüllten Vertrages gem. § 320 BGB zu, so muss er das sich hieraus ergebende Zurückbehaltungsrecht nicht ausdrücklich geltend machen. Dieses Recht ist in der alltäglichen Praxis immer dann von Bedeutung, wenn die Mietsache mangelhaft ist und dem Mieter ein Anspruch auf Herstellung des vertraglich vereinbarten Zustandes zusteht. In der Regel kann der Mieter das Drei- bis Fünffache des Minderungsbetrages einbehalten.

d) Rechtsfolgen des Mangels

Ist die Mietsache mangelhaft, stehen dem Mieter neben dem Minderungs- und Zurückbehaltungsrecht folgende weitere Gewährleistungsrechte zur Seite:

- Anspruch auf Beseitigung,
- Mängelbeseitigung durch den Mieter und Aufwendungsersatz,
- Schadensersatz,
- außerordentliche Kündigung aus wichtigem Grund

soweit die Gewährleistung nicht ausgeschlossen ist. Die vorbenannten Rechte stehen grundsätzlich nebeneinander. Auch ist der Anspruch des Mieters auf Mängelbeseitigung während der Mietzeit unverjährbar, BGH vom 17.02.2010, VIII ZR 104/09.

e) Beispiele

Nachfolgend sollen einige Beispiele aus der Rechtsprechung dargestellt werden:

aa) Fogging

Beim Fogging kommt es zu schwarz-grauen bzw. ölig-schmierigen Staubablagerungen, die meistens in der Heizperiode auftreten, und zwar in Wohnungen, die oftmals zuvor renoviert worden sind. Die Zuweisung der Verantwortung ist in der Praxis äußerst problematisch, weil die Ursachen der Schwärzung selten eindeutig dem Mieter oder dem Vermieter zuzuordnen sind. Da ein Verschulden für eine Mietminderung aber grund-

sätzlich nicht erforderlich ist, kann der Mieter die Miete entsprechend dem Umfang der Beeinträchtigung kürzen.
Beabsichtigt der Mieter zudem, Schadensersatzansprüche gegenüber dem Vermieter geltend zu machen, so muss er die gesetzlichen Voraussetzungen des § 536 a Abs. 1 BGB einschließlich des Verschuldens des Vermieters darlegen und beweisen (BGH vom 25.01.2006, VIII ZR 223/04), was in aller Regel kaum gelingen dürfte.

bb) Mobilfunkanlage

Eine Mobilfunkanlage, die in der Nähe einer Wohnung installiert wird, stellt in der Regel keinen Mangel dar, dies jedenfalls dann, wenn die entsprechenden öffentlich-rechtlichen Vorschriften beachtet worden sind (BGH vom 15.03.2006, VIII ZR 74/05).

cc) Baulärm

Entsteht im Laufe des Mietverhältnisses in der Nachbarschaft erheblicher Baulärm, so ist der Mieter grundsätzlich zur Mietminderung berechtigt, und zwar unabhängig davon, ob der Vermieter gegen den Verursacher vorgehen kann. Der Vermieter selbst sollte allerdings prüfen, ob er zumindest einen Teil der geminderten Miete über den nachbarrechtlichen Ausgleichsanspruch gegen den Eigentümer des Baugrundstückes zurückerhalten kann.

dd) Wohnflächenabweichung

Bleibt die tatsächliche Wohnfläche mehr als 10 % hinter der vertraglichen Vereinbarung zurück, so steht dem Mieter in der Regel ein Minderungsrecht zur Seite. Unerheblich ist dabei, ob die Wohnfläche im Mietvertrag mit dem Zusatz „ca." angegeben, ein großer Garten oder Hausrat mit vermietet ist (BGH vom 2.3.2011, VIII ZR 209/10). Die Minderung berechnet sich auch im Falle der Flächenabweichung stets von der Bruttomiete.
Vermietern ist in Konsequenz aus dieser Rechtsprechung anzuempfehlen, sich vor der Vermietung über die tatsächliche Wohnfläche und deren Berechnungsgrundlage zu informieren oder aber die Wohnung durch einen Sachverständigen ausmessen zu lassen. Anderenfalls sollte im Mietvertrag gänzlich auf die Angabe einer Wohnfläche verzichtet oder aber ein deutlicher Hinweis aufgenommen werden, dass die Angabe der Wohnfläche nicht zur Festlegung des Mietgegenstandes dient (BGH vom 10.11.2010, VIII ZR 306/09).

Beachte:

Sowohl bei der Abrechnung der Betriebskosten als auch bei Mieterhöhungen gilt die 10 %-Grenze: Weicht die im Mietvertrag angegebene Wohnfläche von der tatsächlichen Wohnfläche mehr als 10 % ab, so ist bei der Abrechnung der Betriebskosten sowie bei der Mieterhöhung die tatsächliche Fläche zugrunde zu legen. Andernfalls bleibt es bei der im Mietvertrag vereinbarten Wohnfläche.

Diese Rechtsprechung gilt im Übrigen auch zugunsten des Vermieters: Ist die vermietete Wohnung tatsächlich mehr als 10 % größer als die vereinbarte Fläche, kann es dem Vermieter nach Auffassung des BGH nicht zugemutet werden, an der vertraglichen Vereinbarung über die Wohnungsgröße festgehalten zu werden (BGH vom 23.05.2007, VIII ZR 138/06).

10. Modernisierung

Neben der altersgerechten Anpassung von Wohnungen und Häusern ist die größte Herausforderung der kommenden Jahre die energetische Modernisierung. Die Bundesregierung plant, den Anspruch des Vermieters auf Duldung von Erhaltungs- und Modernisierungsmaßnahmen künftig in den §§ 555a bis 555f BGB-E neu zu kodifizieren und mit den Regelungen über die Modernisierungsmieterhöhung (siehe hierzu Kapitel „Mieterhöhung nach Modernisierung") abzustimmen.

Derzeit besteht gem. § 554 Abs. 2 BGB ein Duldungsanspruch des Vermieters, wenn die beabsichtigte Modernisierungsmaßnahme zur Verbesserung der Mietsache (z.B. Einbau eines Bades, Anbau eines Balkons), zur Einsparung von Energie oder Wasser sowie zur Schaffung neuen Wohnraums dient.

Künftig – so sieht es bislang der zweite Entwurf für das Mietrechtsänderungsgesetz vor – soll festgeschrieben werden, dass auch die Einsparung von Primärenergie (Öl, Kohl oder Gas) als Modernisierungsmaßnahme gilt. Dies war in der Rechtsprechung lange Zeit umstritten, da für den Mieter hierdurch in der Regel keine spürbare Kostenersparnis gegeben ist. 2008 hat der BGH diese Frage im Sinne des Klimaschutzes entschieden und den Anschluss an ein Fernwärmenetz mit Kraft-Wärme-Kopplung als Energiesparmaßnahme im Sinne des § 554 Abs. 2 BGB ausdrücklich bejaht.

a) Modernisierungsankündigung

Die beabsichtigte Modernisierungsmaßnahme ist dem Mieter spätestens drei Monate vor ihrem Beginn in Textform anzukündigen. In dem Ankündigungsschreiben soll der Mieter über die geplanten Arbeiten informiert werden, insbesondere über die Art der Maßnahme sowie deren voraussichtlichen Umfang und Beginn bzw. die voraussichtliche Dauer und die zu erwartende Mieterhöhung. Eine stichwortartige Beschreibung der Maßnahme reicht aus (BGH vom 28.9.2011, VIII ZR 242/10). Es muss nicht jede Einzelheit der beabsichtigten Maßnahme beschrieben und jede Auswirkung mitgeteilt werden. Ausreichend aber auch erforderlich ist, dass die Ankündigung dem Mieter eine zureichende Kenntnis darüber vermittelt, in welcher Weise die Wohnung durch die Modernisierung künftig verändert wird und wie sie sich auf den zukünftigen Mietgebrauch und die zu zahlende Miete auswirkt. Der Mieter soll in die Lage versetzt werden, sich ein realitätsnahes Bild von den beabsichtigten baulichen Maßnahmen zu machen.

b) Härtegründe

Als einer der zentralen Kernpunkte der Mietrechtsänderungs-Novelle sieht der Gesetzgeber vor, dass aus der angekündigten Mieterhöhung resultierende wirtschaftliche Härten (wie z.B. eine unzumutbare Mietbelastung bei einer Luxussanierung oder neue bzw. erhöhte Betriebskosten) künftig nicht mehr – wie bisher noch nach § 554 Abs. 2 Satz 3 BGB der Fall – bei der Abwägung im Rahmen der Duldungspflicht berücksichtigungsfähig sind. Diese Aspekte werden künftig nur noch im Rahmen des Mieterhöhungsverfahrens zu prüfen sein (siehe Kapitel „Mieterhöhung nach Modernisierung"). Hingegen sind persönliche Härtegründe, wie z.B. eine schwere Erkrankung des Mieters und die drohende Verschlechterung seines Gesundheitszustandes infolge der in seiner Wohnung durchzuführenden Bauarbeiten, in die Abwägung, ob ein Duldungsanspruch des Vermieters besteht, stets mit einzubeziehen.

Wichtig:

In Anbetracht des sehr aufwändigen und streitträchtigen Verfahrens, ist der Abschluss sog. Modernisierungsvereinbarungen empfehlenswert. Darin kann beispielsweise geregelt werden, in welcher Höhe der Mieter die Miete während der Maßnahme kürzen darf und/oder in welcher Höhe die Mietvertragsparteien sich auf einen nach Abschluss der Maßnahme zu zahlenden Modernisierungszuschlag verständigen. Der Abschluss solcher Vereinbarungen gibt nicht nur Planungs- sondern auch Investitionssicherheit.

11. Mieterhöhungen

Für nicht preisgebundene Wohnungen, also solche, bei denen die Miete nicht durch Gesetz oder im Zusammenhang mit einer Förderzusage festgelegt ist, werden die Mieten bei Abschluss des Mietvertrages und bei späteren Mieterhöhungen grundsätzlich frei vereinbart. Ist der Vermieter später mit der Miethöhe nicht mehr zufrieden, so können die Vertragsparteien im laufenden Mietverhältnis die gegenwärtige Miete gemäß § 557 BGB einvernehmlich erhöhen. Als weitere Möglichkeit bietet sich die Vereinbarung einer Staffel- oder Indexmiete an. Ist eine vertragliche Vereinbarung nicht begründet worden, so kann der Vermieter unter den in §§ 558 ff. BGB geregelten Voraussetzungen die Zustimmung zur Erhöhung der Miete verlangen.

a) Mieterhöhung auf die ortsübliche Vergleichsmiete

Gemäß §§ 558 ff. BGB kann der Vermieter vom Mieter die Zustimmung zur Erhöhung der Nettokaltmiete, d.h. also desjenigen Mietbetrages, bei dem die Betriebs- und Heizkosten vollständig ausgegliedert sind, erbitten, wenn die Miete seit mindestens einem Jahr unverändert ist und diese innerhalb von drei Jahren um nicht mehr als 20 % erhöht wurde (sog. Kappungsgrenze). Abzustellen ist dabei auf diejenige Nettokaltmiete, die drei Jahre vor dem Wirksamwerden der neuen Mieterhöhung gezahlt wurde.

Beispiel:

Der Mieter erhält im Januar 2012 ein Mieterhöhungsverlangen, in dem der Vermieter die Zustimmung von derzeit € 300,00 auf € 360,00 nettokalt zum 01.04.2012 begehrt. Am 01.04.2009 (Stichtag!) lag die Nettokaltmiete bei € 280,00. Unter Berücksichtigung der 20 %igen Kappungsgrenze ist der Mieter daher nur verpflichtet, einer Erhöhung auf € 336,00 (€ 280,00 plus 20 %) zuzustimmen, selbst dann, wenn die ortsübliche Vergleichsmiete tatsächlich bei € 360,00 liegt.

aa) Begründungserfordernis

Der Vermieter muss sein Erhöhungsbegehren schriftlich begründen. Möglich ist dabei

- die Bezugnahme auf einen (einfachen oder qualifizierten) Mietspiegel,
- der Verweis auf ein mit Gründen versehenes Gutachten eines öffentlich bestellten oder vereidigten Sachverständigen,
- der Hinweis auf (mindestens) drei Vergleichswohnungen, die auch aus dem Bestand des Vermieters stammen dürfen,
- die Bezugnahme auf eine Mietdatenbank.
- Mietspiegel

In aller Regel wird der Vermieter sein Erhöhungsbegehren mit dem Mietspiegel begründen. Dies muss erkennen lassen, wie der Vermieter die Wohnung in den Mietspiegel eingruppiert hat, weshalb der Vermieter die maßgeblichen Umstände, wie Baualter, Ausstattung, Lage, Wohnfläche etc. angeben und das entsprechende Rasterfeld genau bezeichnen sollte.

Entspricht die vertraglich vereinbarte Mietstruktur nicht der des Mietspiegels, haben also die Vertragsparteien beispielsweise eine Brutto- oder Teilinklusivmiete vereinbart, so ist zur Herstellung einer Vergleichbarkeit mit den Mietspiegelwerten erst die sog. (rechnerische) Nettokaltmiete zu ermitteln. Dazu ist der tatsächliche Betriebskostenanteil aus der vereinbarten Brutto- bzw. Teilinklusivmiete heraus zu rechnen, um den in der Vertragsmiete enthaltenen (rechnerischen) Nettomietanteil den jeweiligen (Netto-) Mietspiegelwerten aus dem einschlägigen Rasterfeld gegenüberzustellen.

Sachverständigengutachten

Wählt der Vermieter die zweite Möglichkeit, also den Verweis auf ein mit Gründen versehenes Gutachten, kann er sich beispielsweise einen öffentlich bestellten und vereidigten Sachverständigen von der Handelskammer benennen lassen. Das Gutachten, welches in vollem Wortlaut der Erhöhungserklärung beigefügt werden muss, darf dabei grundsätzlich nicht älter als zwei Jahre sein. Nach der Rechtsprechung ist auch ein sog. Typengutachten zulässig (BGH vom 19.05.2010, VIII ZR 122/09). Zu beachten ist, dass es sich bei dem Sachverständigengutachten um ein so genanntes Parteigutachten handelt, welches mithin für das Gericht nicht bindend ist. Hinzu kommt, dass die Kosten des Gutachtens vom Vermieter zu tragen sind und diese in aller Regel in keinem Verhältnis zu der erbetenen Mieterhöhung stehen.

Vergleichswohnungen

Als weiteres Begründungsmittel kann der Vermieter sich auch auf die Benennung von (mindestens) drei Vergleichswohnungen beziehen. Dabei sollten diese dem Wohnraum des Mieters nach Art, Größe, Ausstattung, Beschaffenheit und Lage im Wesentlichen entsprechen. Jedenfalls drei der vom Vermieter benannten Vergleichswohnungen müssen die verlangte Miete belegen.
In der Erhöhungserklärung sind die Vergleichswohnungen so genau zu bezeichnen, dass der Mieter diese ohne weiteres identifizieren kann, er also ohne Mithilfe des Vermieters ermitteln kann, ob die Wohnungen tatsächlich vergleichbar sind. Es müssen daher unter Umständen genaue Angaben zur Lage der Wohnung auch im jeweiligen Geschoss des Hauses erfolgen.

Mietdatenbank
Weiteres gesetzlich vorgesehenes, in der Praxis jedoch bislang kaum vorhandenes, Begründungsmittel ist die Auskunft aus einer Mietdatenbank, die gegenüber dem Mietspiegel wegen der fortlaufenden Datenerfassung eine größere Aktualität aufweisen dürfte.

Wichtig:

Gibt es in der Gemeinde einen sog. qualifizierten Mietenspiegel, so hat dieser weit reichende Bedeutung: Zunächst enthält er die widerlegbare Vermutung, dass er die ortsübliche Vergleichsmiete wiedergibt. Darüber hinaus muss der Vermieter in einem Mieterhöhungsbegehren selbst dann die entsprechenden Werte aus dem jeweils einschlägigen Rasterfeld des Mietspiegels angeben, wenn er sich auf eine andere Begründungsalternative bezieht, wie z.B. auf ein Gutachten oder Vergleichswohnungen.

bb) Zustimmung des Mieters
Der Zugang des wirksamen Mieterhöhungsverlangens beim Mieter setzt eine zweimonatige Überlegungsfrist in Lauf. Diese beginnt mit dem Ablauf desjenigen Monats, in dem dem Mieter das Mieterhöhungsbegehren zugeht. Stimmt der Mieter der erhöhten Miete innerhalb dieser Frist zu, so ist die erhöhte Miete mit Beginn des dritten Kalendermonats nach dem Zugang des Erhöhungsverlangens zu zahlen.

Beispiel:

Erhält der Mieter das Erhöhungsverlangen im Januar, endet die Überlegungsfrist am 31. März. Stimmt der Mieter zu, ist die erhöhte Miete ab dem 1. April zu zahlen.
Lehnt der Mieter die Mieterhöhung ab oder stimmt er dem Erhöhungsbegehren nur teilweise zu, kann der Vermieter innerhalb von weiteren drei Monaten bei dem zuständigen Amtsgericht auf Erteilung der Zustimmung klagen, im obigen Beispiel also spätestens bis 30. Juni. Versäumt der Vermieter diese <u>Klagefrist</u>, kann er keine Rechte mehr aus dem Mieterhöhungsverlangen geltend machen.

b) Staffelmiete

Die Mietvertragsparteien können bereits bei Abschluss des Mietvertrages, aber auch später gemäß § 557a BGB eine Vereinbarung darüber treffen, wie sich die Miete in Zukunft entwickeln soll. Bei einer solchen Staffelmietvereinbarung wird die Höhe der Miete für bestimmte, in der Zukunft liegende Zeitabschnitte bereits im Voraus festgelegt.

Voraussetzungen für eine wirksame Staffelmietvereinbarung sind:

- die Vereinbarung muss schriftlich getroffen werden,
- für jede einzelne Staffel ist die geltende Miete oder die jeweilige Erhöhung in einem Geldbetrag schriftlich auszuweisen (die Angabe einer prozentualen Steigerung genügt nicht),
- die Miete muss jeweils ein Jahr unverändert sein.

Während der Laufzeit sind Mieterhöhungen nach den §§ 558 bis 559 b BGB ausgeschlossen (Vergleichsmiete sowie Modernisierungszuschlag).

aa) Sonderkündigungsrecht des Mieters
Haben die Mietvertragsparteien neben der Staffelmiete auch eine feste Laufzeit des Mietvertrages vereinbart (siehe hierzu Kapitel „Echter Zeitmietvertrag") oder beispielsweise das Kündigungsrecht für eine bestimmte Zeit ausgeschlossen (vgl. hierzu Kapitel „Kündigungsausschluss"), so steht dem Mieter ein gesetzlich verankertes Sonderkündigungsrecht zur Seite: Danach kann der Mieter bis zum Ablauf des vierten Jahres nach Abschluss der Staffelmietvereinbarung kündigen. Maßgeblicher Zeitpunkt für die Berechnung der Vierjahresfrist ist der Abschluss der jeweiligen Vereinbarung, also nicht der Mietvertragsbeginn. Der Abschluss der Staffelmietregelung und der des befristeten Mietvertrages müssen nicht unbedingt zeitlich zusammenliegen. Die Staffelmietvereinbarung kann auch nachträglich, also im Laufe des Mietverhältnisses, erfolgen. Dann berechnet sich die Vierjahresfrist ab dem Zeitpunkt, zu dem die Staffelmiete vereinbart wurde.

bb) Mietanpassung bei Staffelmiete
Entwickelt sich bei einer Staffelmiete das allgemeine Mietpreisniveau nicht so, wie die Mietvertragsparteien dies bei Abschluss der Vereinbarung erwartet haben, so besteht grundsätzlich kein Anpassungsrecht der jeweils benachteiligten Vertragspartei. Vielmehr besteht gerade bei der Vereinbarung einer Staffelmiete regelmäßig die nicht fernliegende Möglichkeit, dass die vereinbarte Miete im Laufe der Zeit erheblich von der Entwicklung der marktüblichen Miete abweicht. Dieses typische Vertragsrisiko trägt grundsätzlich die jeweils benachteiligte Vertragspartei. Der Mieter bleibt deshalb auch bei einem gravierenden Absinken des allgemeinen Mietniveaus an die vertraglich vereinbarten Staffelerhöhungen gebunden. Allein der Umstand, dass auch der Vermieter im Zeitpunkt des Vertragsschlusses von weiter ansteigenden Mietpreisen ausgegangen ist, verlagert das Risiko der Entwertung der Sachleistung während der Dauer der Staffelmietvereinbarung nicht vom Mieter auf den Vermieter.

c) Indexmiete

Eine weitere Möglichkeit der Mieterhöhung ist die Indexierung. Hierbei wird die Miete durch Vereinbarung an dem vom Statistischen Bundesamt ermittelten Verbraucherpreisindex gekoppelt, § 557 b BGB. Auch diese Vereinbarung ist schriftlich zu regeln. Die Indexanpassung ist ebenfalls nur im jährlichen Rhythmus zulässig. Wie bei der Staffelmiete sind andere Mieterhöhungen ausgeschlossen mit Ausnahme wegen gestiegener Betriebskosten (§ 560 BGB) oder wegen baulicher Maßnahmen, wenn der Vermieter die Umstände, auf denen die Maßnahmen beruhen, nicht zu vertreten hat (§ 559 BGB). Dies ist z.B. der Fall, wenn der Vermieter aufgrund von Vorschriften des Öffentlichen Rechts zur Durchführung von baulichen Maßnahmen verpflichtet ist, wie z.B. Maßnahmen aufgrund der Energieeinsparverordnung (EnEV).
Bei der Indexmiete tritt die Mietänderung – anders als bei der Staffelmiete – nicht automatisch ein, sie muss vielmehr durch schriftliche Erklärung geltend gemacht werden. Inhaltlich muss die Erklärung so abgefasst werden, dass der Mieter die Erhöhung gedanklich und rechnerisch nachvollziehen kann. In der Erhöhungserklärung ist daher sowohl die seit Abschluss des Vertrages oder der letzten Erhöhungserklärung eingetretene Änderung des Preisindexes (Gegenüberstellung alter und neuer Indexwert), als auch die jeweilige neue Miete oder die Erhöhung in einem Geldbetrag anzugeben. Die geänderte Miete ist dann mit Beginn des übernächsten Monats nach Zugang der Erklärung zu entrichten.

Beispiel:

Die Änderungserklärung geht dem Mieter am 23. März zu. Die erhöhte Miete wird ab 01. Mai geschuldet.

d) Mieterhöhung nach Modernisierung

Unter bestimmten Voraussetzungen hat der Vermieter auch die Möglichkeit, die Miete durch einseitige Erklärung nach Vornahme einer Modernisierungsmaßnahme, wie beispielsweise dem Aufbringen einer Wärmedämmung zu erhöhen. Dabei regelt die Vorschrift des § 554 Abs. 2 BGB die Duldungspflicht des Mieters bei Modernisierungsmaßnahmen, wohingegen § 559 BGB die sich daran anschließende Mieterhöhung formuliert. Danach ist der Vermieter grundsätzlich berechtigt, die jährliche Miete um 11% der für die Wohnung aufgewendeten Modernisierungskosten zu erhöhen, wenn

- der Gebrauchswert der Wohnung nachhaltig erhöht wird oder
- die allgemeinen Wohnverhältnisse auf Dauer verbessert werden oder
- nachhaltig Energie oder Wasser eingespart wird.

Die Mieterhöhungserklärung kann der Vermieter deshalb erst nach Durchführung der Modernisierungsmaßnahmen abgeben. Sie ist auch nur dann wirksam, wenn in ihr die Erhöhung aufgrund der nachzuweisenden tatsächlichen Kosten berechnet und entsprechend erläutert ist. Erforderlich, aber auch ausreichend ist, dass der Vermieter die bauliche Maßnahme schlagwortartig bezeichnet, sie den Positionen der Berechnung zuordnet und diejenigen Tatsachen darlegt, anhand derer sich überschlägig beurteilen lässt, ob eine nachhaltige Einsparung von Heizenergie bewirkt wird. Ein bestimmtes Maß an Energieeinsparung braucht nicht angegeben zu werden. Fehlt eine ausreichende Berechnung und Erläuterung, ist die Erklärung unwirksam, geringfügige Fehler oder Mängel der Berechnung können allerdings nachträglich berichtigt werden.

Die erhöhte Miete wird mit Beginn des dritten Monats nach Zugang der Erklärung bei dem Mieter geschuldet. Diese Frist verlängert sich dann um sechs Monate, wenn der Vermieter dem Mieter nicht drei Monate vor Beginn der baulichen Maßnahmen die zu erwartende Höhe der Miete schriftlich mitgeteilt hat oder der tatsächliche Erhöhungsbetrag den angegebenen um mehr als 10% überschreitet.

Beachte:

Die auf die Wohnung des Mieters entfallenden Kosten der baulichen Maßnahmen sind konkret zu ermitteln und anzugeben. Aufwendungen, die der Instandsetzung des Wohnraums oder des Gebäudes dienen, sind nicht umlagefähig. Fallen daher Instandsetzung und Modernisierung zusammen (z.B. bei Ersatz verrotteter, einfach verglaster Fenster durch Isolierverglasung), müssen die Kosten für die fällige Instandsetzung von den Gesamtkosten zunächst abgezogen werden. Auch ist der Vermieter gehalten, bei der Durchführung der baulichen Maßnahmen das Gebot der Wirtschaftlichkeit zu berücksichtigen.

12. Vereinbarungen über den Ausschluss des Kündigungsrechts

Grundsätzlich richtet sich die Laufzeit eines Mietvertrages nach den vertraglichen Vereinbarungen. In aller Regel wird bei der Wohnraummiete ein Mietverhältnis auf unbestimmte Zeit abgeschlossen. Beendet wird ein solches Mietverhältnis, wenn es vom Mieter oder Vermieter gekündigt wird (siehe hierzu Kapitel 14 „Beendigung von Mietverhältnissen"). Unter gewissen Voraussetzungen können die Parteien das Mietverhältnis auch auf bestimmte Zeit befristen (siehe hierzu Kapitel „Zeitmietvertrag"). In diesem Fall endet das Mietverhältnis mit Ablauf der vertraglich vereinbarten Laufzeit. Nach der Rechtsprechung des Bundesgerichtshofs haben die Vertragsparteien auch die Möglichkeit, einen sog. zeitlich befristeten Kündigungsausschluss im Mietvertrag aufzunehmen, d.h. einen Mietvertrag zu schließen, der zunächst über eine längere Zeit ohne Kündigungsmöglichkeit läuft.

Bei der Beurteilung der Wirksamkeit von Kündigungsauschluss-Vereinbarungen wird von der Rechtsprechung vor allem auf die Laufzeit eines einseitigen oder wechselseitigen Kündigungsverzichtes geschaut. Nachfolgend hierzu eine Übersicht:

Verzicht gilt	Individualvertraglicher Kündigungsausschluss		Formularvertraglicher Kündigungausschluss	
	Bis 4 Jahre	**Über 4 Jahre**	**Bis 4 Jahre**	**Über 4 Jahre**
wechselseitig	Mit und ohne Staffelmiete wirksam	Grds. möglich, aber in Verbindung mit Staffelmiete teilwirksam	Möglich auch bei Staffelmiete	Mit und ohne Staffelmiete unwirksam
einseitig	Mit und ohne Staffelmiete wirksam	Grds. möglich, aber in Verbindg. mit Staffelmiete teilwirksam	Grds. nicht möglich, nach BGH aber zusammen mit Staffelmiete wirksam	Mit und ohne Staffelmiete unwirksam

Für den formularvertraglichen Kündigungsausschluss gilt weiter eine Höchstgrenze von bis zu vier Jahren, und zwar gerechnet ab dem Zeitpunkt des Vertragsschlusses (BGH vom 08.12.2010, VIII ZR 86/10 – also nicht ab Vertragsbeginn).
Ein wirksamer Kündigungsausschluss hat zur Folge, dass das Mietverhältnis erst nach Ablauf der Ausschlussfrist durch die Vertragsparteien ordnungsgemäß gekündigt werden kann.

13. Echter Zeitmietvertrag

Die Vertragsparteien können das Mietverhältnis auch zeitlich beschränken: Gemäß § 575 BGB ist es zulässig, das Mietverhältnis auf bestimmte Zeit zu vereinbaren, so dass nach Ablauf dieser Zeit der Mieter keinen Anspruch auf Vertragsfortsetzung hat. Zudem ist vor Ablauf der vereinbarten Mietzeit weder der Vermieter noch der Mieter zur ordentlichen Kündigung berechtigt. Die Befristung ist nur zulässig, wenn der Vermieter:

- die Räume für sich, die zu seinem Haushalt gehörenden Personen oder seine Familienangehörige nutzen will oder
- in zulässiger Weise die Räume beseitigt oder so wesentlich verändern oder instand setzen will, dass die Maßnahmen durch eine Fortsetzung des Mietverhältnisses erschwert würden oder
- Räume nach Ablauf der Mietzeit an einen zur Dienstleistung Verpflichteten vermieten will
- und den Mieter schriftlich auf den Befristungsgrund bei Vertragsschluss hinweist.

Das Befristungsinteresse muss genau beschrieben werden; Schlagworte oder allgemein gehaltene Formulierungen genügen hierbei nicht. Fehlt die Angabe des Verwendungszwecks oder ist diese zu allgemein gehalten, so gilt der Mietvertrag als auf unbestimmte Zeit abgeschlossen.

Der Mieter kann vom Vermieter vier Monate vor Beendigung des Mietverhältnisses darüber **Auskunft** verlangen, ob der Befristungsgrund noch vorliegt. Der Vermieter muss dann binnen eines Monats antworten. Gibt der Vermieter die Antwort verspätet ab, kann der Mieter verlangen, dass das Mietverhältnis um die Dauer der Verspätung verlängert wird.

Hat der Vermieter hingegen seine Verwendungsabsicht zwischenzeitlich aufgegeben, so kann der Mieter die Verlängerung des Vertrages auf unbestimmte Zeit verlangen.

Wird die Mietsache dagegen erst zu einem späteren als dem vertraglich vereinbarten Beendigungszeitpunkt benötigt, kann der Mieter die Verlängerung des Vertrages nur um den entsprechenden Zeitraum verlangen.

Bei einem Mietverhältnis nach § 575 BGB entfällt jeder Bestandsschutz, so dass sich der Mieter nicht auf die Sozialklausel berufen und im gerichtlichen Verfahren nicht die Bewilligung einer Räumungsfrist (§§ 721 Abs. 7, 794 Abs. 5 ZPO) erreichen kann. Ihm bleibt nur die Inanspruchnahme von Vollstreckungsschutz gem. § 765a ZPO.

14. Beendigung von Mietverhältnissen

Wenn die Mietzeit nicht zeitlich bestimmt ist, endet das Mietverhältnis durch Kündigung einer der Vertragsparteien. Dabei kann die Kündigung als ordentliche Kündigung oder als außerordentliche Kündigung erklärt werden. Die Kündigung eines Mietvertrags über Wohnraum bedarf der schriftlichen Form.

Für die Kündigungsfristen gilt die Regelung des § 573 c BGB: Die Kündigungsfrist beträgt danach grundsätzlich drei Monate. Für den Vermieter verlängert sie sich nach fünf Jahren auf sechs und nach acht Jahren auf neun Monate.

a) Berechtigtes Interesse

Die ordentliche Kündigung eines Mietverhältnisses über Wohnraum ist nur wirksam, wenn der Vermieter ein berechtigtes Interesse an der Beendigung des Mietverhältnisses hat, § 573 BGB. Ein berechtigtes Interesse ist in folgenden Fällen gegeben:

- wenn der Mieter seine Vertragspflicht nicht unerheblich verletzt oder
- wenn der Vermieter Eigenbedarf geltend machen kann oder
- wenn der Vermieter durch die Fortsetzung des Mietverhältnisses an einer angemessenen wirtschaftlichen Verwertung des Grundstücks gehindert und dadurch erhebliche Nachteile erleiden würde (sog. Verwertungskündigung).

Die Aufstellung ist nicht abschließend. Auch andere Umstände können ein berechtigtes Interesse des Vermieters darstellen (wie z.B. der Fall des Betriebsbedarfs).

Voraussetzung für die Wirksamkeit einer Kündigung ist, dass diese ausreichend begründet ist. Der Vermieter ist gehalten, die Gründe für sein berechtigtes Interesse im Kündigungsschreiben genau anzugeben, und zwar so, dass der Mieter in die Lage versetzt wird, anhand der gegebenen Gründe abschätzen zu können, ob und in welchem Umfang eine Verteidigung gegen die Kündigung Aussicht auf Erfolg bietet.

aa) Vertragspflichtverletzung

Die Kündigungsgründe müssen hier nicht so schwer wiegen wie nach § 543 BGB, ein schuldhaftes Verhalten des Mieters ist gleichwohl Voraussetzung. Insbesondere ist es nicht notwendig, dass dem Vermieter die Fortsetzung des Mietverhältnisses nicht mehr zugemutet werden kann. Es kommt entscheidend darauf an, ob die Vertragsverletzung die Belange des Vermieters in einem solchen Maße beeinträchtigt, dass die Kündigung als angemessene Reaktion erscheint.

- Ein Fall der unerlaubten Untervermietung, der zur Kündigung berechtigt, kann bereits dann gegeben sein, wenn der Mieter zwar einen Anspruch auf die Erteilung der Erlaubnis hat, es jedoch unterlässt, den Vermieter darum zu bitten und die Untervermietung gleichwohl vornimmt (BGH, Urteil vom 2.2.2011, VIII ZR 74/10).
- Das Unterlassen von Schönheitsreparaturen kann nach den Umständen des Einzelfalls, insbesondere nach vergeblicher Abmahnung, die ordentliche Kündigung auch dann rechtfertigen, wenn die Substanz der Mietsache nicht oder noch nicht beeinträchtigt worden ist (Landgericht Hamburg, WM 1984, 85). Dies ist aber mit Zurückhaltung zu würdigen, in der Regel wird der Vermieter gehalten sein, seine Rechte anderweitig durchzusetzen (z.B. durch eine Leistungsklage).

bb) Eigenbedarfskündigung

Der Vermieter hat ein berechtigtes Interesse an der Beendigung des Mietverhältnisses, wenn er die Räume als Wohnung für sich oder seine Familienangehörigen oder Angehörige seines Haushalts benötigt. Der Vermieter muss die heraus verlangten Räume als Wohnung benötigen. Es ist unschädlich, wenn der Vermieter beabsichtigt, die Räumlichkeiten auch zu beruflichen Zwecken zu nutzen (z.B. für ein privates Arbeitszimmer). Denkbar ist auch die Nutzung eines Teiles der Mieträume für die Behandlung von Patienten soweit die beabsichtigte Nutzung nicht gegen die Zweckentfremdungsverordnung oder gegen baurechtliche Vorschriften verstößt.

Der Eigenbedarf muss beim Vermieter vorliegen. Vermieter- und Eigentümerstellung können auseinander fallen, wie etwa beim Nießbrauch. Besteht ein Nießbrauch, kommt es auf die Person des Nießbrauchsberechtigten an. Der Eigenbedarf kann nur von natürlichen Personen geltend gemacht werden. Eine Personenhandelsgesellschaft kann einen Wohnraummietvertrag nicht wegen Eigenbedarfs für einen ihrer Gesellschafter kündigen (BGH, Urteil vom 15.12.2010, VIII ZR 210/10). Dies gilt allerdings nicht für die GbR (BGH vom 26.7.2007 und 16.7.2009, VIII ZR 271/06).

Der Kreis der **Familienangehörigen** ist nicht klar definiert. Eine verwandtschaftliche oder schwägerschaftliche Beziehung muss in jedem Fall bestehen. Eltern, Kinder, auch Stiefkinder und Geschwister sind immer Familienangehörige, ebenso Ehepartner selbst für den Fall, dass sich die Eheleute trennen wollen. Das Gleiche gilt für die Beziehung zwischen Schwiegereltern und Schwiegerkindern sowie Nichten und Neffen (BGH vom 27.01.2010, VIII ZR 159/09). Sind die verwandtschaftlichen oder schwägerschaftlichen Beziehungen weniger eng (etwa bei einem Schwager), so kommt es darauf an, dass zwischen solchen Verwandten und Verschwägerten und dem Vermieter eine enge familiäre oder persönliche Beziehung besteht (BGH vom 03.03.2009, VIII ZR 247/08).

Dieses ist bereits in der Kündigungserklärung darzustellen.

Eigenbedarf besteht, wenn der Vermieter die Wohnräume „benötigt". Es reichen dafür vernünftige und nachvollziehbare Gründe, der Vermieter muss nicht zwingend auf die Räume angewiesen sein (BVerfG, WM 1993, 729). Der Vermieter entscheidet grundsätzlich, wie er wohnen möchte. Er kann grundsätzlich seine Lebensführung frei gestalten, das Gericht hat hier nur eingeschränkte Prüfungskompetenzen (Missbrauchskontrolle). Besonders Gewicht kommt dem **Begründungserfordernis** des § 573 III BGB zu. Der Vermieter hat im Kündigungsschreiben die Bedarfsgründe anzugeben. Es ist ausreichend, wenn im Kündigungsschreiben die Person, für welche die Wohnung benötigt wird und das Interesse dieser Person an der Erlangung der Wohnung mitgeteilt wird (BGH vom 06.07.2011, VIII ZR 317/10 sowie BGH vom 17.3.2010, VIII ZR 70/09).

Eigenbedarf lässt sich nicht auf bestimmte Sachverhalte festlegen, entscheidend ist der Einzelfall. Sie können sich insbesondere aus der Veränderung der Lebenssituation des Vermieters oder der begünstigten Person ergeben (z.B. Heirat, Begründung einer Lebensgemeinschaft, Geburt von Kindern, Krankheit und Pflegebedürftigkeit des Vermieters oder seiner Angehörigen, Aufgabe des Arbeitsplatzes, Eintritt in den Ruhestand, berufsbedingter Ortswechsel, Erkrankung, wirtschaftliche Gründe. Der Annahme von Eigenbedarf steht nicht entgegen, dass der Vermieter die Wohnung zunächst für seine Zwecke umbauen muss. Die Wirksamkeit der Kündigung hängt auch nicht davon ab, dass die Baugenehmigung vorliegt (streitig). Der Vermieter muss aber in jedem Falle im Rahmen der Räumungsklage nachweisen, dass sein Eigenbedarfsvorhaben auch verwirklicht werden kann, dazu muss in der Regel die Baugenehmigung oder zumindest ein Bauvorbescheid vorgelegt werden.

Die Wohnung muss sich für den Bedarf eignen, hier werden häufig Fehler gemacht. Legt der Vermieter etwa im Rahmen seiner Eigenbedarfskündigung dar, dass er fünf Zimmer benötigt und verfügt die Wohnung nur über vier Zimmer, so wird die Räumungsklage keinen Erfolg haben. Ist der Vermieter äußerst gebrechlich, z.B. infolge hohen Alters, und kann deshalb Treppen nicht mehr steigen, so ist eine im 4. Stock eines Mehrfamilienhauses belegene Wohnung, die nicht über einen Fahrstuhl erreicht werden kann, ungeeignet. Ungeeignet ist auch eine Wohnung, die gemessen an dem geltend gemachten Bedarf, deutlich zu groß ist. Dieser Einwand wird immer wieder erhoben, gerade dann, wenn der Vermieter eine Wohnung kündigt, um sie einem Kind zur Verfügung zu stellen, wenn dieses die Ausbildung gerade erst beendet hat. Hier gibt es unterschiedliche Entscheidungen, die einem Schüler oder einem Studenten verwehren, in eine größere Wohnung oder ein Haus einzuziehen, entscheidend ist hier auch der Einzelfall. Das Gericht hat allerdings nicht die Funktion einer „Wohnraumkontrolle".

Der Eigenbedarf muss auch für eine längere Dauer beabsichtigt sein, eine Inanspruchnahme nur für eine kurzfristige Übergangslösung ist nicht gerechtfertigt. Der Eigenbedarf wird nicht dadurch ausgeschlossen, dass der Vermieter diesen „selbst" verschuldet hat. Auch die Inanspruchnahme einer vermieteten Wohnung durch den Käufer verstößt nicht gegen Treu und Glauben.

Rechtsmissbrauch

Der Eigenbedarf kann ausgeschlossen sein, wenn er bereits zum Zeitpunkt des Vertragsabschlusses angelegt war, es handelt sich hier um eine häufige Stolperfalle.

- Den Vermieter trifft die Obliegenheit, einen gewissen Zeitraum voraus zu planen. So setzt sich ein Vermieter zu seinem eigenen Verhalten in Widerspruch, wenn er eine Wohnung auf unbestimmte Zeit vermietet, obwohl er entweder entschlossen ist oder zumindest erwägt, diese alsbald selbst in Gebrauch zu nehmen (BGH vom 06.07.2010 und 13.04.2010, VIII ZR 180/09).
  Beispiel:
  Der Vermieter, der in München lebt, vermietet am 01.01.2012 eine Wohnung in Hamburg. Er weiß, dass er in zwei bis drei Jahren nach Hamburg zurückkehren wird. Er möchte dann die Wohnung wieder beziehen. Vermietet er die Wohnung auf unbestimmte Zeit, ohne den Mieter auf den Eigenbedarfswunsch aufmerksam zu machen, so ist er auf die Dauer von wenigstens fünf Jahren seit dem Zeitpunkt des Abschlusses des Mietvertrages mit der Eigenbedarfskündigung ausgeschlossen.

- Alternativwohnungen sind anzubieten. Wird aus dem Bestand des Vermieters in einem zeitlichen Zusammenhang mit dem Ausspruch der Kündigung oder bis zur Räumung durch den Mieter eine andere Wohnung frei, so hat der Vermieter diese, will er sie nicht selbst beziehen, dem Mieter grundsätzlich anzubieten und diesem Gelegenheit zu geben, diese Wohnung anzumieten. Dies gilt auch dann, wenn die frei werdende Wohnung mit der gekündigten nicht vergleichbar ist, weil sie etwa kleiner oder größer ist. Der Mieter selbst muss die Gelegenheit erhalten zu entscheiden, ob er diese anmieten will oder nicht. Unterlässt der Vermieter das Angebot der Alternativwohnung, so ist das Festhalten an seinem bisherigen Eigenbedarf treuwidrig mit der Folge, dass eine Räumungsklage abgewiesen wird. Zur ordnungsgemäßen Erfüllung der Anbietpflicht muss der Vermieter dem Mieter über die wesentlichen Bedingungen der Anmietung, wie Größe und Ausstattung der Wohnung sowie Mietkonditionen informieren (BGH vom 13.10.2010, VIII ZR 78/10).

cc) Verwertungskündigung

In Ausnahmefällen kann es gelingen, die Beendigung eines Mietverhältnisses unter Hinweis darauf zu begründen, dass durch die Fortsetzung der Vermieter an einer angemessenen wirtschaftlichen Verwertung des Grundstückes gehindert ist und dadurch erhebliche Nachteile erleidet.

Aus Sicht der Vermieter ist der Hauptanwendungsfall der beabsichtigte Verkauf einer Immobilie, weil im vermieteten Zustand häufig nur ein geringerer Verkaufserlös als bei der Veräußerung im unvermieteten Zustand erzielt werden kann (BGH, Urteil vom 08.06.2011, VIII ZR 226/09). In Betracht kommen kann auch eine wirtschaftliche Verwertung des Grundstückes im Wege der baulichen Umgestaltung durch Umbau, Abriss oder Neuaufbau (so zur Hamburger Ried-Siedlung, BGH vom 09.02.2011, VIII ZR 155/10). Dabei darf auch das Ziel verfolgt werden, den Mietertrag durch Teilung oder Zusammenlegung des Wohnraums zu marktgerechten Größen zu steigern (BGH vom 28.01.2009, VIII ZR 7/08).

Eine vom Vermieter wegen eines geplanten Abrisses und Neubaus ausgesprochene Kündigung genügt dem Begründungserfordernis des § 573 III BGB, wenn dem Mieter mitgeteilt wird, aus welchen Gründen der Vermieter die vorhandene Bausubstanz nicht für erhaltenswert hält und welche baulichen Maßnahmen er stattdessen plant (BGH vom 09.02.2011, VIII ZR 155/10).

Wie auch bei der Kündigung wegen Eigenbedarfs ist auch hier zusätzlich die Kündigungssperrfrist gem. § 577 a BGB nach Umwandlung in Wohnungseigentum zu berücksichtigen.

b) Teilkündigung

Die Teilkündigung spielt in der Praxis eine erhebliche Rolle, weil gerade auch im Zuge der Aufteilung eines Mehrfamilienhauses in Wohnungseigentum der Ausbau des Dachgeschosses vom Vermieter beabsichtigt ist. In der Regel befinden sich dort vermietete Bodenräume, die dem Ausbau zu Wohnzwecken entgegen stehen. Normalerweise kann ein Mietvertrag nur insgesamt beendet werden. Das Gesetz sieht jedoch in § 573 b BGB eine Ausnahme von diesem Grundsatz vor: Danach darf der Vermieter „nicht zum Wohnen bestimmte Nebenräume" einzeln kündigen, um Wohnraum zum Zwecke der Vermietung zu schaffen.

In Betracht kommen vor allem Keller- und Bodenräume, Abstell-, Wasch- und Trockenräume sowie Garagen. Auch Teile des Grundstückes sind denkbar, z.B. der überlassene

Garten, Höfe, Abstellflächen für Kraftfahrzeuge, freistehende Garagen und Schuppen. Wichtiges Merkmal der Teilkündigung ist, dass der Vermieter Nebenräume oder Grundstücksteile benötigt, um Wohnraum zum Zwecke der Vermietung zu schaffen. Die Teilkündigung ist also ausgeschlossen, wenn der Vermieter Wohnraum schaffen möchte, um diesen selbst zu beziehen oder zu veräußern. Gemäß § 573 b BGB beträgt die Kündigungsfrist drei Monate, und zwar unabhängig von der Laufzeit des Mietvertrages.

c) Zweifamilienhauskündigung

Der Gesetzgeber hat in § 573 a BGB eine Kündigungsmöglichkeit für den Vermieter geschaffen, wenn dieser mit dem Mieter auf „Tuchfühlung" lebt: Danach kann der Vermieter ein Mietverhältnis über eine Wohnung in einem vom Vermieter selbst bewohnten Wohngebäude mit nicht mehr als zwei Wohnungen ohne Angabe eines berechtigten Interesses kündigen. Entscheidend sind die baulichen Gegebenheiten (BGH vom 17.11.2010, VIII ZR 90/10). Ein Wohnhaus, in dem sich neben je einer Wohnung im Erdgeschoss und im Obergeschoss eine selbständig als Wohnung nutzbare Einliegerwohnung im Untergeschoss befindet, ist auch dann kein „Gebäude mit nicht mehr als zwei Wohnungen" im Sinne des § 573a Abs. 1 BGB, wenn der Vermieter neben der Erdgeschosswohnung auch die Einliegerwohnung nutzt.

Soweit ein Gebäude teils gewerblichen, teils Wohnzwecken dient, ist die Anwendung des Kündigungsrechts aus § 563 a BGB umstritten: Nach einer Entscheidung des BGH vom 25.6.2008 (VIII ZR 307/07) ist maßgebend, dass bei Abschluss des gekündigten Mietvertrages das Gewerbe genutzt worden ist; unerheblich ist, ob es vorher eine Wohnung war (im entschiedenen Fall handelte es sich um eine Wäscherei im Erdgeschoss und 2 Wohnungen im Obergeschoss, von denen der Vermieter eine bewohnte).

Beachte:

Wichtig ist, dass der Vermieter bereits in der Kündigungserklärung darlegt, dass die Kündigung auf § 573 a BGB gestützt wird. Er muss ferner beachten, dass sich die Kündigungsfrist um drei Monate verlängert.

Beispiel:

Besteht das Mietverhältnis bereits länger als fünf Jahre, beträgt die Kündigungsfrist sechs Monate. Bei der Zweifamilienhauskündigung nach § 573 a BGB verlängert sich diese auf neun Monate.

d) Sozialklausel

Der Mieter kann der Kündigung eines Mietverhältnisses über Wohnraum widersprechen und vom Vermieter die Fortsetzung des Mietverhältnisses verlangen, wenn die vertragsgemäße Beendigung des Mietverhältnisses für den Mieter oder seine Familie eine Härte bedeuten würde, die auch unter Würdigung der berechtigten Interessen des Vermieters nicht zu rechtfertigen ist. Ein solcher Härtegrund kann beispielsweise dann vorliegen, wenn angemessener Ersatzwohnraum zu zumutbaren Bedingungen nicht beschafft werden kann. Auch können hohes Alter, ein bedenklicher Gesundheitszustand des Mieters, Verwurzelung in der Wohngegend, lange Mietdauer etc. Härtegründe darstellen. Erforderlich ist ein **schriftlicher Widerspruch** des Mieters gegen die Kündigung, verbunden mit dem Verlangen, das Mietverhältnis fortzusetzen. Eine Begründung ist grundsätzlich nicht erforderlich. Auf Verlangen des Vermieters sollte der Mieter aber über die Gründe des Widerspruchs Auskunft erteilen.

Der Widerspruch muss spätestens zwei Monate vor Beendigung des Mietverhältnisses erklärt werden, wenn der Vermieter den Mieter auf die Möglichkeit des Widerspruchs rechtzeitig im Kündigungsschreiben hingewiesen hat.

Beispiel:

Der Vermieter kündigt am 01.12. zum 28.02. und weist den Mieter gleichzeitig auf die Möglichkeit des Widerspruchs, dessen Form und Frist hin. Das Widerspruchsschreiben des Mieters muss sodann dem Vermieter spätestens am 31.12. zugehen.

Liegt ein Härtegrund vor, hat der Mieter grundsätzlich einen Anspruch auf Fortsetzung des Mietverhältnisses, und zwar so lange, wie dies unter Berücksichtigung aller Umstände angemessen ist. Der Vermieter hat mithin zwei Hürden bei Ausspruch einer ordnungsgemäßen Kündigung zu überwinden: Erst wenn die Begründetheit seiner Kündigung feststeht, ist in zweiter Linie zu prüfen, ob – sofern sich der Mieter darauf beruft – nicht etwaige Härtegründe einer Beendigung des Mietverhältnisses entgegenstehen.

e) Kündigungssperrfrist

Im Falle der Umwandlung einer Mietwohnung in eine Eigentumswohnung wird dem Mieter ein zusätzlicher Kündigungsschutz in Form einer Schutzfrist gewährt. Die Regelung des § 577a BGB gilt ausdrücklich nur für die Eigenbedarfs- und Verwertungskündigung (BGH vom 11.03.2009, VIII ZR 127/08). Voraussetzung ist, dass das Wohnungseigentum nach Überlassung des Wohnraums an den Mieter begründet und danach veräußert wurde.

Folgender zeitlicher Ablauf ist erforderlich:

- Abschluss des Mietvertrages
- Begründung von Wohnungseigentum (§§ 3, 8 WEG)
- Veräußerung der Eigentumswohnung

Für diesen Fall hat der Vermieter jedenfalls eine dreijährige Sperrfrist zu berücksichtigen. Für den Erwerber einer solchen Eigentumswohnung bedeutet dies, dass er mindestens drei Jahre warten muss, bevor er dem Mieter kündigen kann. Kündigt er vor Ablauf der Sperrfrist, ist die Kündigung unwirksam. Die Regelung des § 577 a BGB sieht zudem vor, dass die Landesregierungen die dreijährige Frist durch Rechtsverordnung auf bis zu 10 Jahre ausdehnen können, wenn die ausreichende Versorgung der Bevölkerung mit Mietwohnungen zu angemessenen Bedingungen in einer Gemeinde oder einem Teil einer Gemeinde besonders gefährdet ist und diese Gebiete von der Landesregierung bestimmt worden sind.

Die Kündigungssperrfrist gilt nicht für den „allgemeinen Kündigungsgrund" des § 573 Abs. 1 BGB, (BGH vom 11.3.2009, VIII ZR 127/08).

f) Außerordentliche Kündigung

Diese Kündigungsmöglichkeit erlaubt den Vertragsparteien, sich sofort und ohne Rücksicht auf gesetzliche oder vereinbarte Kündigungsfristen oder den vertraglich vereinbarten Endtermin des Mietverhältnisses vom Vertrag zu lösen. Voraussetzung für die außerordentlich fristlose Kündigung ist ein „wichtiger Grund", wie beispielsweise die nachhaltige Störung des Hausfriedens, unerlaubte Untervermietung, ständig verspätete Mietzahlungen oder auch Feuchtigkeit, Schimmelpilzbefall etc.
Zu beachten ist, dass in aller Regel die fristlose Kündigung erst zulässig ist, wenn zuvor eine angemessene Frist zur Abhilfe gesetzt oder ausdrücklich abgemahnt worden ist (BGH vom 18.04.2007, VIII ZR 182/06).

g) Fristlose Kündigung wegen Zahlungsverzugs

In der Praxis ist von besonderer Bedeutung die fristlose Kündigung wegen Zahlungsverzugs, die geregelt ist in §§ 543 Abs. 2 Ziff. 3 i.V. mit § 569 Abs. 3 BGB: Ist der Mieter für zwei aufeinander folgende Termine mit der Entrichtung der Miete oder eines nicht unerheblichen Teils der Miete in Verzug oder ist der Mieter in einem Zeitraum, der sich über mehr als zwei Termine erstreckt, mit der Entrichtung der Miete in einer Höhe in Verzug geraten, der die Miete für zwei Monate erreicht, so kann der Vermieter fristlos kündigen.

Beispiel:
Der Mieter schuldet monatlich € 500,00, der Mietzins ist bis zum dritten Werktag eines jeden Monats im Voraus fällig.

- Der Mieter zahlt für die Monate April und Mai nicht:
  Der Vermieter kann fristlos kündigen.
- Der Mieter zahlt für den Monat April nichts und für den Monat Mai die Hälfte:
  Der Vermieter kann fristlos kündigen.
- Der Mieter zahlt für den Monat April nichts und für den Monat Mai € 400,00:
  Ein Kündigungsrecht besteht nicht.
- Der Mieter zahlt für die Monate März, April, Mai und Juni jeweils nur die Hälfte:
  Der Vermieter kann kündigen, weil der Rückstand zwei Monatsmieten erreicht.

Miete im Sinne dieser Vorschrift ist das gesamte Entgelt für die Überlassung des Gebrauchs der Mietsache, nicht aber Forderungen aus Nebenkostenabrechnungen.

Wichtig:

Auch die fristlose Kündigung muss begründet sein. Im Kündigungsschreiben sollte daher bereits genau angegeben sein, in welchen Monaten der Mieter mit welchem Betrag in Rückstand geraten ist.

Eine Besonderheit bei der fristlosen Kündigung wegen Zahlungsverzugs besteht darin, dass der Mieter die Folgen der fristlosen Kündigung dadurch abwenden kann, dass er die gesamte rückständige Miete bis zum Ablauf von zwei Monaten nach Eintritt der Rechtshängigkeit (d.h. Zustellung der Klage an den Mieter) befriedigt. Die gleiche Rechtsfolge tritt ein, wenn eine öffentliche Stelle (z.B. Bezirksstelle zur Wohnungssicherung) sich zur Begleichung der Rückstände verpflichtet. Gibt der Mieter allerdings innerhalb von zwei Jahren erneut Anlass für eine weitere fristlose Kündigung wegen Zahlungsverzugs, kommt ihm die Rechtswohltat der Schonfrist nicht mehr zugute.

h) Mietverträge von mehr als 30 Jahren

Wird ein Mietverhältnis für eine längere Zeit als 30 Jahre geschlossen, so kann nach 30 Jahren jeder Teil das Mietverhältnis unter Einhaltung der gesetzlichen Frist kündigen. Mietverträge, die solch lange Befristungen enthalten, sind bei der Wohnraumvermietung allerdings äußerst selten. Häufiger kommen Mietverträge vor, die **auf Lebenszeit** des Mieters abgeschlossen sind. Für derartige Mietverhältnisse gilt das Sonderkündigungsrecht nicht.

i) Tod des Mieters

Stirbt der Mieter, so steht sowohl dem Vermieter als auch den Erben des Mieters das Recht zu, den Mietvertrag unter Einhaltung der gesetzlichen Frist und ohne Begründung zu kündigen, § 564 BGB. Die Kündigung kann nur innerhalb eines Monats erfolgen, nachdem die Vertragsparteien vom Tod des Mieters und davon Kenntnis erlangt haben, dass ein Eintritt in das Mietverhältnis oder dessen Fortsetzung nicht erfolgt ist (§§ 563, 563a, 563b BGB). Die Wirksamkeit der Kündigung durch den Erben hängt nicht davon ab, dass dieser dem Kündigungsempfänger zugleich sein Erbrecht nachweist.

15. Mietaufhebungsvertrag

Die Mietvertragsparteien haben auch die Möglichkeit, das Mietverhältnis durch einen Aufhebungsvertrag zu beenden, und zwar unabhängig davon, ob das Mietverhältnis befristet oder unbefristet ist. In der Praxis stellt daher auch der Mietaufhebungsvertrag eine echte Alternative gegenüber einem langwierigen und in der Regel teuren Räumungsverfahren dar. Er bietet zudem die Möglichkeit für beide Vertragspartner, gleichzeitig eine allumfassende und wirtschaftlich sinnvolle Lösung über noch offene Streitpunkte herbei zu führen sowie ferner auch Regelungen für die Abwicklung des Mietverhältnisses zu vereinbaren. Als Beispiele seien benannt:

- die Verpflichtung des Vermieters zur Zahlung einer bestimmten Abfindungsbetrages unter der Prämisse, dass der Mieter zu einem bestimmten Zeitpunkt die Wohnung zurück gibt,
- eine einvernehmliche Regelung über etwaig noch durchzuführende Schönheitsreparaturen,
- eine Abrechnung oder Abgeltung von (ggf. noch abzurechnenden) Nebenkosten,
- eine sog. Generalquittung, wonach etwaige weitere gegenseitige Ansprüche aus dem Mietverhältnis mit Abschluss des Aufhebungsvertrages erledigt sind.

Voraussetzung für den Abschluss eines wirksamen Mietaufhebungsvertrages ist die Einigung beider Vertragsparteien über die Beendigung des Mietverhältnisses. Daneben sollte zur Rechtsklarheit stets ein (Spätest-)Termin der Räumungsverpflichtung angegeben werden, da diese Zeitpunkte nicht unbedingt identisch sein müssen. In aller Regel wird dem Mieter eine angemessene Räumungsfrist eingeräumt, dies oftmals verbunden mit dem Recht, die Wohnung auch schon vor Ablauf dieser Frist unter Beachtung einer kurzen Ankündigungsfrist zurückgeben zu können.
Der Mietaufhebungsvertrag unterliegt keinem Formzwang, er kann mithin auch mündlich vereinbart werden. Aus Beweisgründen empfiehlt es sich jedoch stets, den Aufhebungsvertrag schriftlich abzuschließen.

Praxistipp:

In Hamburg besteht die Möglichkeit, den Mietaufhebungsvertrag vor der **Öffentlichen Rechtsauskunfts- und Vergleichsstelle** *(www.hamburg.de/oera) protokollieren zu lassen. Damit erhalten die Vertragsparteien – ohne ein Gericht anrufen zu müssen – bereits einen vollstreckbaren Titel in die Hand. Die Gebühren sind überschaubar, erst recht im Vergleich zu einem ansonsten etwaig erforderlichen Räumungsrechtsstreit vor den Gerichten.*

16. Schönheitsreparaturen

Schönheitsreparaturen sind kraft Gesetzes vom Vermieter auszuführen. In der Praxis wird diese Verpflichtung jedoch in aller Regel auf den Mieter vertraglich abgewälzt. Dies ist auch formularvertraglich möglich, und zwar unabhängig davon, ob dem Mieter ein renoviertes oder unrenoviertes Mietobjekt zur Verfügung gestellt wurde.

a) Definition

Was zu den Schönheitsreparaturen zählt, ist für den frei finanzierten Wohnungsbau nicht ausdrücklich geregelt. Lediglich für den öffentlich geförderten Wohnungsbau gibt es in § 28 Abs. 4 Satz 4 II. Berechnungsverordnung eine Definition, wonach zu den Schönheitsreparaturen u.a. zählen:

- das Tapezieren und Anstreichen der Wände und Decken,
- das Streichen der Heizungen, einschließlich der Heizrohre,
- das Streichen der Innentüren sowie der Fenster und Außentüren von innen.

Diese (veraltete) Definition wird für allgemeingültig gehalten und deshalb auch im freifinanzierten Wohnungsbau angewandt. Daher genügt es, wenn im Mietvertrag von Schönheitsreparaturen die Rede ist, ohne dass diese näher umschrieben werden.

b) Formularvertragliche Klauseln

Bei der Abwälzung von Schönheitsreparaturen ist darauf zu achten, dass in jedem theoretisch möglichen Fall dem Mieter nicht mehr Lasten auferlegt werden, als er selbst abwohnen kann. Mietvertragliche Vereinbarungen zu der Durchführung von Schönheitsreparaturen müssen wirksam sein, insbesondere den Anforderungen der höchstrichterlichen Rechtsprechung genügen.

aa) Anfangsrenovierung

Regelungen bezüglich der Verpflichtung des Mieters zur Durchführung einer Anfangsrenovierung sind grundsätzlich unwirksam, da dem Mieter für etwaige Dekorationsschäden des Vormieters keine Gegenleistung gestellt wird. Eine Ausnahme von diesem Grundsatz ist dann anzunehmen, wenn der Mietvertrag einen Ausgleich für den Mieter vorsieht. In Betracht kommt dabei ein Renovierungskostenzuschuss oder die mietfreie Überlassung der Wohnung für einen gewissen Zeitraum. Dies hat zur Folge, dass eine Klausel mit der Verpflichtung des Mieters zur Durchführung einer Anfangsrenovierung grundsätzlich nur dann Bestand hat, wenn sie individualvertraglich durch eine (angemessene) Ausgleichsregelung ergänzt wird.

bb) Endrenovierungsklauseln

Formularmäßig vereinbarte Endrenovierungsklauseln sind grundsätzlich wegen unangemessener Benachteiligung des Mieters unwirksam, soweit sie den Mieter unabhängig vom Zustand der Wohnung und dem Zeitpunkt der letzten Renovierung zu Schönheitsreparaturen bei Auszug verpflichten. Nach der Rechtsprechung gilt dies sowohl für formularmäßige „isolierte" Endrenovierungsverpflichtungen (BGH vom 12.09.2007, VIII ZR 316/06), sowie aber auch für den Fall einer Kombination mit der Übertragung der laufenden Schönheitsreparaturverpflichtung. Soweit daher im Mietvertrag – auch in zwei unterschiedlichen Klauseln – eine Verpflichtung des Mieters zur Renovierung während der Mietzeit und zusätzlich beim Auszug festlegt ist, sind die gesamten Regelungen zu den Schönheitsreparaturen insgesamt unwirksam; der Mieter muss also keinerlei Renovierungsarbeiten durchführen.

Hingegen ist nach der Entscheidung des BGH vom 14.01.2009 (VIII ZR 71/08) eine nachträglich getroffene Vereinbarung über die Endrenovierung der Mietwohnung in einem Übergabeprotokoll zulässig und wirksam. Dies gilt selbst dann, wenn im Mietvertrag die Regelungen für die Durchführung der Schönheitsreparaturen unwirksam sind. Voraussetzung ist allerdings, dass die später getroffene Vereinbarung individuell ausgehandelt ist.

cc) „Starre Fristen"

Ist im Mietvertrag eine Verpflichtung des Wohnraummieters enthalten, innerhalb einer vorgegebenen Frist zwingend Renovierungsarbeiten durchzuführen, ist diese Regelung nach der Rechtsprechung des BGH ebenfalls unwirksam. Starre Fristen ergeben sich beispielsweise aufgrund einer Vereinbarung, nach der die Renovierung „*spätestens*", „*mindestens*" oder „*innerhalb*" bestimmter Zeiten auszuführen ist. Sie können sich aber auch durch die bloße Verwendung der Formulierung „*verpflichtet ist*" ergeben. Dies gilt selbst dann, wenn der Fristenplan mit der starren Formulierung in einem gesonderten Absatz geregelt ist.

Wichtig:

Der BGH hat in seiner Entscheidung vom 26.09.2007 (VIII ZR 143/06) ausdrücklich offen gelassen, ob der Fristenplan, der in dem vom Bundesministerium der Justiz herausgegebenen Mustermietvertrag von 1976 *enthalten ist*, wegen inzwischen veränderter Wohnverhältnisse und verbesserter Dekorationsmaterialien auch bei neu abzuschließenden Mietverträgen vereinbart werden kann. Es ist daher zu empfehlen, im Mietvertrag keine Regelfristen für die Schönheitsreparaturen zu vereinbaren.

dd) Ausführungs- und Farbwahlklausel

Auch die sog. Ausführungskauseln sind für den Vermieter besonders gefährlich, denn sie führen in aller Regel zur Unwirksamkeit der Überbürdung der Schönheitsreparaturen. So hat der Bundesgerichtshof die Klausel „*Der Mieter darf nur mit Zustimmung des Wohnungsunternehmens von der bisherigen Ausführungsart abweichen*" mit Urteil vom 28.03.2007 (VIII ZR 199/06) gekippt.

Auch eine formularmäßige Regelung, wonach es dem Mieter obliegt, die Schönheitsreparaturen „*ausführen zu lassen*", benachteiligt den Mieter unangemessen und ist unwirksam, BGH vom 09.06.2010, VIII ZR 294/09.

Entsprechendes gilt auch für Farbwahlklauseln: In der Entscheidung vom 18.06.2008 (VIII ZR 224/07) hat der BGH folgende Regelung für unwirksam erachtet: „*Die Schönheitsreparaturen sind in neutralen, deckenden, hellen Farben und Tapeten auszuführen.*" Interessant und von wohnungswirtschaftlicher Bedeutung ist dabei allerdings, dass der BGH in dieser Entscheidung ausdrücklich eine Verpflichtung des Mieters bejaht, die Wohnung am Ende des Mietverhältnisses nicht in einer ungewöhnlichen Farbgebung zurückzugeben, also vor allem nicht in „Schockfarben" wie braun, schwarz oder rot.

Auch über die sog. **„Hamburger Holzklausel"** hatte der BGH zu befinden: Mit Urteil vom 22.10.2008 (VIII ZR 283/07) hat der BGH die Regelung „*Lackierte Holzteile sind in dem Farbton zurückzugeben, wie er bei Vertragsbeginn vorgegeben war; farbig gestrichene Holzteile können auch in weiß oder in hellem Farbton gestrichen zurückgegeben werden*" für wirksam erklärt.

ee) Exzessives Rauchen

Sind die Schönheitsreparaturregelungen im Mietvertrag unwirksam, verneint der BGH bei Nikotinverfärbungen, die durch Schönheitsreparaturen beseitigt werden können, einen Schadensersatzanspruch des Vermieters (BGH vom 05.03.2008, VIII ZR 37/07). Exzessives Rauchen kann nur dann Schadensersatzansprüche des Vermieters auslösen, wenn die Folgen nicht mehr durch Schönheitsreparaturen beseitigt werden können, also beispielsweise Türen abgeschliffen, Kunststofffensterrahmen ausgetauscht oder Putz abgeschlagen werden muss.

ff) Quotenklauseln

Die zuvor aufgeführten Probleme, den Mieter formularmäßig zur Durchführung einer

Endrenovierung bei Ablauf des Mietverhältnisses zu verpflichten, haben in der Vergangenheit zur Entwicklung von Quotenklauseln (oder Abgeltungsklauseln) geführt. Gegenstand derartiger Klauseln ist die Verpflichtung des Mieters zur Übernahme anteiliger Kosten bei Vertragsende, wenn die Durchführung von Schönheitsreparaturen nach dem – wirksam – vereinbarten Fristenplan noch nicht fällig ist. Die Höhe der vom Mieter zu tragenden Kostenquote wird dabei nach dem Verhältnis der seit der letzten Durchführung von Schönheitsreparaturen bzw. seit dem Mietvertragsbeginn verstrichenen Zeit nach dem Fristenplan für die Durchführung von Schönheitsreparaturen üblichen Zeiträumen ermittelt. Ist eine derartige Klausel wirksam vereinbart worden, hat der Vermieter in der Regel auch vor Ablauf der üblichen Renovierungspflichten einen Anspruch auf kostenmäßige Beteiligung des Mieters an den nächsten durchzuführenden Schönheitsreparaturen.

Der BGH hat sich inzwischen mit drei Kombinationsmöglichkeiten von Quotenabgeltungsklauseln beschäftigt:

- Ist die Abwälzung der Schönheitsreparaturregelungen unwirksam, geht auch die Quotenabgeltung ins Leere;
- ist die Abwälzung der Schönheitsreparaturen auf den Mieter wirksam vereinbart, ist jedoch eine starre quotenaufweisende Klausel unwirksam;
- lässt die Quotenklausel nicht eindeutig erkennen, dass die Abgeltungsquote in einer bestimmten Art und Weise zu berechnen ist, sondern gibt sie dem Vermieter die Möglichkeit, den Mieter aufgrund einer anderen Berechnungsweise, die ebenfalls vom Wortlaut der Klausel gedeckt ist, auf eine unangemessen hohe Quote in Anspruch zu nehmen, ist die Quotenklausel unwirksam.

Hinweis:

Eine unwirksame Quotenklausel führt nicht zur Unwirksamkeit einer vertraglich wirksam vereinbarten Schönheitsreparaturverpflichtung des Mieters (BGH vom 05.03.2008, VIII ZR 95/07).

c) Fälligkeit der Schönheitsreparaturen

Schönheitsreparaturen sind in aller Regel fällig, wenn die Mieträume unansehnlich geworden sind, d.h. Anstriche verschossen, verschmutzt, beschädigt oder rissig, Lackfarben vergilbt oder nicht unerheblich abgestoßen sind.

Grundsätzlich kann der Vermieter die Ausführung von Schönheitsreparaturen auch im laufenden Mietverhältnis verlangen, da sie wirtschaftlich und rechtlich einen Teil der

Gegenleistung des Mieters für die Gebrauchsüberlassung des Mietobjektes darstellt. Dies ist bereits durchsetzbar, wenn die Wohnung dekorationsbedürftig ist. Befindet sich der Mieter während des Mietverhältnisses mit der Durchführung der Schönheitsreparaturen in Verzug, ist der Vermieter berechtigt, die Zahlung eines Vorschusses in Höhe der erforderlichen Renovierungskosten zu verlangen, um seinen Anspruch im Wege der Ersatzvornahme, ggf. in der Zwangsvollstreckung (§ 878 ZPO), durchzusetzen. Nach Erledigung der Arbeiten hat der Vermieter über den Vorschuss abzurechnen.

d) Schadensersatz

Bei Beendigung des Mietverhältnisses können Renovierungsarbeiten nur gefordert werden, wenn diese fällig sind und die Schönheitsreparaturverpflichtung wirksam auf den Mieter abgewälzt worden ist. Kommt der Mieter seiner Verpflichtung nicht nach, stehen dem Vermieter die Rechte aus §§ 280, 281 BGB zu: Der Vermieter muss dem Mieter im Rahmen eines Mängelbeseitigungsschreibens genau mitteilen, welche Mängel beanstandet werden und welche Arbeiten der Mieter zu erledigen hat. Dem Mieter ist eine angemessene Frist zur Durchführung der erforderlichen Renovierungsarbeiten zu setzen, bevor der Vermieter Schadensersatz geltend machen kann.

aa) Leistungsaufforderung

Die (schriftliche) Leistungsaufforderung sollte eine Zustandsbeschreibung enthalten. Allgemein gehaltene Angaben enthalten nur eine Bewertung, die ohne Bezeichnung der zugrunde liegenden Tatsachen für den Mieter nicht nachvollziehbar sind. Die Mängel/Schäden müssen dezidiert beschrieben werden; darüber hinaus ist dem Mieter genau aufzugeben, welche Arbeiten von ihm binnen der gesetzten Frist zu verrichten sind.

bb) Erfüllungsverweigerung

Für den Fall, dass der Mieter die Durchführung der erforderlichen Schönheitsreparaturen „endgültig und ernsthaft verweigert", ist eine Leistungsaufforderung durch den Vermieter nicht mehr erforderlich.

Beachte:

Der bloße Auszug des Mieters stellt in der Regel noch keine endgültige Erfüllungsverweigerung dar! Hinterlässt der Mieter bei Auszug keine neue Adresse, ist es dem Vermieter zuzumuten, Nachforschungen anzustellen, wie beispielsweise eine Anfrage beim Einwohnermeldeamt oder eine Postanfrage.

cc) Umfang des Schadensersatzanspruches

Neben den Kosten für die Durchführung der Schönheitsreparaturen (wie z.B. Maler-, Tischler- Reinigungsarbeiten etc.) umfasst der Schadensersatzanspruch des Vermieters auch den Mietausfall, der durch die verzögerte Weitervermietungsmöglichkeit entsteht. In diesem Fall hat der Vermieter allerdings darzulegen, dass ein neuer Mieter bereits gefunden war, der jedoch wegen der erforderlichen Renovierungsarbeiten die Wohnung nicht zum Vertragsbeginn übernehmen konnte.

Daneben kommen als weitere Schäden auch die Kosten eines Sachverständigen bzw. eines Beweissicherungsverfahrens in Betracht.

e) Verjährung

Nach § 548 Abs. 1 BGB verjähren Schadensersatzansprüche des Vermieters in sechs Monaten ab dem Zeitpunkt, ab dem der Vermieter die Mietsache zurück erhält, und zwar unabhängig davon, ob das Mietverhältnis beendet ist. Zu beachten ist, dass auch der aus dem schlechten Zustand folgende Schadensersatzanspruch wegen Mietausfalls der kurzen Verjährungsfrist unterliegt.

II. Geschäftsraummiete

1. Allgemeine Geschäftsbedingungen

In der Praxis der Gewerberaummiete sind Formularverträge und -klauseln von großer Bedeutung, da Mietverträge in der Regel von den Vermietern gestellt werden und diese zumeist standardisierte Vertragsmuster benutzen. Formularverträge sind nur dann rechtswirksam, wenn sie einer Überprüfung anhand der für Allgemeine Geschäftsbedingungen (AGB) standhalten. Das Gesetz zur Regelung des Rechts der allgemeinen Geschäftsbedingungen (AGBG) ist seit dem 1.1.2002 durch die §§ 305 ff. BGB ersetzt worden. Diese Regelungen sollen den Vertragspartner vor der wirtschaftlichen bzw. auch professionellen Überlegenheit des Verwenders von allgemeinen Geschäftsbedingungen schützen (instruktiv hierzu BGH, Urteil vom 12.07.2006, XII ZR 39/04 zu einer Klausel, die den Mieter eines Einkaufszentrums zum Beitritt in eine Werbegemeinschaft verpflichtet). Der AGB-Verwender ist in der Regel der Vermieter, kann aber auch der Gewerbemieter sein; insbesondere die marktführenden Unternehmen in Industrie und Handel, Banken oder Versicherungen sind den Vermietern regelmäßig wirtschaftlich überlegen und daher in der Lage, ihre Interessen gegenüber den Vermietern durchzusetzen und mieterfreundliche Vertragsbedingungen zu diktieren, woraus sich branchenübliche Standard-Mietverträge entwickelt haben.

Verwender eines Formulartextes ist in der Regel derjenige, der die Vertragsbedingungen stellt, sie also dem anderen Vertragsteil einseitig auferlegt. Der Vermieter, der den Mieter auffordert, ein bestimmtes Vertragsformular zum Vertragsabschluss mitzubringen, ist Verwender im Gegensatz zu dem Vermieter, der es dem Mieter überlässt, einen Formular-Mietvertrag zu besorgen. Wird das Mietvertragsformular von einer dritten Person, etwa von einem Makler oder einem Notar, erstellt oder entwickelt, so kommt es darauf an, welche der Vertragsparteien diese dritte Person beauftragt hat. Nur wenn sich beide Parteien auf ein Formular einigen oder übereinstimmend einem Dritten die Verwendung eines Formulars überlassen, ist keine der Parteien als Verwender anzusehen.

Durch die §§ 305 ff. BGB wird die Vertragsfreiheit bei Formularverträgen eingeschränkt. Die Vorschriften sind bereits anwendbar, wenn die Verträge für eine mehrfache Verwendung schriftlich aufgezeichnet oder in sonstiger Weise fixiert sind. Eine schriftliche Aufzeichnung ist nicht erforderlich (BGH, NJW 2001, 2635). Ausreichend ist ein „Speichern im Kopf des Verwenders". Der BGH hat in seiner Entscheidung vom 27.09.2001 (BGH, NZM 2002, 35) klargestellt, dass Vertragsbedingungen bereits schon dann als vorformuliert gelten, wenn ihre dreimalige Verwendung beabsichtigt ist.

Die §§ 305 ff. BGB gelten nicht, sofern ein - auch vorformulierter - Vertrag im Einzelnen ausgehandelt wird. Das tatsächliche Aushandeln kann nicht durch eine so genannte Verhandlungsklausel ersetzt werden. Der Vermieter kann also nicht das Schutzgesetz dadurch umgehen, dass er den Mieter beispielsweise folgenden Text schreiben lässt:

> *„Ich bestätige ausdrücklich, dass ich vor Abschluss ausreichend Zeit gehabt habe, den heute mit ... abgeschlossenen Mietvertrag durchzulesen, die einzelnen Bestimmungen zu prüfen und zur Kenntnis zu nehmen. Ich erkläre mich vorbehaltlos mit allen Bestimmungen des Vertrags einverstanden."*

Eine solche Erklärung hat keine Bedeutung, die Regelungen der §§ 305 ff. BGB bleiben wirksam (OLG Hamm, RE WM 1981, 77).

Allgemeine Geschäftsbedingungen liegen gemäß § 305 Abs. 1 S. 3 BGB nicht vor, soweit der Inhalt des Mietvertrags zwischen Mieter und Vermieter im Einzelnen **ausgehandelt** ist. Maßgebend ist dabei, ob die Klausel vom Verwender ernsthaft zur Disposition gestellt worden ist, so dass die Gegenpartei die Möglichkeit hat, auf die Vertragsbedingungen Einfluss zu nehmen (Verhandlungsbereitschaft). Ein bloßes Erläutern oder Erörtern der Klausel ist nicht ausreichend.

Praxistipp:

Sofern vorformulierte Vertragstexte ausführlich zwischen den Parteien erörtert und verhandelt worden sind, oder sofern sogar Veränderungen oder Ergänzungen vorgenommen wurden, empfiehlt es sich für den Verwender, die ursprünglichen Vertragsentwürfe und geänderten Vertragstexte aufzubewahren bzw. das tatsächliche Aushandeln durch ein Protokoll über den Verlauf der Vertragsverhandlungen zu dokumentieren.

2. Die Abgrenzung des Gewerberaummietverhältnisses

Abgesehen von dem Sonderfall eines Mischmietverhältnisses bei teilgewerblicher Nutzung gibt es weitere Fälle, in denen in der Praxis irrtümlicherweise Wohnraummietverträge geschlossen werden, obwohl richtigerweise Gewerberaummietverträge hätten vereinbart werden sollen. Es ist seit langem anerkannt, dass die Vermietung von Wohnräumen nicht zwangsläufig ein Wohnraummietverhältnis voraussetzt. Bei der rechtlichen Einordnung eines Mietverhältnisses über zum Wohnen geeignete und genutzte Räume als Wohn- oder Gewerberaummietvertrag ist nach dem vereinbarten Vertragszweck darauf abzustellen, ob die Räume dem Mieter zum eigenen Wohnen überlassen werden. Werden Räume nicht zu eigenen Wohnzwecken des Mieters, sondern zur Weitervermietung an Dritte vermietet, so gelten für das Hauptmietverhältnis nicht die Schutzvorschriften der Wohnraummiete.

Für die Qualifizierung des Vertrages, mit dem der Mieter zum Wohnen geeignete und von ihm an andere zu Wohnzwecken überlassene Räume anmietet, kommt es nicht darauf an, ob der Mieter mit der Anmietung Gewinnerzielungsinteressen verfolgt. Es ist selbst dann kein Wohnraummietverhältnis anzunehmen, wenn ein gemeinnütziger Verein, der satzungsmäßig keine eigenen wirtschaftlichen Interessen verfolgt, zum Wohnen geeignete Räume zum Zwecke der Untervermietung an Vereinsmitglieder oder Dritte anmietet (BGH, NJW 1996, 2862). Gleichgültig ist, ob die Gebrauchsüberlassung seitens des Vereins im Wege der Untervermietung oder im Wege eines sonstigen Nutzungsverhältnisses erfolgt.

Die meisten teilgewerblichen Mischmietverhältnisse werden als Wohnraummietverhältnisse bezeichnet. Dies beruht zum einen auf der Sorge, bei Bezeichnung eines Mietverhältnisses als Gewerberaummietverhältnis gegen Zweckentfremdungsvorschriften zu verstoßen oder aber auf einem Missverständnis der Überwiegenstheorie des BGH. Nach der Überwiegenstheorie des BGH (BGH, ZMR 1986, 278) finden bei gemischt genutzten Räumen entweder die Regeln der Wohnraummiete oder die Regeln der Geschäftsraummiete Anwendung, je nachdem, welcher Nutzungszweck nach dem Parteiwillen überwiegt. Maßgebend ist stets der <u>wahre</u> Vertragszweck. Ein diesem entgegenstehender, im Vertrag vorgetäuschter ist unbeachtlich. Der Grundsatz, dass je nach überwiegender Nutzungsart auf das Mischmietverhältnis entweder die Regeln der Wohn- oder der Gewerberaummiete anzuwenden sind, gilt auch bei objektiver Trennbarkeit der verschiedenen Teile des Mietobjektes, da die Einheitlichkeit eines Mischmietverhältnisses in der Regel gerade auf der von den Parteien gewollten Einheitlichkeit des Vertragsverhältnisses beruht. Welcher Nutzungszweck nach der

Überwiegenstheorie des BGH im Vordergrund steht, ist nicht zwangsläufig von der Fläche abhängig, diese ist nur ein Indiz. In dem vom BGH entschiedenen Fall überwog die Wohnfläche, der BGH ist gleichwohl von einem Geschäftsraummietverhältnis ausgegangen, da im entschiedenen Fall der Mieter – ein Rechtsanwalt – seine ganz überwiegenden Einkünfte aus dem Betrieb der in dem Mietobjekt betriebenen Kanzlei erzielte (BGH, ZMR 1983, 211). Daraus ergibt sich für die Vertragsgestaltung ein erheblicher Spielraum: Es kann daher ein Mischmietverhältnis mit überwiegender gewerblicher Nutzung auch dann vereinbart werden, wenn die Wohnfläche überwiegt. In einem solchen Mietverhältnis gelten also im vollen Umfang die Regeln der Geschäftsraummiete, also auch bezüglich Kündigungsmöglichkeit und Mietzinsänderung.

Die Parteien sind frei in ihrer Vertragsgestaltung und können für unterschiedliche, räumlich nicht verbundene Einheiten einen einheitlichen Vertrag schließen. Auch dann gilt die Überwiegenstheorie des BGH mit der Konsequenz, dass je nach überwiegendem Nutzungszweck die Regeln der Geschäfts- oder die Regeln der Wohnraummiete Anwendung finden. Grundsätzlich entscheiden die Parteien, ob sie ein einheitliches Vertragsverhältnis oder unterschiedliche Verträge wollen.

3. Vertragsanbahnungsphase - Definitionen

a) Letter of Intent/Term Sheet

In der Vertragsanbahnungsphase werden zweckmäßigerweise die Punkte, über die bereits Einigung erzielt worden ist, in so genannten „Term Sheets" festgehalten. Damit ist in der Regel noch kein Vertrag zustande gekommen. Die „Term Sheets" dokumentieren vielmehr nur den Verhandlungsstand.

Auch beim so genannten „Letter of Intent" (LOI) besteht noch kein abschließender Vertragsbindungswille. Durch den Letter of Intent wird lediglich die ernste Bereitschaft zum Vertragsabschluss dokumentiert. Oft werden im Letter of Intent (auch „memorandum of understanding") Rücksichtnahme- und Geheimhaltungspflichten vereinbart, deren Verletzung wiederum Schadensersatzansprüche auslösen können.

b) Mietvorvertrag

Der Mietvorvertrag ist gesetzlich nicht geregelt. Unter einem Mietvorvertrag ist ein schuldrechtlicher Vertrag zu verstehen, durch den sich die Vertragsschließenden dazu verpflichten, demnächst einen anderen Mietvertrag (Hauptvertrag) abzuschließen (BGH vom 7.3.2007, XII ZR 40/05). In Abgrenzung zu bloßen Vorverhandlungen ist ein Vorvertrag nur anzunehmen, wenn ein rechtsgeschäftlicher Bindungswille zum Eingehen der Verpflichtung zum Abschluss des nachfolgenden Hauptvertrages festgestellt werden kann (BGH vom 27.01.2010, XII ZR 148/07). Die Annahme eines Vorvertrages ist daher nur gerechtfertigt, wenn besondere Umstände darauf schließen lassen, dass die Parteien sich - ausnahmsweise - schon binden wollten, bevor sie alle Vertragspunkte abschließend geregelt haben (BGH, NJW-RR 1993, 139). Im Zweifel gilt der Vertrag nach der Auslegungsregel des § 154 Abs. 1 BGB als nicht geschlossen. Der Unterschied zwischen Vorvertrag und Letter of Intent liegt darin, dass der Letter of Intent weder ein Angebot zum Abschluss des Mietvertrages selbst noch zum Abschluss des Vorvertrages darstellt. Vielmehr gibt der Vorvertrag den Parteien das Recht, den Abschluss des Hauptmietvertrages zu verlangen (BGH vom 7.3.2007, XII ZR 40/05) und ggf. auf Abgabe einer entsprechenden Willenserklärung zu klagen, wobei der Klageantrag den gesamten Vertragsinhalt umfassen muss (BGH, NJW-RR 1994, 317).

Beachte:

Grundsätzlich ist von der Vereinbarung eines Mietvorvertrages abzuraten: Entweder besteht noch eine Unklarheit, die meist auch durch den Vorvertrag nicht beseitigt wird; oder aber es kann der Inhalt des Hauptvertrages selbst bereits vollständig festgelegt werden.

c) Vormietrecht

Im Gegensatz zur Option tritt der bisherige Mieter als „Vormietberechtigter" in ein neues Mietverhältnis ein, das der Vermieter mit einem Dritten als potentiellen neuen Mieter vereinbart hat. Nicht nur die Mietzinshöhe, sondern auch alle anderen Regelungen des Vertrages können sich dabei geändert haben. Identisch ist jeweils nur der Vertragsgegenstand.

Wichtig:

Der Vermieter muss bei der Vereinbarung des neuen Mietvertrages zur Vermeidung einer Schadensersatzpflicht darauf achten, dass ein Rücktrittsrecht für den Fall der Ausübung des Vormietrechts vereinbart wird. Hierin zeigt sich bereits der erste Nachteil des Vormietrechts gegenüber der Option. Selbst wenn die Vereinbarung dieses Rücktrittsrechts vom Vermieter nicht übersehen wird, so wird sich nicht ohne weiteres ein neuer Mieter finden lassen, der sich auf langwierige Vertragsverhandlungen einlässt, aufgrund der notwendigen Vereinbarung des Rücktrittsrechts aber weiß, dass die Räume möglicherweise nie von ihm ganz genutzt werden können.

Der Vorteil für den Vermieter besteht darin, dass er, anders als im Falle der Option, nicht an ein Sachverständigengutachten bei der Ermittlung der ggf. neu festzusetzenden Miete gebunden ist, sondern dass er selbst die für diesen Zeitraum zu erzielende Miete mit einem Dritten, nämlich dem potentiellen neuen Mieter, vereinbaren kann und dass der bisherige Mieter, also der Vormietberechtigte, hiergegen keine Einwendungen erheben kann. Dieser Vorteil für den Vermieter ist zugleich der entscheidende Nachteil für den Mieter, der weder Einfluss auf die Vertragsbedingungen im Einzelnen noch auf die Miethöhe nehmen kann, zumal die Gefahr von Gefälligkeitsvereinbarungen in diesem Zusammenhang nicht ganz ausgeschlossen werden kann.

d) Anmietrecht (sog. Vorhand)

Der BGH hat in der Formulierung: *„Der Mieter kann nach Ablauf der 10jährigen Mietzeit erneut anmieten"* ein Anmietrecht des Mieters gesehen, obwohl die Miethöhe nach Abschluss der festen Vertragszeit nicht bestimmt war. Er hat angenommen, dass hier eine angemessene oder ortsübliche Miete als vereinbart gilt. Das Anmietrecht wird auch als „Vorhand" bezeichnet. Von einer Vorhand spricht man, wenn sich jemand verpflichtet, Räumlichkeiten, bevor er sie anderweitig vermietet, dem Vorhandberechtigten anzubieten. In der Vorhand kann aber auch ein aufschiebend bedingter Vorvertrag oder auch eine Option zu sehen sein.

4. Vertragsabschluss

a) Angebot und Annahme

Der Mietvertrag kommt durch Angebot und Annahme zustande. Im Regelfall sollte der Mieter zuerst unterschreiben, er unterbreitet dem Vermieter ein Angebot, welches dieser annehmen kann durch Unterschrift. Ein Mietvertrag ist unter Abwesenden allerdings erst dann zustande gekommen, wenn dem Mieter ein vom Vermieter unterschriebenes Mietvertragsexemplar zugeht. Der Zugang muss zeitnah erfolgen. Hier sind bislang unterschiedliche Vorgaben in der Rechtsprechung gemacht worden:

- KG: „etwa eine Woche" (fünf bis sechs Werktage), WM 1999, 323
- OLG Naumburg: zweieinhalb Wochen, NZM 2004, 825
- OLG Dresden: 2,5 Wochen „bei wichtigen Mietverträgen", NZM 2004, 826
- BGH: 23 Tage „bei Urlaubszeit", NZM 2004, 738
- KG: bei Mietverträgen i.d.R. 2-3 Wochen, NZM 2007, 731

Geht der unterschriebene Mietvertrag dem Mieter nicht rechtzeitig zu, ist die Annahme zu spät erfolgt. Die verspätete Annahme gilt dann als neuer Antrag, welchen der Mieter wiederum annehmen muss. Hat dieser zwischenzeitlich bessere oder günstigere Räume gefunden, ist ein Mietvertrag nicht zustande gekommen.

Wichtig:

Zur Wahrung der Schriftform des § 550 BGB genügt es hingegen, wenn die Vertragsbedingungen eines konkludent abgeschlossenen Mietvertrages in einer der „äußeren Form" des § 126 Abs. 2 BGB genügenden Urkunde enthalten sind, BGH vom 24.2.2010, XII ZR 120/06. Die Tatsache, dass der Mietvertrag nicht mit der verspäteten Gegenzeichnung, sondern später, etwa durch konkludentes Verhalten der Parteien (z.B. durch Übergabe der Mietfläche) zustande kommt, ist insoweit für das Schriftformerfordernis ohne Belang.

b) Vertragsparteien

Für das laufende Mietverhältnis ist nicht nur die genaue Bezeichnung der Mietvertragsparteien wichtig und erforderlich, sondern vor allem auch für die spätere Abwicklung des Mietverhältnisses. Die Mietvertragsparteien auf Vermieter- und Mieterseite sind genau zu bezeichnen, bei Firmen, Vereinen, Stiftungen auch unter Angabe des gesetzlichen Vertreters. Es ist dafür Sorge zu tragen, dass diejenigen Parteien unterschreiben, die im Kopf des Mietvertrages aufgeführt sind.
Bei Firmen empfiehlt es sich - soweit durchsetzbar -, Bürgschaften natürlicher

Personen zu vereinbaren, die neben der Mietvertragspartei haften. Zudem sollte der Vermieter einen Nachweis über den Bestand der Firma einfordern, sowie aber auch die Aufgabe und den Nachweis der genauen Vertretungsverhältnisse, beispielsweise durch Vorlage eines beglaubigten Handelsregisterauszuges. Tritt eine Person als Geschäftsführer auf, sollte auch dessen Ausweis verlangt werden. Neben dieser formellen Überprüfung bleibt in jedem Fall auch die Bonität des Mieters zu überprüfen.

Während des laufenden Mietverhältnisses wechselt der Vermieter gemäß § 566 BGB bei Veräußerung. Eine Auswechselung des Mieters bedarf der vertraglichen Vereinbarung zwischen Vermieter, bisherigem Mieter und Nachfolgemieter. Auch der Vermieter kann einvernehmlich ausgetauscht werden, wobei die Zustimmung des Mieters hierzu auch vorab in den Mietvertrag aufgenommen werden kann. Nach der Entscheidung des BGH vom 9.6.2010 (XII ZR 171/08) kann sogar auch eine formularmäßige Klausel im Mietvertrag zulässig sein, die dem Vermieter das Recht einräumt, seine vertragliche Stellung auf eine andere Person zu übertragen.

Wichtig:

> *Nach mehreren höchstrichterlichen Entscheidungen kann eine ungenaue Bezeichnung der Vertragsparteien oder die Unterzeichnung des Mietvertrages durch eine nicht befugte Person zum Schriftformverstoß führen.*

aa) Erbengemeinschaft

So hat der BGH hat einen Verstoß gegen die gesetzliche Schriftform angenommen, wenn aus dem Vertrag nicht erkennbar ist, wer genau Mitglied einer vermieterseitigen Erbengemeinschaft ist (BGH, NZM 2002, 950; BGH ZMR 2007, 26). Nach Ansicht des BGH genügt ein Mietvertrag nur dann der Schriftform,

> *„wenn sich alle wesentlichen Vertragsbedingungen, insbesondere der Mietgegenstand, der Mietzins sowie die Dauer und die Parteien des Mietverhältnisses aus der Urkunde ergeben. Hierbei sind auch die Vertragsparteien genau zu bezeichnen, da die Beweisfunktion, der das Schriftformerfordernis u.a. dient, nur dann genügt ist, wenn die genaue Bezeichnung des Vermieters aus der Vertragsurkunde ersichtlich ist. Dies gilt insbesondere dann, wenn auf einer Vertragsseite eine Personenmehrheit beteiligt ist. Für einen Grundstückserwerber, dessen Informationsbedürfnis die in § 566 BGB a.F. vorgeschriebene Schriftform vorrangig dient, ist es zudem von wesentlicher Bedeutung, wer als Vermieter den Mietvertrag abgeschlossen hat, da er nur dann nach § 571 BGB a.F. in das Mietverhältnis eintritt, wenn der Vermieter und der Grundstückseigentümer identisch sind."*

bb) BGB-Gesellschaft

Solange die BGB-Gesellschaft als nicht rechtsfähig angesehen wurde, mussten die einzelnen Gesellschafter namentlich benannt werden. Seit dem Urteil des BGH vom 29.01.2001 (NZM 2001, 299) ist klargestellt, dass die (Außen-)GbR Rechtsfähigkeit besitzt und damit Mietvertragspartei sein kann. Der BGH war sich der praktischen Schwierigkeiten bewusst und hat nicht verkannt, dass es wegen der fehlenden Registerpublizität der GbR in einigen Fällen *„schwierig werden könnte, eine GbR im Prozess so klar zu bezeichnen, dass eine eindeutige Identifizierung - vor allem auch im Vollstreckungsverfahren - möglich ist"* (BGH, NZM 2001, 299). Nach Ansicht des BGH ist es den für die Gesellschaft auftretenden Personen ohne weiteres zumutbar, im Aktivprozess der Gesellschaft diese - beispielsweise durch die möglichst exakte Bezeichnung der Gesellschafter, der gesetzlichen Vertreter und der Bezeichnung, unter der die Gesellschaft im Verkehr auftritt - identifizierbar zu machen. Sofern die GbR nicht durch Teilnahme am Rechtsverkehr eigene Rechte und Pflichten begründet, sofern sie also keine Rechtsfähigkeit besitzt, kann die GbR selbst nicht Vertragspartner sein, sondern, wie im Fall der Erbengemeinschaft, nur die einzelnen Gesellschafter der GbR. Wenn aber Vertragspartner die einzelnen Gesellschafter sind, so sind sie sämtlichst im Vertrag zu bezeichnen.

Am 16.07.2003 hat der BGH in einem weiteren Fall (NZM 2003, 801) entschieden, dass die Unterschrift nur eines Gesellschafters unter einen Gewerbemietvertrag nicht dem Schriftformerfordernis genügt, wenn im Rubrum des Vertrages angegeben ist, dass die vermietende GbR durch zwei Gesellschafter vertreten wird.

cc) Aktiengesellschaft

Auch bei Abschluss eines Mietvertrages durch eine AG ist die Schriftform des § 550 BGB nur gewahrt, wenn alle Vorstandsmitglieder unterzeichnen oder eine Unterschrift den Hinweis enthält, dass das unterzeichnende Vorstandsmitglied auch die Vorstandsmitglieder vertreten will, die nicht unterschrieben haben (BGH vom 4.11.2009, XII ZR 86/07).

dd) GmbH

Der BGH hat deutlich gemacht, dass die Person des Unterzeichnenden jedenfalls dann klar sein muss, wenn sich die Unterschrift nicht aus öffentlichen Registern ergibt. Dementsprechend muss bei einem Mietvertrag mit einer GmbH zur Wahrung der Schriftform die Unterschrift nicht mit einem „i.V." gekennzeichnet sein (BGH vom 19.09.2007, XII ZR 121/05). Dies gilt auch dann, wenn die GmbH satzungsgemäß von zwei Geschäftsführern gemeinsam vertreten wird, die Unterschrift in der für die GmbH vorgesehenen Unterschriftszeile (mit dem Zusatz „i.V.") aber von einem Dritten stammt. Ob dieser hierzu bevollmächtigt war oder als vollmachtloser Vertreter unterzeichnet hat, ist eine Frage des Zustandekommens des Vertrages, nicht der Wahrung seiner Form.

ee) Eheleute

Eheleute auf Vermieterseite können sowohl als rechtsfähige (Außen-)GbR als auch als nicht rechtsfähige (Innen-)GbR bzw. als Bruchteilseigentümer auftreten; vorsorglich sollten beide Eheleute als Vertragspartei benannt werden, damit die gesetzliche Schriftform für den Fall, dass nur eine (Innen-)GbR anzunehmen ist, gewahrt ist. Sofern Eheleute bei der Geschäftsraummiete als Mieter auftreten, gilt Entsprechendes.

ff) Wohngemeinschaft

Im Falle einer Wohngemeinschaft wird überwiegend die Auffassung vertreten, dass keine rechtsfähige (Außen-)GbR vorliegt; ansonsten hätte der Vermieter keinen Einfluss mehr auf den Bestand der Wohngemeinschaft.

gg) Wohnungseigentümergemeinschaft

Die Wohnungseigentümergemeinschaft ist rechtsfähig.

hh) OHG und KG

Auch die OHG und KG können gemäß §§ 124, 161 HGB Verträge schließen. Der Mietvertrag kommt nicht mit den einzelnen Gesellschaftern, sondern ausschließlich mit der OHG bzw. KG zustande; die Gesellschafter haften allerdings für die Verbindlichkeiten der Gesellschaft gemäß § 128 HGB, bei der KG nur der persönliche haftende Gesellschafter.

Praxistipp:

Wichtig ist, dass die Gesellschaftsform im Mietvertrag deutlich und richtig angegeben ist, da bei fehlender Angabe der Gesellschaftsform die Identität der Vertragsparteien nicht durch Einblick in das Handelsregister zweifelsfrei geklärt werden kann. Gerade Fonds treten oft als BGB-Gesellschaft auf, so dass eine genaue Überprüfung der Vertragspartei ohne Angabe der Gesellschaftsform nicht möglich ist.

ii) Juristische Personen des öffentlichen Rechts

Im öffentlichen Recht kommt es immer wieder vor, dass nicht die zuständige juristische Person, sondern eine Einrichtung ohne eigene Rechtspersönlichkeit einen Vertrag unterzeichnet. Es ist also gerade bei juristischen Personen des öffentlichen Rechts auf die genaue Parteibezeichnung zu achten.

jj) Nicht rechtsfähiger Verein

Bisher wurde, obwohl der nicht rechtsfähige Verein keine juristische Person ist, dieser als Vertragspartei im Mietrecht anerkannt. Ob dies angesichts der Rechtsprechung des BGH zur Nichteinhaltung der Schriftform bei Erbengemeinschaften und BGB-Gesellschaften noch aufrechtzuerhalten ist, bleibt zweifelhaft; denn ein im Namen des Vereins abgeschlossener Mietvertrag soll nicht den „Verein", sondern sämtliche Mitglieder in ihrer gesamthänderischen Bindung berechtigen und verpflichten. Im Gegensatz zum Einzelhandelskaufmann/-kauffrau fehlt die Registerpublizität; im Gegensatz zur rechtsfähigen (Außen-)GbR fehlt die Rechtsfähigkeit. Vertragspartner sind also die einzelnen Mitglieder, die somit namentlich benannt werden müssten. Wegen fehlender Registerpublizität erscheint zweifelhaft, ob bei bloßer Bezeichnung des Vereinsnamens die eigentlichen Vertragspartner ausreichend bestimmbar sind. Es ist daher den Parteien dringend anzuraten, alle Mitglieder aufzuzählen, wenn Vertragspartei ein nicht rechtsfähiger Verein ist.

c) Ausreichende Kennzeichnung des Vertretungsverhältnisses

In jedem Fall ist zur Einhaltung der Schriftform darauf zu achten, dass ein etwaig bestehendes Vertretungsverhältnis in der Urkunde durch einen entsprechenden Zusatz hinreichend deutlich zum Ausdruck kommt (BGH, NZM 2002, 950). Für alle Erbengemeinschaften, rechtsfähige oder nicht rechtsfähige BGB-Gesellschaften oder Gemeinschaften nach § 741 ff. BGB gilt gleichermaßen: Sofern nicht alle Erben bzw. Mitglieder der Gemeinschaft bzw. Gesellschafter unterzeichnen, ist nicht nur ein das Vertretungsverhältnis anzeigender Zusatz notwendig; erforderlich ist auch eine weitere Kennzeichnung des Vertretungsverhältnisses. In der Entscheidung vom 15.01.2003 (NZM 2003, 235) führt der BGH hierzu folgendes aus:

> *„Für die Einhaltung der Schriftform ist es erforderlich, dass alle Vertragsparteien die Vertragsurkunde unterzeichnen. Unterzeichnet für eine Vertragspartei ein Vertreter den Mietvertrag, muss dies in der Urkunde durch einen das Vertretungsverhältnis anzeigenden Zusatz hinreichend deutlich zum Ausdruck kommen."*

d) Schriftform

Gemäß § 550 BGB gilt, dass ein Mietvertrag, der für längere Zeit als ein Jahr nicht in schriftlicher Form geschlossen wird, als solcher für unbestimmte Zeit gilt und kündbar ist. Die Schriftform beinhaltet nicht nur die schriftliche Abfassung des Mietvertrags und dessen Unterzeichnung, sondern auch, dass sämtliche wesentlichen vertraglichen Vereinbarungen in die Mietvertragsurkunde aufgenommen und durch Unterschrift gedeckt werden. Wesentliche Vereinbarungen dürfen damit nicht außerhalb der Mietvertragsurkunde getroffen werden, es sei denn, es werden formwirksame Nachtragsvereinbarungen gefertigt.

aa) Urkundeneinheit

Der BGH fordert in gefestigter Rechtsprechung keine feste Verbindung der Vertragsurkunde mehr, es reicht aus, dass die Zusammengehörigkeit anderweitig dokumentiert ist, so durch fortlaufende Paginierung, Nummerierung der einzelnen Bestimmungen, einheitlicher grafischer Gestaltung oder inhaltlichem Zusammenhang des Textes. Empfehlenswert ist auch heute noch, Verträge fest zu verbinden, schon um einem Missbrauch vorzubeugen.

Praxistipp:

Es empfiehlt sich, die Verträge möglichst schon vor Unterzeichnung mit allen Anlagen fest zu verbinden.

bb) Schriftform und Anlagen

In einer Entscheidung vom 21.01.1999 hat der VII. Senat ohne nähere Begründung die Schriftform bereits dann als gewahrt angesehen, wenn sich die Einheit von eigentlicher Vertragsurkunde und Anlagen nicht aus der festen körperlichen Verbindung, sondern aus anderen Gründen zweifelsfrei ergibt, z.B. aus der Verweisung sowie den Unterschriften der Vertragspartner auf jedem Blatt der Anlage (NJW 1999, 2591). Diese Lockerungs-Rechtsprechung ist vom Mietrechtssenat des BGH fortgeführt worden. Nach der Entscheidung des BGH vom 30.06.1999 (NJW 1999, 2591) müssen zwar grundsätzlich die Anlagen, soweit sie Essentialia oder weitere Bestimmungen wesentlichen Inhalts enthalten, mit dem Vertrag verbunden werden. Der BGH hat die feste Verbindung aber nicht für erforderlich gehalten, wenn:

- die Anlage (z.B. Nebenkosten) eine Regelung im Mietvertrag nicht abweichend, sondern ergänzend erläutert,
- es sich um eine „belanglose" Anlage (wie z.B. Hausordnung) handelt oder
- die Anlage zwar die genaue Lage der Mieträume enthält, diese aber auch im Wege der Auslegung zu ermitteln wären.

Werden hingegen Teile der wesentlichen Vertragsbedingungen in Anlagen ausgelagert, so ist die Schriftform nur gewahrt, wenn die Anlagen im Mietvertrag so genau bezeichnet werden, dass deren zweifelsfreie Zuordnung zum Mietvertrag möglich ist (BGH, 25.7.2007, XII ZR 143/05 sowie BGH, 2.6.2010, XII ZR 110/08).

cc) Wesentliche Regelungen

Die Kriterien zur Beantwortung der Frage, welche Vereinbarungen wesentlich sind und damit zur Schriftformwahrung in die Vertragsurkunde aufgenommen werden müssen, sind alles andere als trennschaft konturiert. Wie zur Schriftform insgesamt steht auch hier eine reine Kasuistik im Vordergrund. Die generelle Erlaubnis zur Untervermietung (OLG Düsseldorf, ZMR 2002, 741), eine Hausordnung, wenn Verstöße hiergegen zur außerordentlichen Kündigung berechtigen sollen (OLG Naumburg, WM 2000, 671) und die Zusicherung von Eigenschaften sollen etwa dem Schriftformerfordernis unterliegen. Weitere Beispiele für einen Verstoß gegen das Schriftformerfordernis hat die Rechtsprechung u.a. in folgenden Fällen bejaht:

- Fortsetzung des Mietverhältnisses: In einem Fall hat der BGH (NZM 1998, 628) die Schriftform als nicht gewahrt angesehen, nachdem sich die Vertragspartner nach einer vorzeitigen fristlosen Kündigung eines langfristigen Gewerbemietvertrags später auf die Fortsetzung des Mietverhältnisses geeinigt hatten; da eine Einigung über die „Rücknahme" der Kündigungswirkung erst nach Beendigung des Mietverhältnisses zustande gekommen sei, führe die Einigung der Parteien unter solchen Umständen zur Begründung eines neuen Mietverhältnisses, wenn auch in der Regel mit dem Inhalt des früheren Vertrages.
- Abreden über Sonderausstattung: In einer weiteren Entscheidung hat der BGH (NZM 1998, 766) eine vorzeitige Kündigung als wirksam angesehen, weil bei einem ansonsten formwirksam geschlossenen Vertrag Abreden über Sonderausstattung nicht formgerecht vereinbart, sondern nur mündlich abgesprochen wurden.
- Mietzinsfälligkeit: Regeln die Vertragsparteien die Fälligkeit des Mietzinses abweichend von den gesetzlichen Bestimmungen, gehört diese Vereinbarung zu den wesentlichen Vertragsbedingungen und bedarf der Schriftform, BGH vom 19.9.2007, XII ZR 198/05, ZMR 2008, 105.
- Formlose Fortsetzung: An einer konstitutiven Bedeutung der Schriftform fehlt es etwa dann, wenn die Schriftform nur Beweiszwecken dienen soll. Aber auch wenn die Parteien den noch nicht beurkundeten Vertrag einvernehmlich in Vollzug setzen, können sie damit zu erkennen geben, dass der Vertrag ohne Rücksicht auf die nicht eingehaltene Schriftform wirksam werden soll, BGH vom 8.10.2008, XII ZR 66/06, ZMR 2009, 108.
- Ausbauverpflichtung: Hat sich der Mieter gewerblicher Räume gegenüber dem Vermieter verpflichtet, die im Rohbauzustand übernommenen Gewerberäume in Eigenleistung fertig zu stellen, so unterliegt diese Vereinbarung dem Schriftformerfordernis des § 550 BGB, OLG Düsseldorf vom 19.4.2007, I-10 U 122/06.

Der BGH hat in seiner Entscheidung vom 17.12.2009 (XII ZR 57/07) noch einmal verdeutlicht, dass ein für längere Zeit als ein Jahr geschlossener Miet- oder Pachtvertrag bereits dann der Schriftform der §§ 581, 550 BGB genügt, wenn sich die wesentlichen Vertragsbedingungen – insbesondere Mietgegenstand, Mietzins sowie Dauer und Parteien des Mietverhältnisses – aus der Vertragsurkunde ergeben. Der Schriftform bedürfen hingegen nicht solche Abreden, die den Vertragsinhalt lediglich erläutern oder veranschaulichen sollen. Für die Einhaltung der Schriftform ist es ausreichend, dass sich die wesentlichen Vereinbarungen im Zeitpunkt des Vertragsschlusses hinreichend bestimmbar aus der Vertragsurkunde ergeben. Insoweit darf auch auf außerhalb der Urkunde liegende Umstände zurückgegriffen werden, wenn diese zum Zeitpunkt des Vertragsschlusses bereits vorgelegen haben.

dd) Schriftform und nachträgliche Vereinbarungen

Das Schriftformerfordernis gilt nicht nur für den Ursprungs-Mietvertrag, sondern auch für Nachtragsvereinbarungen. Nachtragsvereinbarungen zum Mietvertrag genügen der Schriftform, wenn auf den Ursprungsmietvertrag in ausreichender Weise Bezug genommen wird, die Nachtragsvereinbarung die Änderung aufnimmt und zum Ausdruck bringt, dass alle Bestimmungen im Übrigen unverändert fortgelten und die Nachtragsurkunde sodann auch unterzeichnet ist (vgl. BGH vom 06.04.2005, XII ZR 132/03).

Empfehlung:

Stellt sich im Laufe eines Gewerberaummietverhältnisses heraus, dass das Schriftformerfordernis des Vertrages verletzt ist, kann dieser Mangel durch eine Nachtragsvereinbarung geheilt werden (so explizit BGH vom 29.4.2009, XII ZR 142/07: Ist ein formgerechter Mietvertrag mangels rechtzeitiger Annahme zunächst nicht abgeschlossen worden, so kommt durch eine formgerechte Nachtragsvereinbarung, die auf die ursprüngliche Urkunde Bezug nimmt, ein formgerechter Mietvertrag zustande).

ee) Vorkaufsrecht

Gemäß § 311 b BGB bedarf ein Vertrag, durch den sich der eine Teil verpflichtet, das Eigentum an einem Grundstück zu übertragen oder zu erwerben, der notariellen Beurkundung. Dieses gilt damit auch für Vorkaufsrechte (BGH, GuT 2008, 38 sowie BGH, NZM 2003, 61). Wird in einem Mietvertrag ein Vorkaufsrecht eingeräumt oder verpflichten sich die Vertragsparteien, ein solches zu Gunsten des Mieters zu begründen, ohne dass diese Vereinbarung notariell beurkundet wird, so ist die Einräumung des Vorkaufsrechts nichtig. Da die Vorkaufsrechtsabrede Teil des Mietvertrages ist, ist der Mietvertrag nichtig, es sei denn, er wäre auch ohne die Vorkaufsrechtsabrede geschlossen worden. Diese Feststellung wird man im Regelfall nicht treffen können, weil ein Vorkaufsrecht häufig vom Mieter gewünscht wird, um Investitionen in die Mieträume zu sichern.

ff) Treuwidrigkeit vorzeitiger Kündigung

Ist ein Mietvertrag nicht in der für langfristige Mietverträge vorgeschriebenen Schriftform abgeschlossen, so ist eine darauf gestützte vorzeitige Kündigung nicht deshalb treuwidrig, weil der Mietvertrag zuvor jahrelang anstandslos durchgeführt worden ist. Hierauf hat der BGH in einem Urteil vom 05.11.2003 (XII ZR 134/02) hingewiesen. In der Entscheidung betont der BGH nochmals, dass Schriftform nicht nur bedeutet, dass die mietvertraglichen Vereinbarungen schriftlich niedergelegt sein müssen und der Vertrag von den Parteien unterzeichnet wird. Vielmehr bedeutet Schriftform, dass sich alle wesentlichen Vereinbarungen unmittelbar aus der Mietvertragsurkunde ergeben, d.h. insbesondere die Parteibezeichnung oder andere wesentliche Vereinbarungen, wie z.B. die Einräumung von Optionsrechten, eine Vereinbarung zum Mietgegenstand oder der Mietpreis. Der Mietvertrag ist bei Schriftformmangel nicht nichtig, sondern nur vorzeitig kündbar. Nur in extremen Ausnahmefällen (bewusste Herbeiführung des Formmangels durch eine der Vertragsparteien bzw. eine einseitig begünstigende Regelung, die zum Schriftformverstoß führt, auf die sich der Begünstigte beruft etc.) kann die Berufung auf den Schriftformmangel und damit die Kündigung des Mietverhältnisses treuwidrig sein (BGH NZM 2008, 484).

gg) Schriftformsanierungsklausel / Salvatorische Klausel

Weit verbreitet sind dementsprechend sog. **Schriftformsanierungsklauseln**, nach denen die Parteien verpflichtet sein sollen, etwaig vorhandene Schriftformmängel zu heilen und nicht zur vorzeitigen Lösung vom Vertrag zu nutzen. Ob derartige Vertragsbestimmungen wirksam sind, gehört zu den gegenwärtig umstrittensten Fragen im Gewerbemietrecht. Das OLG Rostock (Urteil vom 10.7.2008, Az. 3 U 108/07) hat derartige Schriftformsanierungsklauseln für unwirksam erachtet.

Bereits 2002 hat der BGH entschieden, dass auch eine sog. **salvatorische Klausel** (sog. Erhaltungs-/Ersetzungsklausel) nicht geeignet ist, einen Formmangel zu beheben; insbesondere verpflichtet eine allgemeine salvatorische Klausel die Parteien nicht zur Nachholung der Schriftform (BGH NZM 2002, 823 sowie BGH NZM 2007, 730). Begründet wird dies durch den BGH damit, dass keine Unwirksamkeit des Mietvertrages, sondern nur eine aus Sicht der Parteien vorzeitige Kündigungsmöglichkeit besteht.

5. Vertragsgegenstand

a) Mietzweck

Gewerbliche Räume werden im Regelfall zu einem bestimmten Vertragszweck vermietet, z.B. als Arztpraxis, Büro, Restaurant oder Bäckerei. Der Mietzweck sollte eng gefasst werden wegen des Branchenmixes in einer gewerblichen Immobilie (Konkurrenzschutz), aber auch wegen des Umstandes, dass der Vermieter sodann entscheiden kann, ob und in welchem Umfang eine Änderung der Nutzung vorgenommen wird, so er nicht nach Treu und Glauben verpflichtet ist, einer Nutzungsänderung zuzustimmen.

Fehlt die Angabe eines Vertragszwecks, sind die Räume mithin nur als „Gewerberaum" vermietet, so kann der Mieter die Mietsache zu beliebigen Zwecken nutzen; er kann aber dem Vermieter gegenüber keine Ansprüche geltend machen, wenn der von ihm beabsichtigte Nutzungszweck aus öffentlich-rechtlichen Gründen nicht zulässig ist. Daher liegt es auch im Interesse des Mieters, den Vertragszweck genau zu bestimmen.

Ändert der Mieter den vertraglich vereinbarten Mietzweck, ohne dass der Vermieter dies dulden muss, so sollte er abgemahnt und ggf. auch gekündigt werden. Einer Änderung des Mietzwecks muss der Vermieter nach Treu und Glauben allerdings dann zustimmen, wenn im Rahmen einer Interessenabwägung Belange des Vermieters nicht berührt und überragende Belange des Mieters vorhanden sind. Wird durch die Erweiterung des Mietzwecks z.B. der Konkurrenzschutz anderer bereits vorhandener Mieter verletzt, so kann der Vermieter eine Erweiterung ablehnen.

b) Öffentlich-rechtliche Voraussetzungen (behördliche Genehmigung)

Der Vermieter steht dafür ein, dass der vereinbarte Verwendungszweck öffentlich-rechtlich zulässig ist. Auf ein Verschulden des Vermieters kommt es nicht an. Er trägt das Risiko, dass die Mieträume zu dem vereinbarten Verwendungszweck geeignet sind. Dieses Risiko kann der Vermieter nicht formularvertraglich ausschließen. So hat der BGH in der Entscheidung vom 24.10.2007 (XII ZR 24/06) eine Formularklausel für unwirksam erachtet, die die Haftung des Vermieters auch dann ausschließt, wenn die erforderliche öffentlich-rechtliche Genehmigung für den vereinbarten Nutzungszweck aus Gründen versagt wird, die ausschließlich auf der Beschaffenheit oder Lage des Mietobjektes beruhen.

Die fehlende bauordnungsrechtliche Genehmigungsfähigkeit des mietvertraglich vereinbarten Nutzungszwecks (z.B. Gastgewerbe) ist ein Sachmangel im Sinne von § 536 BGB.

Dies gilt aber solange nicht, wie die Behörde den vorschriftswidrigen Gebrauch duldet (OLG Nürnberg, NZM 1999, 419; OLG Düsseldorf, ZMR 2006, 10).

Im Rahmen einer Vermietung ist der Vermieter daher gut beraten, jeweils zu prüfen, ob durch die Neuvermietung der bisherige Nutzungszweck der Gewerberäume geändert wird. Gegebenenfalls muss er insoweit bei der zuständigen Bauprüfabteilung nachfragen, ob eine Nutzungsänderungsgenehmigung erforderlich ist. Unterlässt er dies, so kann er sich ggf. schadensersatzpflichtig machen, wenn er zu einem bestimmten Vertragszweck vermietet, der durch die zuständige Behörde nicht genehmigt wird. Vorbehaltlich anderer Vereinbarungen im Mietvertrag trifft den Vermieter sodann nach dem Gesetz die verschuldensunabhängige Garantiehaftung.

c) Fläche und Flächenmaßstab

Die Mietfläche ist genau zu bezeichnen, und zwar nicht nur hinsichtlich der eigentlichen Mietfläche, sondern auch bezüglich etwaiger Nebenflächen. Stellplätze, Keller-/Lagerräume oder auch Regelungen zur Nutzung von Gemeinschaftsflächen sind in den Vertrag aufzunehmen. Empfehlenswert ist die Beifügung eines Lageplanes zum Mietvertrag, in dem die Mietfläche schraffiert ist.

Wichtig sind darüber hinaus klare Regelungen zur Größe der Mietfläche. Im Gegensatz zu Mietverträgen über Wohnraum gibt es im Gewerberaummietrecht keine gesetzlichen Regelungen zur Berechnung der Flächen. Während bei Wohnraum, bei dem heute in der Regel die Wohnflächenverordnung zugrunde gelegt wird, sich in der Vergangenheit die Unterschiede zwischen der oftmals verwendeten DIN 283 und den §§ 42 bis 44 der II. BV nur bei Balkonflächen auswirkten, sind mögliche Unterschiede bei Gewerberaummietverträgen erheblich. Oft wird die DIN 277 zugrunde gelegt. Die DIN 277 ist kein Gesetz, sondern das Ergebnis einer Normierungsarbeit im DIN Deutsches Institut für Normung e.V. Diese Norm war nicht dazu gedacht, die Basis für die Errechnung der vermietbaren Fläche zu liefern; sie gab lediglich vor, wie die verschiedenen Flächen - Bruttogrundfläche, Nettogrundfläche usw. - eines Gebäudes zu errechnen sind, sie gab jedoch nicht die vermietbare Fläche vor. Die Gesellschaft für immobilienwirtschaftliche Forschung e.V. - gif - hatte bereits vor Jahren einen eigenen Flächenmaßstab erarbeitet, nämlich die MF-B für Büroraum und die MF-H für Handelsraum. Im November 2004 ist ein einheitlicher Flächenbegriff für Gewerbeflächen MF-G entwickelt worden. Danach sind nicht sämtliche Flächen, die nach der DIN 277 zu Verkehrsflächen zählen, Kalkulationsgrundlage für die Flächenberechnung. Es werden also nur ein Teil der Verkehrsflächen nach der DIN 277 als Mietfläche behandelt. Die MF-G sind damit für Mieter im Ergebnis sehr viel günstiger als die Bruttogrundfläche nach der DIN 277, zu der sogar Konstruktionsflächen gehören.

Der XII. Zivilsenat hat sich in Anlehnung an den Senat für Wohnraummietsachen der Auffassung angeschlossen, dass eine **Flächendifferenz von 10 %** Abweichung zwischen tatsächlicher Fläche und der mietvertraglich vereinbarten Fläche zu einem Minderungsrecht des Mieters führt (BGH, Urteil vom 4.5.2005, XII ZR 254/01). Dies hat zur Konsequenz, dass vermieterseits darauf zu achten ist, welche Fläche im Mietvertrag vereinbart wird und wie diese Fläche errechnet ist, welcher Flächenmaßstab also zugrunde gelegt ist. Aufgrund des Transparenzgebots gemäß § 307 BGB ist dem Vermieter zu empfehlen, den entsprechenden Flächenmaßstab als Anlage zum Mietvertrag beizufügen (vgl. hierzu obige Ausführungen zum Thema „Allgemeine Geschäftsbedingungen"). Gegebenenfalls ist ein (individueller) Gewährleistungsausschluss zu vereinbaren.

d) Betriebspflicht

Der Mietvertrag verpflichtet den Vermieter zur Überlassung der Räume, den Mieter zur Zahlung der Miete. Eine Nutzungspflicht hat der Mieter nicht, es sei denn, dies ist mietvertraglich anderweitig vereinbart. Die Aufnahme einer Betriebspflicht empfiehlt sich dann, wenn ein Interesse daran besteht, dass bestimmte Ladengeschäfte auch betrieben werden, dieses steigert die Attraktivität und Lebhaftigkeit der Immobilie, wie z.B. bei Einkaufszentren. Die Pflicht zur durchgehenden Aufrechterhaltung des Betriebes - Betriebspflicht - gilt grundsätzlich aber nur dann, wenn dieses mietvertraglich vereinbart ist, ausnahmsweise dann, wenn sie stillschweigend übernommen wurde.

Der BGH hat sich mehrfach mit der Frage, ob eine Betriebspflichtklausel wirksam vereinbart worden ist, beschäftigt:

- Der Entscheidung vom 16.5.2007 (XII ZR 13/05) lag dem Mietvertrag folgende Regelung zugrunde: *„Der Mieter wird das Geschäftslokal im Rahmen der gesetzlichen Bestimmungen über die Ladenschlusszeiten an allen Verkaufstagen mindestens so lange offen halten, wie die überwiegende Anzahl aller Mieter ihr Geschäft offen hält. Dem Vermieter bleibt die abschließende Festlegung der Ladenöffnungszeiten vorbehalten."* Nach Ansicht des BGH verstößt diese Regelung gegen das Transparenzgebot des § 307 BGB: die Regelung erwecke den Anschein, eine Ausweitung der Betriebspflicht hänge nicht vom Willen des Vermieters, sondern allein von der Mehrheit der übrigen Mieter ab. Aufgrund des Weisungsrechtes des Vermieters gegenüber den anderen Mietern ist dieses nicht der Fall, die Regelung daher missverständlich.

- Hingegen ist nach dem BGH vom 3.3.2010 (XII ZR 131/08) die in einem EKZ-Mietvertrag enthaltene Formularklausel: *„Zeitweise Schließungen (wie Mittagspause, Ruhetage, Betriebsferien) sind nicht zulässig, ausgenommen sind Inventuren oder Betriebsversammlungen"* wirksam, da eine Auslegung ergebe, dass eine zeitweise Schließung (auch) zum Zwecke der Durchführung von Schönheitsreparaturen nicht ausgeschlossen sein solle.

Hat sich der Mieter wirksam zur Aufrechterhaltung des Betriebes verpflichtet, muss der Vermieter gleich reagieren, wenn der Betrieb eingestellt wird und Wiedereröffnung verlangen, ggf. kann er diesen Anspruch im Wege der einstweiligen Verfügung durchsetzen. Die Einstellung des Betriebes stellt eine Vertragsverletzung dar, nach Abmahnung kann ggf. das Mietverhältnis auch gekündigt werden, parallel hierzu können Schadensersatzansprüche entstehen.

e) Konkurrenzschutz

Eine gesetzliche Regelung zum Konkurrenzschutz gibt es nicht. Der Konkurrenzschutz verpflichtet den Vermieter, den Mieter vor Konkurrenz zu schützen. Ist im Mietvertrag nichts vereinbart, so gilt der so genannte vertragsimmanente Konkurrenzschutz. Der Vermieter muss den Mieter sodann vor Konkurrenz in seinem Hauptsortiment schützen, d.h. er darf nicht an einen Mieter vermieten, der im Hauptsortiment (Artikel, die dem Geschäft das Gepräge geben) die gleichen Artikel führt, wie der bisherige Mieter. Nebenartikel werden nicht erfasst, es sei denn, es ist auch insoweit Konkurrenzschutz ausdrücklich vereinbart. Eine Apotheke, die Kosmetikartikel im Nebenbereich führt, kann somit nicht in Konkurrenz zu einer Parfümerie treten, in der Kosmetikartikel das Hauptsortiment ausmachen.

Der Konkurrenzschutz gilt nicht nur für Gewerbe, sondern auch für freie Berufe (Ärzte, Rechtsanwälte etc.).

Formularvertraglich kann Konkurrenzschutz grundsätzlich ausgeschlossen werden, was auch der Regelfall ist.

Ist Konkurrenzschutz zu gewähren, so kann der erste Mieter bei Verletzung des Konkurrenzschutzes Mietminderung und Schadensersatz geltend machen, ggf. auch das Mietverhältnis kündigen (so u.a. KG, 25.1.2007, 8 U 140/06, wenn im Mietvertrag Konkurrenzschutz zugesichert ist/bei Verletzung des vertragsimmanenten Konkurrenzschutzes: KG, 16.4.2007, 8 U 199/06 sowie OLG Nürnberg, 3.11.2006, 5 U 754/06). Der neue Mieter hat in der Regel keine Ansprüche, weil er in Kenntnis anderer Gewerbemieter angemietet hat.

Empfehlung:

Im Regelfall ist es empfehlenswert, Konkurrenzschutz auszuschließen. Wird eine Immobilie z.B. als Ärztehaus errichtet, so ist der Mietzweck im Vertrag eng zu fassen (nicht: „Arzt", sondern Facharztbezeichnung mit Einschränkungen). Ist Konkurrenzschutz nicht vereinbart und die Erstvermietung an einen Arzt erfolgt, so könnte dieser bei entsprechenden Fachgebieten die Vermietung an nachfolgende Ärzte verhindern, wenn diese im Haupttätigkeitsbereich z.B. auch als Allergologen, Naturheilkundler oder Ähnliches tätig sind.

6. Vertragslaufzeit

Die Mietzeit kann bei gewerblichen Mietverhältnissen variabel vereinbart sein. So kann der Mietvertrag auf bestimmte Zeit geschlossen werden, es können Optionen dem Mieter eingeräumt werden, der Vertrag kann auf unbestimmte Zeit geschlossen werden, bezüglich der Höchstdauer gilt § 544 BGB. Soweit ein Mietvertrag für eine längere Zeit als 30 Jahre geschlossen wird, kann jede Vertragspartei nach Ablauf von 30 Jahren nach Überlassung der Mieträume den Vertrag mit der gesetzlichen Frist außerordentlich kündigen, es sei denn, der Vertrag ist auf Lebenszeit geschlossen worden.

a) „Vermietung vom Reißbrett"

Schwierigkeiten kann die Festlegung des Mietvertragsbeginns dann machen, wenn die Vermietung vor Fertigstellung der Räume erfolgt, sog. Vermietung vom Reißbrett. In den Entscheidungen des BGH vom 02.11.2005 (XII ZR 212/03) sowie 2.5.2007 (XII ZR 178/04) haben die Karlsruher Richter eine dahingehende Regelung im Mietvertrag, wonach das Mietverhältnis „*mit der Übergabe der Mietsache beginnt*", für hinreichend bestimmbar gehalten, so dass das Schriftformerfordernis eingehalten ist. Der BGH hat in seinen Entscheidungsgründen hierzu u.a. Folgendes ausgeführt:

> *„Die vom Berufungsgericht vertretene Auffassung würde dazu führen, dass die aus wirtschaftlichen Gründen nicht verzichtbare Vermietung noch nicht fertig gestellter Räume (so genannte Vermietung „vom Reißbrett weg") über Gebühr erschwert würde. Die Meinung, die Mietvertragsparteien könnten den mit der Bestimmung des Vertragsbeginns auftretenden Schwierigkeiten dadurch begegnen, dass sie einen „spätesten" Übergabezeitpunkt („spätestens am ...") vereinbaren, hilft nicht weiter. Auch in diesem Falle müsste ein Rechtsnachfolger, der das Mietobjekt nach Übergabe an den Mieter erwirbt, das tatsächliche Übergabedatum ermitteln, weil nicht davon ausgegangen werden kann, dass die Übergabe immer erst zum vereinbarten „spätesten" Übergabezeitpunkt erfolgt ist."*

b) Verlängerung des Vertrages

Bei der Vermietung von Gewerberaum ist nicht nur die Vereinbarung einer festen Vertragslaufzeit, sondern auch die Einräumung eines Optionsrechtes zu Gunsten des Mieters üblich.
Abzugrenzen ist die Option zur **Verlängerungsklausel**: Hier verlängert sich der Mietvertrag automatisch um einen bestimmten vereinbarten Zeitraum, wenn nicht ein Widerspruch vorher erfolgt.

Durch die **Option** hingegen ist der Mieter berechtigt, durch einseitige Erklärung den Mietvertrag um die vorgesehene Optionszeit zu verlängern. Es wird sodann der alte Vertrag fortgesetzt, allein wegen Ausübung der Option können die wirtschaftlichen Bedingungen vom Vermieter nicht einseitig verbessert werden. Denkbar ist aber, dass für den Fall der Optionsausübung vertraglich vereinbart wird, dass über die Miete neu zu verhandeln ist, ggf. ein Sachverständiger sodann die neue Miete feststellt. Die bisherige Miete kann als Mindestmiete erhalten bleiben, soweit nicht eine Wertsicherungsklausel vereinbart worden ist.

Wichtig:

Im Mietvertrag sollte auf klare Formulierungen und Vereinbarungen geachtet werden. Häufig werden die Begriffe Option, Vormietrecht, Verlängerung etc. vermengt, bei unklaren Vereinbarungen müssen im Zweifel sodann die Gerichte den Vertrag auslegen.

c) Vertragsende

Das Mietvertragsende muss nicht im Vertrag vereinbart werden. Möglich ist auch die Vereinbarung auf unbestimmte Zeit. Für die fristgerechte Kündigung gelten die im Mietvertrag vereinbarten Kündigungsfristen. Sind keine vereinbart, gilt die Kündigungsfrist des § 580 a BGB, wonach das Gewerberaummietverhältnis spätestens am dritten Werktag eines Kalendervierteljahres zum Ablauf des nächsten Kalendervierteljahres beendet werden kann („sechs Monate zum Quartalsende").

Bei **Tod des Mieters** gilt gemäß § 580 BGB ein Sonderkündigungsrecht, und zwar innerhalb eines Monats, nachdem der Vermieter bzw. der Erbe Kenntnis vom Tod des Mieters erlangt haben. Die Kündigung kann wiederum außerordentlich mit der gesetzlichen Frist erfolgen.

Die gesetzliche Kündigungsfrist gilt weiter bei Verweigerung der Erlaubnis zur Untervermietung gemäß § 540 Abs. 1 BGB, aber auch bei den Sonderkündigungsrechten im Falle der Insolvenz bzw. Zwangsversteigerung (§ 57 c ZVG).

Wichtig:

Wird ein langjähriger, befristeter Mietvertrag vorzeitig durch den Ersteigerer beendet, so steht dem Mieter ein Bereicherungsanspruch für seine Investitionsleistung zu (BGH, 29.4.2009, XII ZR 66/07).

Das Mietverhältnis kann darüber hinaus auch **kraft Zeitablauf** enden. Dies ist dann der Fall, wenn im Mietvertrag ein Endzeitpunkt aufgenommen ist und das Mietverhältnis automatisch endet, ohne dass es einer Kündigung bedarf.

Neben der fristgerechten Kündigung kommt die **außerordentliche Kündigung** des Mietvertrages in Betracht. Hier hat sich die Systematik nach neuem Mietrecht geändert: § 543 BGB zieht die außerordentliche fristlose Kündigung aus wichtigem Grund vor, wobei ein Verschulden des anderen Vertragsteils nicht zwingend erforderlich sein muss, das Mietverhältnis kann vielmehr auch wegen Unzumutbarkeit gekündigt werden. Zu denken ist an querulatorische Mieter, die den Hausfrieden stören. Nach wie vor kann das Mietverhältnis auch bei Entziehung des vertragsgemäßen Gebrauchs gekündigt werden, wie auch bei erheblicher Vertragspflichtverletzung, nachhaltiger Störung des Hausfriedens, aber auch Gesundheitsgefährdung, soweit die Räume zum dauernden Aufenthalt von Menschen bestimmt sind.

Gerät der Mieter mit der Entrichtung der Miete in Verzug, so kann das Mietverhältnis gemäß § 543 BGB **wegen Zahlungsverzuges** fristlos gekündigt werden. Erforderlich ist, dass der Mieter für zwei aufeinander folgende Termine mit der Entrichtung der Miete oder eines nicht unerheblichen Teils in Verzug ist oder in einem Zeitraum, der sich über mehr als zwei Zahlungstermine erstreckt, mit zwei Monatsmieten im Verzug ist. Nach der Entscheidung des BGH vom 23.7.2008 (XII ZR134/06) ist bei der Geschäftsraummiete von einem nicht unerheblichen Teil der Miete des § 543 II 1 Nr. 3a Alt. 2 BGB auszugehen, wenn bei monatlicher Mietzahlung der Rückstand den Betrag von einer Monatsmiete übersteigt und aus zwei aufeinander folgenden Monaten resultiert. In einer weiteren Entscheidung vom 17.9.2008 (XII ZR 61/07) stellt der BGH klar, dass das in § 543 II normierte Kündigungsrecht wegen Zahlungsverzuges auch in Fällen gilt, in denen die Miete in längeren als monatlichen Zeitabschnitten zu entrichten ist. Nachträgliche Zahlungen machen die einmal wirksame Kündigung nicht hinfällig; es gibt keine Schonfristregelung wie im Wohnraummietrecht.

Gemäß **§ 545 BGB** verlängert sich ein Mietverhältnis auf unbestimmte Zeit, wenn nach dem Ablauf der Mietzeit der Gebrauch der Mietsache von dem Mieter fortgesetzt wird, sofern nicht der Vermieter seinen entgegengesetzten Willen mit einer Frist von zwei Wochen dem anderen Teil gegenüber erklärt hat. Möglich ist, diese Bestimmung - auch formularvertraglich - im Mietvertrag auszuschließen. Wird § 545 BGB nicht abbedungen, so ist der Vermieter gehalten, nach Ablauf der Mietzeit binnen einer Frist von zwei Wochen der weiteren Fortsetzung des Mietverhältnisses ausdrücklich (schriftlich) zu widersprechen.

d) Nachvertragliche Arglistanfechtung

Nach der Entscheidung des BGH vom 6.8.2008 (XII ZR 67/06) ist die Anfechtung eines Geschäftsraummietvertrages wegen arglistiger Täuschung auch nach Überlassung der Mieträume und Beendigung des Vertrages neben einer Kündigung möglich. Die unterschiedlichen Schutzzwecke der Arglistanfechtung einerseits (Schutz der rechtsgeschäftlichen Entschließungsfreiheit) und der Kündigung nach § 543 BGB andererseits (Beendigung des Vertrages wegen einer aktuellen Leistungsstörung) lassen eine Verdrängung des Anfechtungsrechts durch die kumulativ bestehende Kündigungsmöglichkeit nicht zu. Die Anfechtung führt trotz der bereits erfolgten Invollzugsetzung des Dauerschuldverhältnisses zur ex-tunc-Nichtigkeit gem. § 142 I BGB.

Der nach § 818 II BGB bestehende Anspruch des Vermieters auf Wertersatz unterliegt ebenso der Umsatzsteuer wie ein Mietzinsanspruch.

e) Versorgungssperre

Nach der Entscheidung des BGH vom 6.5.2009 (XII ZR 137/07) ist der Vermieter nach Beendigung des Mietverhältnisses nicht mehr verpflichtet, die vertraglich übernommenen Versorgungsleistungen zu erbringen. Befindet sich der Mieter im Verzug mit der Miete bzw. Nutzungsentschädigung, könne – so der BGH – auch auch über die Regelung des § 242 BGB (Treu und Glauben) keine nachvertragliche Versorgungsverpflichtung des Vermieters hergeleitet werden, da in diesem Fall der Schaden des Vermieters immer weiter anzuwachsen drohe.

7. Mietzins

a) Mietzinsstruktur

Der Mietzins bei Gewerberaum kann sowohl als Netto- oder auch als Bruttomiete vereinbart werden, denkbar ist auch eine Umsatzmiete. Der Mieter kann zudem verpflichtet werden, Umsatzsteuer zu entrichten, insgesamt gibt es viele Gestaltungsmöglichkeiten:

Die Vereinbarung einer **Umsatzmiete** im Einzelhandel ist verbreitet und zulässig. Einerseits wird dem Vermieter bei Vereinbarung einer Umsatzmiete praktisch eine Gewinnbeteiligung eingeräumt; andererseits trägt er teilweise das geschäftliche Risiko des Mieters. Daher ist dem Vermieter dringend die Vereinbarung einer **Mindestmiete** zu raten. Das Risiko des Mieters, bei hohen Umsätzen und gleichzeitig geringen Gewinnen eine verhältnismäßig hohe Miete zahlen zu müssen, kann durch Vereinbarung einer Höchstmiete begrenzt werden.
Um die zu zahlende Umsatzmiete zu ermitteln, ist ein umfassendes **Einsichtsrecht** zu regeln, etwa auch durch die vertraglich normierte Befugnis, durch einen Wirtschaftsprüfer die Bücher des Mieters einsehen zu lassen (so u.a. OLG Brandenburg, Urteil vom 20.6.2007, 3 U 181/06). Bei der Vereinbarung einer Umsatzmiete empfiehlt sich zugleich auch die Regelung der Betriebspflicht.

Bei Mietverträgen über Apotheken dürfen keine Umsatzmieten vereinbart werden (§ 8 S. 2 des Gesetzes über das Apothekenwesen).

Ist eine Nettokaltmiete zuzüglich Mehrwertsteuer vereinbart, schuldet der Mieter grundsätzlich nur die Nettokaltmiete, wenn die Vermietung umsatzsteuerfrei ist. Vereinbart der Vermieter eine Miete inklusive Mehrwertsteuer, ohne in der Lage zu sein, eine vorsteuerabzugsfähige Rechnung zu erstellen, ist er dem Mieter zum Schadensersatz verpflichtet. Etwas anderes kann jedoch dann gelten, wenn die Bruttomiete unabhängig von einer Umsatzsteuer-Pflicht als Endpreis gelten soll. Diese Auslegung kommt nach dem BGH vom 21.1.2009 (XII ZR 79/07) dann in Betracht, wenn der Mieter:
- bei Vertragsabschluss die Zahlung des Gesamtpreises unabhängig von einer Umsatzsteuerpflicht des Vermieters zugesagt hat und
- die Bruttomiete über einen längeren Zeitraum (hier: 3 Jahre) vorbehaltlos zahlt.

Im Übrigen gilt auch bei Gewerberaum das **Verbot der Mietpreisüberhöhung.** Die Mietzinsvereinbarung kann wegen Mietwuchers nichtig sein (§ 138 BGB), was im Regelfall angenommen wird, wenn die vereinbarte Miete 100 % über der Vergleichsmiete liegt. Entscheidend ist der Zeitpunkt des Vertragsschlusses, spätere Änderungen führen nicht zur Unwirksamkeit der Vereinbarung. Bei einer erheblichen Überschreitung (in der Regel 100 %) ist zumeist die verwerfliche Gesinnung initiiert, es sei denn, für den Vermieter war die Beurteilung des Mietmarktes schwierig, insbesondere nicht möglich, die Vergleichsmiete zu ermitteln. Auch bleibt zu prüfen, ob der Mieter aufgrund persönlicher oder beruflicher Qualifikationen in der Lage war, die Angemessenheit der Mietzinsforderung zu beurteilen.

b) Betriebskosten

Betriebskosten schuldet der Mieter nur, wenn eine vertragliche Vereinbarung hierüber getroffen ist. Zulässig ist die Bezugnahme auf § 2 Betriebskostenverordnung. Hierin sind die üblichen Betriebskosten enthalten, wie sie insgesamt auch im Wohnraummietvertrag auf den Mieter übertragen werden können. Soweit der Mieter weitere Nebenkosten entrichten soll (z.B. Verwaltungskosten, Bewachungskosten etc.), bedarf es einer ausdrücklichen Vereinbarung. Diese Kosten können nicht über die Position **„sonstige Betriebskosten"** abgerechnet werden, da diese Position kein Auffangtatbestand für alle übrigen Nebenkosten darstellt. Insbesondere bei größeren Gewerbeobjekten bedarf es deshalb einer klaren vertraglichen Vereinbarung in Form eines ergänzenden Katalogs, welche Kosten umgelegt werden sollen. Hierzu können z.B. folgende Betriebskosten gehören:

- Kosten der technischen und kaufmännischen Hausverwaltung (BGH, 9.12.2009, XII ZR 109/08 sowie BGH, 24.2.2010, XII ZR 69/08)
- Kosten der Fassadenreinigung (z.B. Graffiti-Entfernung),
- Kosten für Wartung von Feuerlöschgeräten,
- Vollwartungskosten für Brandschutzanlagen,
- Kosten für Dachrinnenreinigung,
- Kosten für die Pflege der Zu- und Abfahrt des Tiefgaragenplatzes sowie der Zugangswege,
- Kosten der turnusmäßigen TÜV-Abnahme.

Unzulässig ist jedoch eine formularmäßige Umlage der **Instandhaltungs- und Instandsetzungskosten** für gemeinschaftlich genutzte Anlagen und Flächen, wenn sie der Höhe nach unbeschränkt ist (z.B. Klimatisierung, Belüftung, Rolltreppen etc.), BGH vom 6.4.2005, XII ZR 158/01. Auch muss der Umfang der formularmäßig umzulegenden Nebenkosten hinreichend bestimmt sein.

Bei der Vermietung sollte dafür Sorge getragen werden, dass die Betriebskostenvorauszahlungen in angemessener Höhe vereinbart sind. Bei einer Erstvermietung empfiehlt sich der Hinweis, dass die Vorauszahlungen auf einer Kostenschätzung beruhen und es nach erster Abrechnung zu Erstattungen bzw. Nachforderungen kommen kann. Das bloße Ansetzen zu niedrig bemessener Betriebskostenvorauszahlungen führt jedoch nicht zwangsläufig zur Annahme einer Aufklärungspflichtverletzung seitens des Vermieters (BGH, 28.4.2004, XII ZR 21/02). Eine solche ist erst bei Hinzutreten besonderer Umstände anzunehmen, z.B. wenn vermieterseits bei Vertragsschluss die Vorauszahlungen ausdrücklich als kostendeckend zugesichert oder diese bewusst zu niedrig bemessen wurden, um den Mieter auf diese Weise zum Vertragsschluss zu bewegen.

Zu vereinbaren ist ferner im Mietvertrag ein deutlich definierter und klarer Verteilungsschlüssel. Leerstände gehen zu Lasten des Vermieters und können nicht auf die übrigen Mieter verteilt werden.

Die **Betriebskostenabrechnung** muss formell und materiell richtig erstellt werden, d.h. die Gesamtkosten, die Einzelkosten, der Verteilerschlüssel sowie die Vorauszahlungen müssen in der Abrechnung aufgeführt und ggf. erläutert sein. Auch die Dauer des Abrechnungszeitraumes, die im Regelfall 12 Monate beträgt, sollte angegeben werden.

Die Nebenkostenabrechnung ist dem Mieter grundsätzlich binnen Jahresfrist nach Ablauf des Abrechnungszeitraumes zu übersenden, es sei denn mietvertraglich ist etwas anderes geregelt. Die Ausschlussfrist des § 556 III BGB gilt für das Gewerbemietrecht allerdings nicht (BGH, 27.1.2010, XII ZR 22/07).

c) Mietzinsanpassung

Eine Erhöhung der Miete kann der Vermieter nur dann durchsetzen, wenn im Mietvertrag eine Erhöhungsmöglichkeit zwischen den Parteien <u>vereinbart</u> worden ist. Ein Erhöhungsanspruch kraft Gesetzes (wie bei Wohnraum: Anhebung auf die ortsübliche Vergleichsmiete gemäß § 558 BGB) gibt es bei der Gewerberaummiete nicht. In besonders gelagerten Ausnahmefällen kann zu prüfen sein, ob eine Anpassung wegen Wegfalls der Geschäftsgrundlage in Betracht kommt, was im Regelfall aber zu verneinen sein wird. Die vertraglichen Gestaltungsmöglichkeiten für eine Mietzinsanpassung sind vielfältig:

aa) Staffelmiete

Die Mietvertragsparteien können eine Staffelmiete vereinbaren, wobei die Staffelmietvereinbarung - anders als bei Wohnraum - keinen Beschränkungen unterliegt.

bb) Wertsicherungsklausel

Der Mietzins kann auch als (automatische) Anpassungsklausel an den Verbraucherpreisindex (VPI) gekoppelt werden, vgl. § 3 I Preisklauselgesetz (PrKG). Eine solche Vereinbarung setzt voraus, dass der Mietvertrag für den Vermieter für einen Zeitraum von 10 Jahren unkündbar ist (z.B. durch Verzicht der Vermieters auf die ordentliche Kündigung für diesen Zeitraum oder das Recht des Mieters auf Verlängerung des Vertrages auf mindestens 10 Jahre) und im Übrigen vorgesehen ist, dass sich der Mietzins bei einer Veränderung des Indexes nach oben oder unten anpassen kann. Erhöht sich der Mietzins aufgrund einer echten Wertsicherungsklausel, so kann der Vermieter die Erhöhungsbeträge grundsätzlich auch im Nachhinein gegenüber dem Mieter noch geltend machen, wenn er den Erhöhungszeitpunkt übersehen hat, es sei denn, Ansprüche des Vermieters sind ausnahmsweise verwirkt. Erforderlich ist hierfür nicht nur ein erheblicher Zeitablauf, sondern auch die Feststellung von Umständen, die bei dem Mieter das Vertrauen erweckt haben, der Vermieter werde die Erhöhungsbeträge rückwirkend nicht mehr geltend machen (sog. Zeit- und Umstandsmoment).

Haben die Vertragsparteien die Anpassung der Miete an eine bestimmte Veränderung (Punktzahlt) des „Index für die Lebenshaltung eines 4-Personen-Arbeitnehmer-Haushaltes" vereinbart – wie dies oft noch bei Altverträgen der Fall sein dürfte - und fällt dieser Index später weg, kann im Wege ergänzender Vertragsauslegung auf den Verbraucherpreisindex abgestellt werden (BGH, 4.3.2009, XII ZR 141/07).

cc) Leistungsvorbehalt

In Betracht kommt auch die Vereinbarung eines Leistungsvorbehaltes. Ist ein bestimmter Zeitraum abgelaufen oder aber hat sich der Index verändert, können die Vertragsparteien berechtigt sein, Verhandlungen über einen neuen Mietzins zu verlangen. Wird Einigkeit über den neuen Mietzins nicht erzielt, entscheidet ein von der Handelskammer zu benennender Sachverständiger für die Parteien verbindlich.

dd) § 315 BGB

Möglich – wenn auch zumeist schwer durchsetzbar – ist weiter, dass dem Vermieter ein einseitiges Bestimmungsrecht für den neuen Mietzins nach billigem Ermessen eingeräumt wird, § 315 BGB. Diese Form der Mietzinsanpassung wird die Ausnahme bleiben, wenngleich der Vermieter hiermit auch nicht berechtigt ist, willkürlich den Mietzins unter Außerachtlassung des Äquivalenzgefüges des Mietvertrages anzupassen.

ee) Eindeutige Vereinbarung

Allein die Ausübung einer Verlängerungsoption berechtigt den Vermieter nicht, eine Anpassung des Mietzinses zu verlangen. Erforderlich ist auch hier eine eindeutige Vereinbarung. Denkbar wäre z.B., dass der Mietzins für die neue Vertragslaufzeit kraft Vereinbarung neu verhandelt wird und im Falle des Nichtzustandekommens einer Einigung ein Sachverständiger die neue Miete verbindlich festlegt. Die bisher entrichtete Miete kann dann nicht als Mindestmiete vereinbart werden, wenn zuvor eine Wertsicherungsklausel vereinbart wurde, die auch nach Optionsausübung fortgelten soll.

ff) Wegfall der Geschäftsgrundlage

Ein Gewerberaummieter ist nach der Entscheidung des BGH (XII ZR 8/00) in der Regel nicht berechtigt, nach den Grundsätzen über den Wegfall der Geschäftsgrundlage aufgrund des Verfalls der allgemeinen Mietpreise für vergleichbare Gewerberäume ganz oder teilweise die Miete zu mindern. Im entschiedenen Fall hatte ein Rechtsanwalt in Berlin Praxisräume angemietet, der Mietvertrag sah eine Staffelmiete vor. Danach sollte sich die Miete von anfangs DM 6.400,00 jährlich zum 01.06. um jeweils 5 % erhöhen. Nachdem der Vermieter seinem Mieter die Staffelerhöhungen für die Jahre 1995 und 1996 erlassen hatte, erfolgten die Mietzinszahlungen ab Juni 1997 nicht mehr in voller Höhe. Zur Begründung wies der beklagte Anwalt seinen Vermieter darauf hin, dass die ortsübliche Nettokaltmiete im April 1998 nur noch DM 26,60 betrage, bei Neuvermietung sogar nur DM 22,30 pro qm. Er müsse dagegen ab Juni 1997 DM 53,50 und ab 01.06.1998 DM 56,28 pro qm netto zahlen. Die Zahlung eines im Vergleich zur Marktüblichkeit derart überhöhten Mietzinses sei ihm nicht zuzumuten. Die Klage des Vermieters auf Zahlung der rückständigen Mieten hatte Erfolg: Auch wesentliche Änderungen der Geschäftsgrundlage - hier etwa die bei Vertragsschluss vorhandene Vorstellung und Erwartung der Parteien, der marktübliche Mietzins werde weiter ansteigen - führe nicht zur Anpassung, wenn sich durch die Störung ein Risiko verwirkliche, das eine Partei zu tragen habe. Gerade bei Vereinbarung einer Staffelmiete bestehe regelmäßig die nicht fern liegende Möglichkeit, dass die vereinbarte Miete von der Entwicklung der marktüblichen Miete abweicht. Dieses typische Vertragsrisiko trage grundsätzlich die jeweils benachteiligte Vertragspartei. Auch bei einem gravierenden Absinken des allgemeinen Mietenniveaus bleibe der Mieter deshalb an die vertraglich vereinbarten Staffelerhöhungen gebunden. Die Vereinbarung einer langfristigen Staffelmiete schaffe für beide Parteien eine zuverlässige Kalkulationsgrundlage. Allein der Umstand, dass auch der Vermieter bei Vertragsschluss von weiter ansteigenden Mietpreisen ausgegangen sei, verlagere das Risiko der Entwertung der Sachleistung während der Dauer der Staffelmietvereinbarung nicht vom Mieter auf den Vermieter.

8. Gewährleistung

a) Minderung

Wie auch bei der Wohnraummiete ist die Bemessungsgrundlage einer Minderung stets die Bruttomiete (BGH, 6.4.2005, XII ZR 225/03).

b) Aufrechnungsverbot

Eine Klausel, die die Wirksamkeit einer Aufrechnung des Mieters von der Zustimmung des Vermieters abhängig macht, stellt es in das Belieben des Vermieters, dem Mieter die Aufrechnung selbst mit unbestrittenen Gegenforderungen zu versagen und beschränkt dessen Aufrechnungsbefugnis im Ergebnis auf rechtskräftig festgestellte Gegenforderungen. Eine derartige empfindliche Verkürzung der Gegenrechte des Mieters benachteiligt diesen entgegen den Geboten von Treu und Glauben unangemessen (BGH, 27.6.2007, XII ZR 54/05).

Hingegen hat der BGH in seiner Entscheidung vom 27.1.1993 (XII ZR 141/91) ausdrücklich folgende Klausel für wirksam erachtet:

> *„Auf das Recht zur Aufrechnung, Minderung (Herabsetzung des Pachtpreises) und Zurückbehaltung verzichtet der Pächter, soweit dies gesetzlich zulässig ist und soweit nicht mit rechtskräftig festgestellten Forderungen die vorgenannten Rechte geltend gemacht werden."*

c) Minderungsausschluss

Auch Mietvertragsklauseln, die die Minderungsrechte des gewerblichen Mieters einschränken, sind nach ständiger Rechtsprechung des BGH grundsätzlich zulässig, wenn sie dem Mieter die Möglichkeit belassen, überzahlte Miete nach § 812 BGB vom Vermieter heraus zu verlangen (BGH, 27.1.1993, XII ZR 141/09). Schließt jedoch eine formularmäßige Klausel die Minderungsrechte des Mieters in den Fällen aus, in denen der Vermieter den jeweiligen Mangel nicht (bzw. nicht vorsätzlich oder grob fahrlässig) zu vertreten hat, ist diese Klausel im Zweifel dergestalt auszulegen, dass sie die Minderung insoweit völlig ausschließt und dem Mieter auch die Kondiktion überzahlter Miete abschneidet. Dem entsprechend hat der BGH folgende Klausel für unwirksam erklärt:

> *„ 2. Die Geltendmachung von Schadensersatzansprüchen durch den Mieter wegen eines Mangels der Mietsache oder wegen Verzugs der Vermieterin mit der Beseitigung eines Mangels ist ausgeschlossen, sofern die Vermieterin den Mangel bzw. den Vollzug mit der Mängelbeseitigung nicht vorsätzlich oder grob fahrlässig zu vertreten hat.*

3. Der Mieter kann gegenüber den Ansprüchen der Vermieterin auf Zahlung des Mietzinses und der Nebenkosten kein Minderungsrecht wegen Mängeln der Mietsache geltend machen, es sei denn, die Vermieterin hat die Mängel vorsätzlich oder grob fahrlässig zu vertreten. Dies gilt auch für Störungen des Mietgebrauchs durch Einwirkungen von außen."

Unwirksam ist nach dem BGH (Urteil vom 23.4.2008, XII ZR 62/06) auch folgende Regelung:

„Eine Minderung der Miete ist ausgeschlossen, wenn durch Umstände, die der Vermieter nicht zu vertreten hat (z.B. Verkehrsumleitung, Straßensperrungen, Bauarbeiten in der Nachbarschaft usw.), die gewerbliche Nutzung der Räume beeinträchtigt wird (z.B. Umsatz- und Geschäftsrückgang)."

d) Schadensersatz

Macht ein Mieter einen Schadensersatzanspruch wegen einer vertraglichen Pflichtverletzung gegen den Vermieter geltend, hat er grundsätzlich sowohl die vermieterseitige Pflichtverletzung als auch deren Kausalität für den entstandenen Schaden darzulegen und zu beweisen. Stammt jedoch die Schadensursache aus der Sphäre des Vermieters, muss dieser den Entlastungsbeweis sowohl in subjektiver als auch in objektiver Hinsicht führen (BGH, 16.2.2005, XII ZR 216/02 sowie BGH, 22.10.2008, XII ZR 148/06).

9. Instandhaltung der Mieträume

Gemäß § 535 BGB hat der Vermieter die Mietsache dem Mieter in einen zum vertragsgemäßen Gebrauch geeigneten Zustand zu überlassen und sie während der Mietzeit in diesem Zustand zu erhalten. Das Gesetz überträgt damit die Instandsetzungsverpflichtung insgesamt auf den Vermieter. In Grenzen sind hiervon abweichende Vereinbarungen zulässig.

a) Schönheitsreparaturen

Der Mieter von Gewerberaum kann vertraglich verpflichtet werden, die Schönheitsreparaturen in den Mieträumen auszuführen. Auch ist es zulässig, den Mieter mit der laufenden Instandhaltung und Instandsetzung im Inneren der Mieträume zu belasten. Wie auch bei der Wohnraummiete führt allerdings eine formularvertraglich vorgesehene Kombination von Endrenovierungs- und turnusmäßiger Renovierungsverpflichtung zur Unwirksamkeit beider Regelungen (BGH, 6.4.2005, XII ZR 158/01 – Summierungseffekt). Entsprechendes gilt, wenn der Mietvertrag sog. starre Fristen vorsieht (BGH, 8.10.08, XII ZR 84/06). Stellt hingegen der Vermieter seine Renovierungsklausel ernsthaft zur Disposition und räumt dem Mieter Einfluss auf die inhaltliche Ausgestaltung der Vertragsbedingungen tatsächlich ein, liegt eine Individualabrede vor. Dies kann dann gegeben sein, wenn der Mieter einen abändernden Zusatz zu der vom Vermieter vorgeschlagenen Endrenovierungsklausel durchsetzt (BGH, 18.3.2009, XII ZR 200/06).

Vereinbaren die Parteien allgemein die Übertragung von Schönheitsreparaturen auf den Mieter, umfassen diese auch die Grundreinigung des Teppichbodens (BGH, 8.10.2008, XII ZR 15/07).

b) „Dach und Fach"

Unberührt von der Instandsetzungsverpflichtung bleibt die Reparaturverpflichtung des Vermieters an Dach und Fach. Der Vermieter ist insbesondere während der Mietzeit zur konstruktiven Instandhaltung und Instandsetzung der Mieträume sowie zur Instandhaltung der Sammelheizung, der Fahrstühle, Versorgungsleitungen etc. verpflichtet. Die konstruktive Gebäudeinstandhaltung kann durch Formularvertrag auf den Mieter nicht übertragen werden, weil hiermit das gesetzliche Leitbild des § 535 BGB ins Gegenteil verkehrt werden würde. Denkbar ist jedoch, dass die gesamte Instandhaltungsverpflichtung der Mietsache (einschließlich Dach und Fach) auf den Mieter durch Individualvereinbarung übertragen wird. Erforderlich ist sodann allerdings, dass diese weit reichende Verpflichtung kompensiert wird. Sinnvoll ist es, im Mietvertrag aufzunehmen, wie sich die ortsübliche Miete ohne Übernahme der Instandsetzungsverpflichtung darstellt. Von dieser Miete sollte sodann ein angemessener Abschlag für Reparaturaufwendungen gemacht und diese Berechnung in den Mietvertrag aufgenommen werden, um die Kompensation der Reparaturverpflichtung zu dokumentieren.

10. Mietsicherheiten

a) Vereinbarung

Zur Leistung einer Mietsicherheit ist der Mieter, egal ob er Wohn- oder Gewerberaum angemietet hat, nur dann verpflichtet, wenn die Vertragsparteien eine dahingehende Vereinbarung getroffen haben. Bei der Vermietung von Wohnraum ist die Sicherheitsleistung auf drei Nettomonatsmieten beschränkt, bei der Vermietung von Gewerberaum kann auch eine höhere Sicherheit vereinbart werden, wobei im Einzelfall zu prüfen ist, welche Höhe verhältnismäßig ist. Besteht z.B. die Gefahr einer Grundstücksbelastung durch die Nutzung des Mieters, kann eine höhere Sicherheit im Hinblick auf denkbare vertragliche bzw. Schadensersatzansprüche gerechtfertigt sein.

Die Mietsicherheit kann geleistet werden als Barkaution, verpfändetes Sparbuch, aber auch als Bürgschaft, was heute weitgehend üblich ist. Sie dient zur Absicherung von Ansprüchen während des laufenden Mietverhältnisses, aber auch nach dessen Beendigung.

b) Vermieterpfandrecht

Der Vermieter ist im Übrigen gesichert durch das Vermieterpfandrecht gemäß §§ 562 ff. BGB. Es entsteht an eingebrachten Sachen des Mieters und erstreckt sich nicht auf Sachen, die der Pfändung nicht unterliegen. Gegenstände, die im Eigentum Dritter stehen, sind vom Vermieterpfandrecht ausgeschlossen. Das Vermieterpfandrecht ist häufig wirkungslos, weil der Mieter Büroeinrichtung (Computer und/oder andere technische Anlagen bzw. maschinelle Einrichtungen) geleast oder unter Eigentumsvorbehalt erworben hat. Bei einer Inanspruchnahme wird der Leasing-Geber bzw. Eigentümer Rechte geltend machen, der Vermieter hat häufig einen erheblichen Prüfungsumfang, was Leasing-Verträge etc. angeht, ohne am Ende sein Pfandrecht durchsetzen zu können.

Das gesetzliche Vermieterpfandrecht an eingebrachten pfändbaren Sachen des Mieters entsteht mit der Einbringung, auch soweit es erst künftig entstehende Forderungen aus dem Mietverhältnis sichert. Das der Sicherung des Mietzinsanspruches dienende Vermieterpfandrecht kann nicht in weiterem Umfang der Insolvenzanfechtung unterliegen als die Erfüllung der Mietzinsforderungen durch den Mieter. Dem Vermieter muss deshalb bei ausbleibender Mietzahlung vor Insolvenzeröffnung in den Grenzen des § 50 II Insolvenzordnung (InsO) auch ein anfechtungsfreies Absonderungsrecht eingeräumt werden, soweit die von dem Pfandrecht erfassten Gegenstände bereits vor der Krise eingebracht wurden (BGH, 14.12.2006, IX ZR 102/03).

c) Veräußerung

Von erheblicher Bedeutung ist das Schicksal der Mietsicherheit bei Veräußerung des Grundstückes. Gemäß § 566 a BGB gilt folgende Regelung:

> *„Hat der Mieter der veräußerten Gewerberäume dem Vermieter Mietsicherheit geleistet, so tritt der Erwerber und damit neue Vermieter in die dadurch begründeten Rechte und Pflichten ein. Kann bei Beendigung des Mietverhältnisses der Mieter die Sicherheit von dem Erwerber nicht erlangen, so ist der bisherige Vermieter weiterhin zur Rückgewähr verpflichtet."*

Die Konsequenz hieraus ist zweierlei: Zum einen haftet der neue Vermieter auf Rückgewähr der Mietsicherheit, auch wenn ihm diese nicht ausgehändigt worden ist. Hat der neue Vermieter die Mietsicherheit erhalten, zahlt er sie dem Mieter aber nicht zurück, haftet subsidiär der bisherige Vermieter. Zunächst ist jedoch erst der neue Vermieter in Anspruch zu nehmen; erst, wenn dort die Sicherheit nicht (mehr) erlangt werden kann, haftet in zweiter Linie der bisherige Vermieter.

Die Regelung des § 566 a BGB findet allerdings dann keine Anwendung, wenn zwar der dingliche Erwerb des Mietobjekts nach dem Inkrafttreten des Mietrechtsreformgesetzes am 1.9.2001 erfolgt ist, das diesem Erwerb zugrunde liegende schuldrechtliche Rechtsgeschäft jedoch bereits vor diesem Zeitpunkt abgeschlossen worden ist. In diesem Fall bleibt es bei der Anwendung des § 572 BGB a.F. (BGH, 24.6.2009, XII ZR 145/07).

d) Getrennte Anlage erforderlich?

Anders als bei Wohnraum ist der Vermieter kraft Gesetzes nicht verpflichtet, die Kaution getrennt von seinem Vermögen anzulegen. Es gibt allerdings Gerichtsentscheidungen, die eine dahingehende Verpflichtung des Vermieters jedenfalls dann annehmen, wenn es vertraglich nicht ausgeschlossen worden ist.

e) Kein Zurückbehaltungsrecht

Der Mieter kann i.d.R. kein Zurückbehaltungsrecht nach § 273 BGB an der Mietsicherheit geltend machen, um seinen Ansprüchen aus dem laufenden Mietverhältnis Nachdruck zu verleihen (BGH, 21.3.2007, XII ZR 255/04). Ist der Mieter vertraglich zur Leistung der Mietsicherheit verpflichtet, so muss er diese erbringen und kann sie nicht zurückbehalten oder gar mit Gegenforderungen aufrechnen.

Die Nichtzahlung der Kaution kann auch ein Grund für eine fristlose Kündigung i.S. des § 543 I BGB darstellen (BGH, 21.3.2007, XII ZR36/05). Es ist jedoch jeweils eine einzelfallbezogene Prüfung des Sachverhalts und eine Abwägung der beiderseitigen Interessen erforderlich.

f) Abrechnung der Kaution

Nach beendetem Mietverhältnis ist über die Mietsicherheit abzurechnen bzw. die Bürgschaftsurkunde herauszugeben, wobei dem Vermieter von der Rechtsprechung ein Zeitraum bis zu sechs Monaten eingeräumt wird, innerhalb dessen er prüfen kann, ob Ansprüche gegenüber dem Mieter geltend gemacht werden. Der Mieter kann über die Mietsicherheit nicht derart verfügen, dass er vor beendetem Mietverhältnis die Mietzahlungen einstellt und die Kaution „abwohnt".

Nimmt der Vermieter die Kaution in Anspruch, so liegt hierin nicht ohne weiteres eine bindende Verrechnungsbestimmung. Entscheidend ist, wie die Kaution angefordert wird. Die Mietsicherheit sollte in aller Regel zunächst mit Forderungen verrechnet werden, die „problematisch" erscheinen, so z.B. Schadensersatzforderungen wegen nicht durchgeführter Schönheitsreparaturen und/oder Salden aus Nebenkostenabrechnungen. Unstreitige Mietzinsansprüche sind in der Regel unproblematisch durchzusetzen und können daher auch im Wege der Urkundsklage schnell tituliert werden.

11. Untermiete

Gemäß § 540 BGB ist der Mieter ohne Erlaubnis des Vermieters nicht berechtigt, den Gebrauch der Mietsache einem Dritten zu überlassen. Verweigert der Vermieter die Erlaubnis zur Untervermietung, so kann der Mieter das Mietverhältnis allerdings außerordentlich kündigen, und zwar mit der gesetzlichen Frist gemäß § 580 a BGB.

Der Vermieter kann die Untervermietung auf Anfrage ablehnen, er riskiert dann allerdings, dass der Mieter dieses trotz vertraglich vereinbarter Befristung außerordentlich kündigt. Bei einer generellen Anfrage des Mieters, ob er die Räume untervermieten darf, sollte der Vermieter nicht sogleich und vorschnell ablehnen, sondern zunächst um Aufklärung bitten, an wen und zu welchem Zweck untervermietet werden soll. Erst nach Bekanntgabe dieser Daten sollte die Entscheidung getroffen werden, ob einer Untervermietung zugestimmt wird. Bei schwer vermietbaren Flächen ist zudem zu überlegen, ob nicht ggf. die Untervermietung gestattet wird, damit der Bestand des Mietverhältnisses nicht gefährdet wird.

Hat der Mieter dem Vermieter hingegen einen konkreten Untermieter mit Namen und Anschrift benannt und mit einer angemessenen Fristsetzung die Ankündigung verbunden, dass er ein Schweigen des Vermieters innerhalb der Frist als Verweigerung der Zustimmung werten werde, so kann der Mieter in der Regel nach Fristablauf von seinem Sonderkündigungsrecht gemäß § 540 Abs. 1 S. 2 BGB Gebrauch machen.

Das Sonderkündigungsrecht greift allerdings dann nicht, wenn in der Person des Dritten – also des Untermieters - ein wichtiger Grund vorliegt. Auch dürfen die Mieträume grundsätzlich nur im Rahmen des vereinbarten Vertragszwecks genutzt werden. Sind die Räume als Büroräume vermietet, kann dort keine Gastronomie betrieben werden. Nichts anderes gilt, wenn Räume untervermietet worden sind. Auch dann darf der Untermieter die Räume nur im Rahmen des mit dem Hauptmieter vereinbarten Vertragszweckes nutzen, es sei denn, der Mieter/Untermieter hat ausnahmsweise aus Treu und Glauben einen Anspruch auf Änderung des Vertragszweckes

Werden Räume unerlaubt untervermietet, so sollte der Vermieter sogleich reagieren, d.h. dieses Verhalten abmahnen, ggf. auch kündigen. Ab Zustellung der Räumungsklage muss der gekündigte, an einen Untermieter vermietende Hauptmieter zudem herausgeben:

- die Mietdifferenz zwischen der höheren Untermiete und der niedrigeren Hauptmiete sowie

- eine etwaige erhaltene Abfindung für die vorzeitige Beendigung des Untermietverhältnisses.

Eine Ausnahme besteht nur dann, wenn der Hauptmieter diese Erträge ausschließlich wegen eigener „besonderer Leistungen oder Fähigkeiten" erzielt hat (BGH, 12.8.2009, XII ZR 76/08).

Anhang

Kurzvita der Autorinnen

Frau Rechtsanwältin **Dr. Mona Moraht** ist seit 2006 Leiterin des Referats Gewerberecht beim **Deutschen Industrie- und Handelskammertag (DIHK)** e.V., Berlin. Von 2000 bis 2006 war sie Syndikusanwältin des Ring Deutscher Makler – RDM Verband der Immobilienberufe und Hausverwalter Bundesverband e.V. – seit 2004 Immobilienverband Deutschland IVD Bundesverband der Immobilienberater, Makler, Verwalter und Sachverständigen e.V. Zudem war sie von 2004 bis 2006 stellvertretende Geschäftsführerin des Forschungsverband für Immobilien-, Hypotheken- und Baurecht e.V., Berlin.

Seit 1999 ist Frau Dr. Moraht als Rechtsanwältin zugelassen. Sie hat den Fachanwaltslehrgang für Miet- und Wohnungseigentumsrecht absolviert und ist seit 2006 Mediatorin (DAA).

Frau Dr. Moraht gehört zum ständigen Autorenteam des jurisPraxisReport „Miet- und Wohnungseigentumsrecht" und des jurisPraxisReport „Versicherungsrecht". Zudem berichtet sie regelmäßig über maklerrechtliche Entwicklungen in der „Deutschen Wohnungswirtschaft" (DWW), Fachzeitschrift für das gesamte Haus- und Grundstückswesen. Des Weiteren ist sie Mitautorin des Münchener Anwaltshandbuchs Verwaltungsrecht (Hrsg. Johlen/Oerder), Verlag C.H. Beck, und Mitverfasserin im Immobilien Jahrbuch 2005. Schließlich ist sie – insbesondere für die Industrie- und Handelskammern – als Referentin im Rahmen von Seminaren und Fachveranstaltungen tätig.

Frau Rechtsanwältin **Ricarda Breiholdt** ist Fachanwältin für Miet- und Wohnungseigentumsrecht in der Kanzlei **Breiholdt & Voscherau Immobilienanwälte**. Sie ist spezialisiert auf dem Gebiet des Immobilienrechts mit den Schwerpunkten Wohnraum-/Gewerberaummietrecht, Maklerrecht und Grundstücksrecht. Sie ist Rechtsberaterin für den IVD Nord und IVD Nord-West. Ferner gehört sie dem Fachprüfungsausschuss der Hanseatischen Rechtsanwaltskammer für den „Fachanwalt für Miet- und Wohnungseigentumsrecht" an und ist Mitglied der ARGE Mietrecht und Immobilien im Deutschen Anwaltverein (DAV) sowie des Deutschen Mietgerichtstag. Seit 2009 ist sie Mitglied des IVD-Fachausschusses für Rechts- und Wettbewerbsfragen.

Als Lehrbeauftragte ist Rechtsanwältin Ricarda Breiholdt für Gewerberaummietrecht bei der Deutschen Immobilien-Akademie (DIA) im Studiengang „Sachverständigenwesen" tätig. Sie ist ferner Dozentin der NBS Northern Business School für Immobilienrecht. Für den Hamburgischen Anwaltverein (HAV) unterrichtet sie Rechtsanwälte in den Fachanwalts-Fortbildungskursen für die Themenbereiche Miet- und Maklerrecht. Sie ist ferner als Referentin für Maklerrecht bei den Industrie- und Handelskammern Stade, Lüneburg und Schleswig-Holstein sowie für das Berufsförderungswerk (BFW) tätig.

Ihre Publikationen in Fachzeitschriften und Tageszeitungen befassen sich mit immobilienrechtlichen Themen. Sie ist Mitautorin im Kommentar Franke/Deckers „Wohnungswirtschaft, Grundeigentum und Mietrecht" zum Thema Maklerrecht sowie Mitverfasserin im Immobilien Jahrbuch 2006. Daneben ist sie ständige Mitarbeiterin der Fachzeitschrift „DW" (Die Wohnungswirtschaft).

weitere DIHK-Publikationen

Homeoffice, Laden, Bürogemeinschaft?
Wie Selbstständige den richtigen Arbeitsort finden
2010, 86 Seiten A 5

Sicherheit im Einzelhandel
Tipps zur Abwehr von Ladendiebstahl, Betrug und Überfällen
2012, 102 Seiten A 5

Fachkräftesicherung 2012
Unternehmen und Politik vor neuen Herausforderungen
2012, 24 Seiten A 4

Lohnsteuer | Reisekosten 2012
Ein Überblick über die aktuellen Neuerungen und Entwicklungen im Lohnsteuerrecht
16. überarbeitete Auflage
2012, 184 Seiten A 4

Das Berufsbildungsrecht
Gesetzes- und Textsammlung
2012, 132 Seiten A 5

Rechtsratgeber Berufsbildung
Handbuch für die Praxis – Basisinformationen für Ausbildungsbetriebe und Auszubildende
24., neu überarbeitete Auflage
2011, 320 Seiten A 5

Die elektronische Lohnsteuerkarte
Informationen zur Einführung der ELStAM
2011, 78 Seiten A 5

Ratgeber Berufliche Weiterbildung
Wie finde ich die richtige Weiterbildung?
2011, 54 Seiten A 5

Ertragsteuern 2011
Fragen und Antworten zur Einkommen-, Körperschaft- und Gewerbesteuer der Unternehmen und Unternehmer
2011, 180 Seiten A 5

Business English
Der kompakte Sprachkurs
2010, 238 Seiten, 2 Audio-CDs

Kommunikation im Mittelstand
Unternehmerische Herausforderungen meistern
2011, 130 Seiten A 5

Sachverständige
Inhalt und Pflichten ihrer öffentlichen Bestellung – Mustersachverständigenordnung
7. Auflage; 2012, 184 Seiten A 5

Soziale Absicherung 2012
Tipps für Mittelstand und Existenzgründer
2012, 56 Seiten A 5

Unterrichtung im Bewachungsgewerbe
Vorbereitung auf die Sachkundeprüfung für Bewachungspersonal und Unternehmer,
3. Auflage in einem Band
2011, 294 Seiten A 5

Unternehmertestament
Tipps für Mittelstand und Existenzgründer - Gestaltung der Unternehmensnachfolge
2011, 62 Seiten A 5

Finanzierungsalternativen
Chancen und Risiken der einzelnen Finanzierungselemente
2012, 60 Seiten A 5

Weitere Informationen und Bestellmöglichkeiten unter www.dihk-verlag.de